IDEAS PRÁCTICAS
para decorar tu
HOGAR

IDEAS PRÁCTICAS
para decorar tu
HOGAR

Ideas básicas de diseño, técnicas esenciales y sencillas reformas

NICHOLAS SPRINGMAN

JANE CHAPMAN

Paso a paso

JULIAN CASSELL

PETER PARHAM

ANN CLOTHIER

EVEREST

Directora del proyecto Jane Chapman
Editor Felicity Jackson
Diseño John Round y Martin Lovelock
Coordinación editorial
Antonia Cunningham y Ros Highstead
Coordinación artística Philip Gilderdale
Dirección editorial Ellen Dupont
Dirección artística Dave Goodman
Documentación gráfica Andrea Sadler
Control de producción Anna Pauletti

Título original: *The essential book*
of home design techniques
Traducción: Marisa Rodríguez Pérez

PRÓLOGO

Los estilosos interiores presentes en las revistas de decoración pueden llenarnos de entusiasmo y animarnos a realizar cambios en nuestro propio hogar, aunque saber por dónde comenzar parece un proyecto desalentador. En este libro encontrará las ideas y los conocimientos prácticos necesarios, sea cual sea su caso: desde decorar una sola habitación hasta volver a planificar el espacio de toda la vivienda. La obra, que se divide en 4 capítulos interrelacionados, comienza dando un repaso a las muchas opciones de estilo existentes. Abarca una amplia variedad de tendencias, desde lo más tradicional a lo contemporáneo, e incluye sorprendentes interiores de todo el mundo. Esta guía le ayudará a descubrir el estilo que más se adecúa a usted, a su hogar y a su modo de vida. Los 2 primeros capítulos le ayudarán a convertir estas ideas en realidad, prestando atención a todos los aspectos del diseño, desde el uso del color a la planificación de las necesidades de almacenamiento. Consejos, soluciones decorativas probadas, fotografías con una mezcla ecléctica de estilos y un sinfín de diagramas útiles, le ayudarán a planificar cada habitación de manera que se adapte a sus necesidades y refleje sus gustos. También aprenderá cómo determinados elementos como la textura, el estampado, la iluminación, la proporción y la escala pueden manipularse a nuestro favor. El capítulo final se centra en las técnicas prácticas, atendiendo a la pintura, el empapelado, los suelos, la madera y los complementos textiles. Las páginas del *Directorio* le indicarán las herramientas que necesita, la duración de cada proyecto y el nivel de habilidad recomendado. Con este amplio catálogo de inspiración decorativa y consejos prácticos, *Ideas prácticas para decorar tu hogar* le guiará a través del "laberinto decorativo" y le dará la confianza necesaria para crear un hogar donde le resulte agradable vivir.

CONTENIDOS

CÓMO ELEGIR SU PROPIO ESTILO

ELEGIR SU PROPIO ESTILO es un proceso emocionante pero minucioso. Considere sus necesidades, el efecto que desearía crear y, lo más importante, en qué entorno se siente más cómodo. A continuación, plantéese cómo puede lograr estos objetivos con las telas, el color y el mobiliario. Este capítulo, repleto de fotografías inspiradoras de interiores de todo el mundo y cargado de una mezcla ecléctica de distintas tendencias de diseño, le dará una idea de las diferentes opciones disponibles, al tiempo que le invita a pensar en lo que mejor combina con su estilo de vida, su personalidad y el tipo de vivienda que posee.

Mientras unas personas desean imitar un determinado estilo hasta el último detalle, otras tal vez quieran integrar únicamente 1 ó 2 elementos: las frescas paredes azules de un interior sueco, o los ricos complementos textiles de una habitación de inspiración oriental. No es preciso seguir un estilo al pie de la letra; en ocasiones, lo tradicional y lo moderno, lo étnico y lo minimalista pueden combinarse de manera sorprendente para crear un hogar estiloso y lleno de originalidad.

ESTILO TRADICIONAL

Desde la encantadora simplicidad de una granja shaker al refinamiento formal de una casa georgiana: vivir inmerso en un estilo tradicional nos permite conectar con el pasado y establecer un vínculo con las generaciones anteriores. Los materiales de construcción y las pinturas típicas de la región, las vigas a la vista y las paredes encaladas, los muebles envejecidos, las telas descoloridas bordadas, los fuegos abiertos y las cazuelas de cobre en la cocina: éstos son algunos de los elementos que evocan un tiempo pasado. Pero adoptar este estilo de vida no sólo consiste en lanzarse a la nostalgia sentimental. Muchos recursos decorativos del pasado –los colores pálidos y polvorientos de los interiores escandinavos, o las baldosas rústicas de las cocinas de campo– poseen una belleza atemporal que les hace estar a tono con la vida moderna.

▲ Las paredes verde esmeralda de este comedor del siglo XVIII combinan con la mesa de roble oscuro y las sillas. La ventana, que conserva el dintel original, carece de cortinas para así atraer la vista hacia el exterior. Al caer la noche, las velas de la mesa y del aplique colgante de cristal veneciano se reflejarán en la ventana y proporcionarán el doble de luz.

◄ El suelo rústico, la mesa y las sillas cepilladas, las vigas a la vista y la puerta de pino que conducen a la antecocina crean una agradable combinación de texturas y colores en esta cocina de una granja. Una alacena mural de estilo gótico inglés aloja una colección de cerámica de Cornish (azul y blanca) y porcelana francesa blanca. Observe la superficie de trabajo de madera asentada sobre un carrito con ruedas.

◄ Compensadas por las paredes rosa oscuro, los profusos estampados de las telas antiguas crean un ambiente cálido e íntimo en este dormitorio de un ático. El sencillo cabecero se ha cubierto con un edredón bordado. La mecedora se beneficia de la luz natural, mientras que las maletas de piel proporcionan un utilísimo lugar de almacenamiento y sirven como recordatorio de épocas pasadas.

▲ Una enorme chimenea es el punto de atención de esta estancia provenzal diáfana y luminosa, que incorpora además un suelo de madera clara y alfombras, amplios ventanales y un armario tradicional (*armoire*).

SALONES

Si está "a favor" de un estilo rústico sencillo o de un aspecto urbano más elegante, los salones tradicionales son una gran fuente de inspiración. El estilo georgiano simpatizaba con suelos de madera clara y tonos como el rosa, el azul, el verde pálido o el terracota claro para las paredes. Los muebles se disponían meticulosamente para así lograr una sensación de equilibrio. Las telas como los brocados, el damasco de algodón o el *toile de jouy* completaban el estilo. En las habitaciones, algunos de los rasgos decorativos más definidos eran las vigas bajas, la chimenea abierta, las paredes blancas o de colores suaves, los suelos pintados o teñidos cubiertos de alfombras o *kilims*, y los muebles tallados o pintados.

▲ Aunque la simetría parece importante en esta doble estancia de recepción, la segunda chimenea se utiliza para almacenar madera. Las alfombras claras realzan el contraste entre la madera oscura y la luminosidad de las paredes y la funda de la butaca. Los enormes espejos con marcos oscuros se hacen eco del ancho arco que divide las 2 habitaciones y aumentan la sensación de espacio.

◄ Las vigas del techo, las grandes losetas, la comodidad de la butaca y los sencillos muebles de estilo rústico dotan a esta estancia de un encanto placentero. Observe el afilador de cuchillos y la lámpara de aceite antiguos.

COCINAS

El punto de atención de una cocina tradicional era la chimenea o la lumbre, donde se hervía el agua, se cocinaba y se calentaban los platos y las manos. Las cazuelas de cobre y otros utensilios se guardaban cerca, y sobre ella se colgaban las hierbas para que se secaran. Una mesa de pino cepillado cumplía la doble función de superficie de trabajo y de comida. Muchos de los elementos que asociamos con las cocinas tradicionales continúan siendo populares hoy día. Los fregaderos antiguos poseen un gran encanto y son más hondos que los modernos. Los materiales tradicionales, como la terracota, el mármol y el granito, siguen siendo apreciados por sus cualidades estéticas y prácticas.

◀ En una cocina de estilo rústico, los detalles de época como un fregadero antiguo, un platero y una panera son los protagonistas, mientras que los electrodomésticos deben disimularse. Observe el tendedero por encima de la cocina económica, y los cajones para cazuelas situados a un lado.

▲ Un horno panadero es el punto de atención de esta cocina rústica griega. Las ventanas con contraventanas, los gruesos muros encalados y las baldosas blancas (típicas del estilo mediterráneo) están diseñadas para mantener la estancia fresca. Las cazuelas de barro cocido combinan con la pintura azul.

TOQUES DECORATIVOS

● Sitúe platos, cuencos y piezas decorativas de cerámica y alfarería sobre un aparador de pino claro.

● Los utensilios antiguos, como las cazuelas de cobre, los moldes para pasteles, los coladores, las cucharas o, incluso las pesas de cocina, son excelentes adornos para una cocina tradicional.

● Las tazas y jarras pueden colgarse de ganchos clavados en baldas.

CUARTOS DE BAÑO

Muchos de los materiales que tradicionalmente se han asociado con el diseño de cuartos de baño, como las baldosas rústicas o los azulejos blancos o estampados, continúan siendo populares hoy en día. En países como EE UU y Australia, las tarimas machihembradas son un elemento habitual utilizado en toda la pared o como zócalo (en cuyo caso la parte superior va empapelada o con yeso).

Para completar el efecto, una elegante bañera esmaltada independiente con patas modelo "garra" aportará un atractivo a cualquier escenario. Otras opciones incluyen bañeras encastradas con paneles de madera o aglomerado, o una bañera antigua de cobre o cinc.

◀ Ocupando lo que en otro tiempo fue un dormitorio, el esquema rosa y blanco de este hermoso cuarto de baño se inspiró en un lavabo pintado a mano con encimera de mármol. Los originales armarios, reflejados en el espejo dorado, alojan el depósito de agua y se utilizan para guardar toallas calientes.

◀ En el centro de un cuarto de baño rústico se ha situado una elegante bañera independiente que se beneficia de la vista de la ventana. Los lados de la bañera se han pintado del mismo verde que el panelado de madera, mientras que los grifos de color bronce retoman el alegre amarillo de las paredes. La estera de baño está realizada en hule, mientras que el armario antiguo del fondo perteneció en otra época a una iglesia.

DORMITORIOS

Una hermosa cama antigua conforma el centro de atención del dormitorio tradicional, con estilos que varían desde las de 4 postes o las elegantes camas de estilo imperio, hasta los diseños más sencillos de latón o hierro pintado. En las granjas de muchas partes de Europa las camas se construían en las alcobas, con frecuencia cerca del fuego, y normalmente ocultas tras una cortina.

La ropa de cama podría incluir encaje o lino antiguo, y un centón (colcha con aplicaciones de paño o telas de colores) heredado. Los cabeceros decorativos, ya sean pintados, tallados o consistentes simplemente en una tela drapeada sobre una barra, eran otro elemento esencial.

▲ En los hogares de época, el tamaño de las ventanas era un indicativo de la riqueza y posición social del propietario. En este dormitorio se ha eliminado el techo original para acomodar las grandiosas proporciones de una cama de 4 postes con dosel, construida para una residencia más espaciosa. Las vigas a la vista se han pintado de color blanco para aumentar la sensación de espacio.

◄ Este espacioso dormitorio se ha creado uniendo 2 habitaciones de lo que en otro tiempo fue una escuela cuáquera. El hermoso cabecero florentino y la mosquitera adornan la cama, mientras que un pupitre antiguo nos recuerda la anterior función de la habitación.

ESTILO CONTEMPÓRANEO

L a ausencia de objetos superfluos y adornos elaborados en favor de las líneas limpias, formas simples y un sutil uso del color en la casa contemporánea, indican el deseo de atraer la calma y el orden a nuestro entorno. El espacio es el elemento clave. Los muebles no se amontonan sino que se les deja "respirar". Se prefieren materiales como la madera, el mimbre, la caña india y el lino aclarado debido a sus cualidades estéticas y contrastes de textura, mientras que los tratamientos para ventanas se mantienen discretamente de forma intencionada. Este sencillo enfoque no implica que el hogar contemporáneo esté desprovisto de decoración: las alfombras o los cojines vistosos aportan color a un esquema de otra manera monocromático, mientras que las paredes neutras proporcionan un lienzo perfecto para los cuadros modernos.

▲ Las gradaciones de azul de las paredes y los toques finales combinan con las formas geométricas para crear un efecto que resulta rígido, sin llegar a ser abrumador. Las curvas sinuosas del sofá son el complemento para las formas angulares de la chimenea de mármol y los paneles de las paredes.

▼ Una chimenea puede ser un rasgo arquitectónico tan importante en los interiores modernos como en los más tradicionales. Otros toques decorativos vienen dados por el sofá azul pálido y las flores exóticas.

▶ Pese a que hay mucho espacio, las proporciones de un desván imponen su propio desafío al diseño. Aquí, las paredes de ladrillo cara vista y las vigas superiores de madera aportan textura y calor. Los sofás, las alfombras y los complementos textiles también sugieren una grácil informalidad.

► Lo que aporta profundidad y calidez a esta habitación cuadrada de dimensiones modestas es el contraste entre las texturas duras y blandas, en lugar del color. El ventanal inunda la estancia de luz y potencia la sensación de espacio y luminosidad. Una mesita de formas sinuosas retoma las suaves curvas del sofá y la maceta de terracota.

▼ Las impresionantes medidas de la mesa del comedor de haya son muy adecuadas para las proporciones de esta habitación de techo alto; así, podemos asegurarnos de que los invitados no se sentirán abrumados por el espacio. Las persianas venecianas continúan el estilo industrial y filtran la luz del día para crear un efecto moteado.

Salones

Relajante y fácil de contemplar: el salón contemporáneo es una reacción al estilo recargado de décadas anteriores. Las líneas curvas y rectas se combinan con acabados duros, mientras que se incorporan telas táctiles para suavizar el efecto y contribuir también a la absorción del sonido.

Se prefieren los suelos de madera, piedra (e incluso cemento) por sus líneas limpias. También componen un lienzo ideal para una alfombra atractiva con un diseño geométrico. Para una cubierta de suelo algo más suave, las fibras naturales como el sisal, la caña india y la fibra de coco poseen una cualidad táctil inherente, mientras que sus suaves tonalidades combinan con las paredes y los muebles neutros. Las alfombras de lana son una opción cálida y silenciosa, pero elija un tono arena o calabaza en lugar de otro más vistoso.

La iluminación también juega un papel importante, allí donde se emplea para crear puntos de atención interesantes y variaciones de ambiente.

▶ Se han combinado 2 tonos vivos para crear un efecto llamativo y moderno, pero no chocante. El verde lima de las cortinas y las paredes es un telón de fondo para el sofá y las sillas moradas. Observe cómo los mismos tonos frutales se han retomado en los cojines, la alfombra y los adornos.

▼ Las sencillas formas cúbicas y una paleta de colores neutra contribuyen a definir las proporciones clásicas de este apartamento. Los ventanales no tienen adornos, sólo el estor, permitiendo así que la vista se convierta en una extensión de la habitación. Los cuadros y las flores aportan un mayor interés visual.

▲ En esta habitación de forma original se ha matizado un esquema cálido y armonioso de terracota, beis y amarillo con toques de azul complementario. Las ventanitas que se han practicado en el muro curvo contribuyen a que el espacio parezca más luminoso y menos cerrado.

Tratamientos para las ventanas

● Para lograr un efecto limpio, elija cortinas hasta el suelo en telas naturales como el lienzo aclarado, la muselina o la arpillera.

● Cuelgue las cortinas de una barra discreta fabricada en madera, hierro forjado, acero o bambú (*véase* también la página 88).

● Los estores, los persianas y las contraventanas poseen líneas limpias que funcionan bien en ambientes contemporáneos. Colgar 2 ó 3 estores independientes puede resultar acertado en una ventana grande, y ayuda a regular la cantidad de luz que entra en la habitación.

COCINAS

La cocina actual no es un dominio exclusivo del cocinero. Como "corazón del hogar", es el lugar donde se reúnen las familias, se entretiene a los invitados y se realizan otras labores. Para cumplir este papel, la cocina moderna debe ser funcional a la par que acogedora. Deben incorporarse superficies adaptables y resistentes, así como armarios que aprovechen cualquier espacio. Se precisa una buena planificación ergonómica que prevea que los elementos principales –la cocina, el fregadero y el frigorífico– sean seguros y cómodos de usar. Las distintas áreas de actividad se iluminan con diferentes luces de trabajo. Los muebles portátiles, como los carritos, son otra valiosa incorporación.

Partiendo de la inspiración de las cocinas profesionales, predominan los materiales resistentes y brillantes, con módulos de acero inoxidable y electrodomésticos de acabado reflectante, baldas de cristal, azulejos de cerámica lisos, suelos de pizarra y accesorios cromados.

▲ Los fríos azules y grises, y los metales brillantes de esta cocina se ven matizados por los asientos y las superficies de trabajo de madera. La mesa se utiliza para preparar los alimentos y para comidas informales. Los cazos y cazuelas se han guardado en los profundos cajones que hay bajo los fuegos.

◄ Se han unido 2 habitaciones más pequeñas para crear una estancia espaciosa de planta diáfana. La "península central", con armarios que se abren a ambos lados, es conveniente para poner y quitar la mesa, y también para separar la zona de cocina de la zona de comedor sin aislar al cocinero. La mesa redonda induce al entretenimiento informal y suaviza los ángulos del resto del espacio. Las luces encastradas en el techo aseguran la perfecta distribución de la luz.

DORMITORIOS

El dormitorio moderno debería proyectar un ambiente de calma y comodidad. Los muebles, apreciados por sus líneas limpias y funcionales, no abruman el espacio. Las telas ofrecen cualidades táctiles: elija sábanas de lino, cojines de terciopelo, mantas de tweed o lanilla, cobertores de piel falsa o cortinas de *voile*. Una paleta de color en blanco, crema, marrón o tonos pastel (como el lila o el verde claro) inspira un ambiente de descanso, mientras que los colores primarios fuertes deberían jugar únicamente un papel secundario en alfombras o cuadros.

▲ Mientras que en el pasado las camas eran altas para evitar las corrientes a nivel de suelo, las camas modernas pueden estar más cerca del suelo. En un dormitorio situado en un sótano de simplicidad monástica, la cama baja acentúa la atmósfera zen del espacio. Los toques de negro sirven de contrapunto a la pureza de las paredes y la ropa de cama.

◀ La sutil inyección de color y textura aporta calor e intimidad a esta estancia de techos altos. Las 2 mesillas, pese a no formar conjunto, contribuyen a crear una sensación de equilibrio y simetría, mientras que los cuadros se han dispuesto deliberadamente en la mitad inferior de las paredes para hacer que el dormitorio sea más acogedor.

CUARTOS DE BAÑO

Aunque suele ser la habitación más pequeña de la casa, el cuarto de baño presenta hoy en día unas exigencias de lo más riguroso. El cuarto de baño contemporáneo debería ser limpio, funcional y sugerir higiene, pero a la vez cálido y acogedor: un lugar donde mimarnos y "recargar pilas". Deseamos duchas potentes que nos inunden de agua, bañeras largas y cómodas para estirarnos, lavabos que tengan la altura adecuada, buenas luces que nos iluminen la cara y abundante espacio de almacenamiento para nuestras numerosas lociones y "pociones". Los accesorios modernos se dan la mano con la eficiencia práctica. Los lavabos de cerámica, cristal o aluminio con sencillos grifos monomando son menos prominentes que las unidades de pedestal más tradicionales. Los inodoros y bidés de montaje mural continúan el aspecto aerodinámico y también facilitan la limpieza. Se prefieren toalleros y accesorios cromados, así como espejos y baldas de cristal por sus propiedades para potenciar la luz. Los muebles de baño de colores, tan populares en el pasado, se han visto sustituidos por versiones blancas más limpias. En las paredes, los azulejos de cerámica completan el conjunto.

▲ Los azulejos de cerámica son una elección práctica y decorativa. Aquí, un diseño de ajedrez crea un efecto geométrico que resulta fresco y contemporáneo. Las baldosas del suelo son tan esmaltadas como los azulejos de las paredes y antideslizantes cuando están mojadas. La estera de madera es una precaución de seguridad adicional.

◄ Las formas geométricas, las superficies frías y brillantes y las líneas continuas predominan en este cuarto de baño, donde todos los objetos superfluos se mantienen ocultos. El toque decorativo viene dado por el escultural lavabo y un sencillo jarrón con flores. Los focos del techo y las paredes enfrentadas contribuyen a la sensación de *glamour*.

ESTILO ÉTNICO

Ya sean descubiertos a primera vista en viajes al extranjero o se ojeen en libros y revistas, los colores, estampados, muebles, telas y adornos hallados en otras partes del mundo ofrecen una gran fuente de inspiración. El estilo étnico no consiste en recrear un aspecto concreto, sino que supone la interpretación y adaptación de elementos de culturas distintas de la nuestra, que nos atraen y evocan fuertes recuerdos. Uno o dos elementos bien escogidos –sencillas cazuelas sin esmaltar o un taburete tribal de África, quizá, o máscaras indonesias talladas– pueden conformar el punto de partida de un esquema original y sorprendente. Elija una paleta de ricos colores exóticos; desde los tonos cálidos de México hasta las tonalidades especiadas, como el siena, la canela o el terracota, muy extendido en el Norte de África

▶ Aunque la ubicación real de este cuarto de baño es la campiña inglesa, las ventanas arqueadas, las baldosas pintadas y los motivos murales evocan un estilo morisco.

◀ En este apacible recibidor, la combinación de paredes verde fresco y la madera suaviza la transición entre el interior y el exterior. Las plantas, que se agitan con la brisa, deleitan el oído de los paseantes y proporcionan un vínculo con el mundo natural exterior.

▶ En los climas cálidos, los tonos terrosos se utilizan con profusión en las paredes. Aquí, el yeso de color terracota incluye hermosos azulejos en azul y amarillo sobre blanco para crear así un marco decorativo alrededor de una chimenea.

MÉTODOS PARA TEÑIR

Los tintes vegetales y animales se han utilizado desde antiguo en las telas para conseguir interesantes variaciones de estampado y color.

● El tinte con nudos consiste en atar partes de la tela para que resistan el teñido.

● El *batik*, originario de Indonesia, es otra técnica consistente en la resistencia de determinadas zonas al teñido. Las partes de tela que no se desean teñir se cubren con cera, que luego se retira una vez acabado el proceso.

● En la impresión *ikat* malaya, se crean diseños distintivos tiñendo los hilos de la urdimbre o de la trama antes de tejer la tela.

▲ Los tonos terrosos de las paredes y las baldosas ponen de relieve las sillas pintadas de vivo azul en este patio mediterráneo. En los países más fríos del hemisferio Norte, las tonalidades terrosas como el ocre, el rosa melocotón o el terracota son mucho más agradables a la vista que los blancos, que pueden llegar a resultar aburridos y tristes.

◄ Un banco de piedra y una mesa se han instalado en un rincón sombrío de una terraza, pensada para cenas informales al aire libre. La pátina azul de las paredes refuerza la sensación de tranquilidad y frescor.

SALONES

El estilo étnico posee un encanto y una informalidad muy apropiadas para las habitaciones dedicadas a la relajación. Elija materiales naturales como la piedra, la terracota o la madera oscura para aportar calidez y textura al esquema neutro. Extienda esteras de fibra de coco, sisal y caña india sobre el suelo, y cuelgue muselinas, saris de colores vivos, estores o contraventanas de caña en las ventanas. Coloque cojines ikat de alegres colores sobre un sofá liso o una silla de mimbre y extienda *kilims* y alfombras coloridas sobre el suelo. Para un toque de opulencia exótica, añada complementos dorados por medio de espejos, adornos o cuencos, o destaque detalles de las puertas, paredes y muebles con pan de oro. Plante bambú, hierbas secas o palmeras tropicales en macetas y vasijas de barro. Inspírese en los colores, la forma o la textura de la alfarería étnica: una hermosa vasija africana podría convertirse en el punto de atención que conecte el resto del esquema.

◀ Las influencias orientales y occidentales se mezclan en este salón, donde un otomán contrasta con una silla francesa del siglo XVIII más formal. Las baldas del hueco alojan una colección ecléctica de valiosos recuerdos procedentes de viajes al extranjero

▶ Las contraventanas de madera que filtran la luz del sol y arrojan sombras sorprendentes, las frescas paredes encaladas y una enorme palmera se combinan para dotar a esta habitación de un ambiente tremendamente colonial. Un palanquín antiguo (una litera oriental, que originalmente era transportada sobre los hombros de 4 hombres) se ha transformado en una mesa.

◄ Los sencillos cojines de *batik* inyectan notas de color y estampado, que conectan el suelo de terracota con el armazón de madera de la antigua cama procedente de Java. Un candelabro-araña cuelga en lugar de una lámpara central, mientras que una chimenea proporciona el punto arquitectónico fuerte.

▼ Esta chimenea de rincón, que se hace eco de la forma de una cabaña de adobe, está elevada sobre varios peldaños para emitir calor de forma efectiva.

DORMITORIOS

Cree un reducto de lujo con telas sensuales de distintas partes del mundo. Cubra la cama con suaves mantas de alpaca peruana, añada una colcha india con ricos estampados o un exótico cobertor chino. Recree el apacible minimalismo de un dormitorio japonés con ropa de cama de algodón blanco y una cama baja de madera, un futón o incluso un simple colchón. Un biombo de bambú y una estera de tatami completan el ambiente. Para un efecto más opulento, cuelgue telas de colores sobre una cama de 4 postes; un dosel de muselina o una mosquitera añadirán un toque de glamour tropical, mientras que un hermoso farol chino servirá de pantalla decorativa.

▲ En los países cálidos, los tratamientos para ventanas más sencillos son más adecuados que las pesadas telas estampadas, que enseguida se decolorarían por la acción del sol. Aquí, unas cortinas de muselina combinan con los suelos encalados y la ropa de cama blanca para crear así un ambiente de serenidad oriental en el dormitorio de una casa victoriana.

◄ Una enorme tela africana se ha colgado de una barra para crear un imponente cabecero. Otras referencias tribales aparecen en las alfombras, vasijas y estatuas talladas.

BAÑOS

Los azules eléctricos y los blancos aclarados por el sol del Mediterráneo y el Norte de África pueden aportar frescura y vitalidad, incluso al cuarto de baño más pequeño. Sea atrevido y emplee grandes cantidades de índigo o azul cerúleo en las paredes, o utilícelos como toques de color en toallas o en una silla pintada. Para un efecto marroquí, cree un salpicadero decorativo con teselas de distintos tonos de azul o empléelas en franjas en las paredes, el suelo y alrededor de la bañera. Los azulejos de cerámica blanca o el yeso pintado de blanco o de un rosa viejo son otras opciones para las paredes, mientras que los suelos de terracota, piedra o pizarra completan el ambiente.

◄ Las teselas utilizadas en el suelo se han continuado en el lateral de la bañera curva. Las mismas teselas azules y blancas se han utilizado para enmarcar el gran espejo mural, mientras que el tono más pálido de los azulejos de las paredes asegura que el esquema no resulte abrumador. Las influencias étnicas se han continuado con la mesa de madera tallada, la silla baja y el macetero.

SUELOS Y PAREDES

● Como cubierta para el suelo utilice materiales como ladrillo, piedra, losetas rústicas o madera antigua sin tratar; todos ellos poseen encantadoras irregularidades naturales. Para un acabado más cuidado, podría optar por suelos de porcelana, de cerámica, de baldosas encáusticas, de mármol o de terrazo.

● Las pinturas tradicionales al agua, como el temple o la pintura a la cal, pueden aplicarse sobre paredes enyesadas para crear un acabado mate y texturado. Estas pinturas permiten que las paredes "respiren" y pueden mezclarse con pigmentos de color para lograr un acabado rico y terroso.

◄ La piedra es una opción estética para este encantador cuarto de baño rústico. En consonancia con el estilo de la habitación, los 2 faroles colgados del techo de vigas están correctamente situados a ambos lados del espejo de inspiración marroquí para iluminar así todos los planos del rostro.

COMBINAR ESTILOS

Seguir un estilo de diseño interior de forma demasiado rígida puede tener como resultado un espacio más parecido a un museo o escenario, que a un hogar cálido y acogedor. Encontrar el equilibrio perfecto entre lo nuevo y lo viejo, lo étnico y lo minimalista puede ser la clave para crear un ambiente que refleje sus gustos y su estilo de vida. Aunque es cierto que un apartamento ultramoderno repleto de muebles de época resultaría anacrónico y que una cocina de estilo industrial estaría fuera de lugar en una granja con techos bajos y vigas, introducir 1 ó 2 elementos de un estilo de diseño distinto puede funcionar realmente bien. Las paredes altas y blancas de un moderno desván pueden, por ejemplo, proporcionar el telón de fondo perfecto para 1 ó 2 muebles antiguos o una colección de adornos étnicos.

◄ Una mezcla ecléctica de muebles de época, pinturas modernas y alfombras orientales se fusiona de forma armoniosa en este salón tradicional, con paredes encaladas y vigas a la vista. Las habitaciones con techos altos requieren 1 ó 2 elementos elevados que aporten una sensación de proporción, en este caso dada por el reloj de péndulo, el tubo de la chimenea y las cortinas que cuelgan por encima de la ventana.

▲ Introducir 1 ó 2 elementos bien elegidos puede ser suficiente para evocar un estilo concreto. En una habitación con pocos muebles, con la cama como punto central, una alfombra colgada de la pared y una estatua ayudan a evocar la atmósfera serena de una estancia de inspiración oriental.

◀ Una acertada elección de toques finales modernos y étnicos ayuda a compensar la carencia de detalles arquitectónicos en una habitación cuadrada de una casa de campo de dimensiones modestas. La mesa de cristal no domina la habitación como lo haría una de material macizo.

▲ Los tableros de madera resistentes a la intemperie se han utilizado en el interior (en lugar de en el exterior) en las paredes que separan el salón de la cocina. Este tabique de inspiración escandinava o norteamericana da un toque tradicional a un interior contemporáneo. La clásica combinación cromática de verde pálido y amarillo soleado realza el ambiente rústico de la habitación

MEZCLAR Y COMBINAR

Combinar estilos diferentes -muebles viejos y nuevos, superficies brillantes con materiales rudos y resistentes, objetos antiguos con "artefactos" traídos de viajes al extranjero- ayuda a definir y personalizar una habitación.

● En una cocina tradicional con un predominio de accesorios de madera, las superficies metálicas brillantes como el aluminio y el cromo aportan una variación de texturas y contribuyen a matizar la pesadez. Un fregadero moderno combina con la madera oscura de un armario viejo (derecha).

● Un esquema neutro en un salón contemporáneo es el complemento ideal para las telas étnicas de vivos colores, como cojines de *ikat* o un *kilim*. Cubra un sofá antiguo con terciopelo o algodón (en lugar de telas como

brocado o damasco). La belleza atemporal de una silla Lloyd Loom combinará con el espacio más reducido.

● Para un comedor apacible, coordine asientos modernos, como sillas Landi de aluminio, con sus distintivos agujeros perforados (*véase* página 17), con una mesa tradicional de refectorio. Otra alternativa son las sillas de pino, tal vez en una variedad de diseños o pintadas de diferentes colores, que pueden ser las "compañeras informales" de una mesa de cristal moderna. A la hora de poner la mesa, mezcle elegante porcelana blanca con barro cocido, o cristalería fina con vasos gruesos.

● En el cuarto de baño, las bañeras y los lavabos de época pueden renovarse con los últimos accesorios de alta tecnología.

◄ Los "artefactos" de madera tallada y los grabados étnicos enmarcados aportan detalle a un dormitorio moderno. La cómoda antigua, la silla de piel y la colcha de imitación de piel sobre la cama añaden variación tonal y de texturas.

► Aunque bien diseñada y dotada de electrodomésticos modernos, que incluyen un fogón de 6 fuegos, los toques finales como la silla antigua, la cesta de mimbre y los grabados enmarcados ayudan a dar una sensación de informalidad a esta cocina de módulos. Los armarios altos aprovechan bien el espacio en una zona reducida. Observe cómo las pantallas de las lámparas retoman el tema de la campana extractora.

◄ En lugar de optar por muebles y complementos tradicionales, los propietarios de este salón victoriano situado en un primer piso han elegido un esquema frío y contemporáneo que combina con las proporciones y los rasgos arquitectónicos de este interior. Las butacas con botones en el respaldo se han tapizado en algodón blanco y se enfrentan a una escultura moderna, un conjunto de sillas de comedor Arne Jacobsern y a una sorprendente silla con forma geométrica. La ausencia de cortinas realza la sensación de luz y espacio.

▲ Los muebles tradicionales se funden con el arte contemporáneo en este espacioso salón, donde una sorprendente pared de pavés filtra la luz hacia el recibidor. Las grandes macetas con cactus dotan al espacio de un estilo "ranchero".

PRINCIPIOS DEL DISEÑO DE INTERIORES

LAS TENDENCIAS EN EL DISEÑO DE INTERIORES vienen y van a una velocidad vertiginosa, y con tal variedad de colores, efectos pictóricos y complementos textiles a la venta, que tomar una decisión fundamentada puede resultar un tanto desconcertante. Tal vez le inspiren los limas chisposos o los tonos café con leche de un restaurante, pero evite su uso por no estar seguro de cómo quedarían en su hogar. El objetivo de esta parte del libro es aumentar su "confianza decorativa" mostrándole cómo los elementos clave como la luz, el color, la textura y el estampado funcionan y se interrelacionan unos con otros, así como el efecto que tienen sobre los sentidos.

Las reformas del mismo salón en 4 colores distintos le mostrarán el profundo cambio que puede provocar un color fuerte. Se incluyen ideas para ayudarle a crear la ilusión de luz y espacio, además de consejos para tratar zonas problemáticas como los rincones difíciles y los techos bajos. También aprenderá cómo introducir toques finales para aportar sutiles notas de color, textura o estampado, que animarán el esquema general y darán unidad visual a la habitación.

TEORÍA DEL COLOR

TERMINOLOGÍA DEL COLOR

● **Colores primarios:** los colores primarios (a partir de los que se obtiene el resto) son el rojo, el azul y el amarillo en su estado de máxima pureza. Son los únicos colores que no pueden obtenerse mezclando otros colores.

● **Colores secundarios:** 2 colores primarios mezclados en cantidades iguales forman el verde (azul y amarillo), el naranja (amarillo y rojo) o el violeta (rojo y azul).

● **Colores terciarios:** una mezcla equilibrada de un color primario y el color secundario más cercano. Incluyen el rojo fuego (naranja y rojo), melocotón (amarillo y naranja), lima (verde y amarillo), turquesa (verde y azul), índigo (violeta y azul) y magenta (rojo y violeta).

● **Colores neutros:** el negro, el blanco, el gris y el marrón son los colores neutros que se añaden a otros colores para variar su tono; también pueden usarse solos para dar un complemento neutro a un esquema de color.

● **Colores complejos:** los millones de otros colores que pueden obtenerse mezclando colores contiguos.

● **Matriz:** propiedad de un color que lo diferencia de otro. El carmesí posee un matiz más azul que el escarlata, por ejemplo.

● **Tono:** el valor tonal mide lo claro u oscuro que es un color, lo cual afecta a lo reflectante o luminoso que parece un matiz.

● **Aclarado:** un color al que se ha añadido blanco. Esto ilumina el color, haciéndolo más lechoso o pasteloso.

● **Oscurecido:** un color al que se ha añadido negro. Esto oscurece el color.

● **Color puro:** un color al que no se ha añadido ni blanco, ni negro, ni ningún otro color neutro y que luce su intensidad pura.

● **Saturación:** mide la intensidad de un color con relación a lo vivo o lo apagado que es.

El color es la forma más efectiva y económica de transformar una habitación. Si lo comprende, podrá utilizarlo para crear el efecto de mayor o menor espacio, así como para crear el tipo de ambiente y sensación que persigue. Con una buena luz, el ojo humano puede distinguir entre 10 millones de colores distintos, y todos ellos mantienen una relación precisa entre sí. Para tomar la mejor decisión respecto a los colores, es preciso comprender la relación entre todos ellos y cómo influyen unos en otros. Todo color se compone de 3 colores –rojo, azul y amarillo– conocidos como colores primarios. El tono de estos colores se puede modificar añadiendo negro para crear una versión más oscura, llamada oscurecido, o añadiendo blanco para crear una versión más clara, llamada aclarado.

EL CÍRCULO CROMÁTICO

Este círculo, compuesto por 12 colores puros distintos, contiene todos los colores primarios, secundarios y terciarios. Los colores están dispuestos para mostrar la interrelación, con los 3 colores primarios separados de forma equidistante alrededor del círculo. Cada uno de los 3 colores secundarios se sitúa a medio camino entre los 2 colores primarios de los que deriva. Entre cada color primario y secundario hay un color terciario.

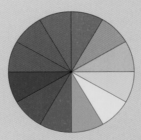

El círculo cromático básico
Este círculo cromático contiene 12 colores. Incluye todos los colores primarios, secundarios y terciarios.

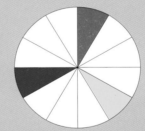

Colores primarios
El rojo, el azul y el amarillo son los 3 únicos colores que no pueden obtenerse mezclando otros colores.

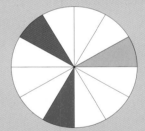

Colores secundarios
El violeta, el verde y el naranja son los 3 secundarios obtenidos mezclando 2 colores primarios.

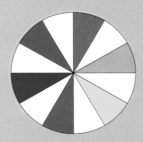

Colores terciarios
Los 6 colores obtenidos mezclando un color primario con un color secundario vecino.

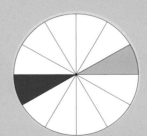

Colores complementarios
Los colores enfrentados en el círculo cromático se denominan colores complementarios.

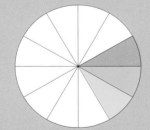

Colores armoniosos
Los colores contiguos en el círculo y que comparten matices en común se llaman colores armoniosos.

MATICES, TONOS Y SATURACIÓN

A la hora de elegir el color, es preciso considerar 3 características principales: **el matiz** define el espectro de colores en relación con las distintas proporciones del color base que se mezclan para obtener un color. **El tono** define un color en relación a lo claro u oscuro que es. **La saturación** mide los colores en relación a su intensidad. Cada vez que se mezcla un color, éste pierde intensidad; por ejemplo, el gris se obtiene cuando los 3 colores primarios se mezclan en proporciones idénticas. La esfera cromática muestra cómo estas 3 características funcionan en combinación.

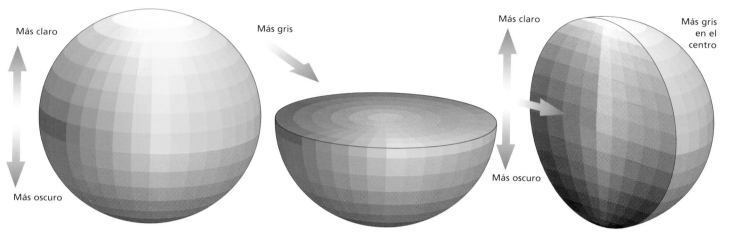

Más claro

Más oscuro

Más gris

Más claro

Más oscuro

Más gris en el centro

Superficie exterior de la esfera cromática
La superficie exterior muestra los colores organizados según el matiz (alrededor de la circunferencia) y sus aclarados y oscurecidos (a lo largo del meridiano).

Sección horizontal de la esfera cromática
Este corte transversal muestra cómo los matices intensos del borde de la esfera se vuelven más apagados al avanzar hacia el centro, que es gris.

Sección vertical de la esfera cromática
Este corte longitudinal muestra los matices y oscurecidos de los colores qué se apagan al avanzar hacia el centro de la esfera.

CÓMO USAR EL CÍRCULO

La mayoría de los círculos cromáticos contienen numerosos colores complejos además de los 12 primarios, secundarios y terciarios, lo que ofrece a los usuarios una extensa gama de matices para elegir. Los colores cálidos, situados en el lado izquierdo, como el rojo o el naranja, poseen una longitud de onda extensa, lo que hace que parezca que avanzan. Los colores fríos, en el lado derecho, como el azul o el verde, poseen una longitud de onda corta, lo que hace que parezca que retroceden. Esta disposición estructurada posibilita el acceso visual a la relación de todos los matices del círculo, así como la selección de los colores con las características deseadas para el efecto y el ambiente que se desee crear.

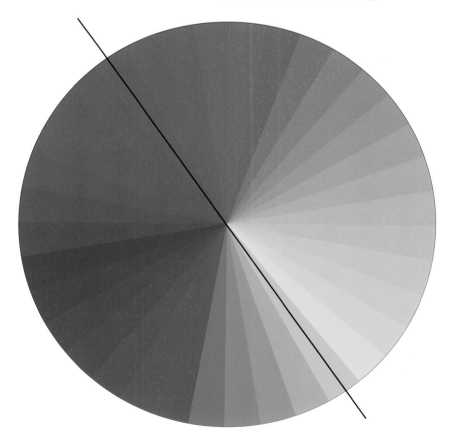

CONTRASTE Y TONALIDAD

Decorar y amueblar una habitación en un solo tono claro u oscuro de un color es un error, ya que las características de dicho color serán abrumadoras. La monotonía se supera utilizando 2 o más colores que proporcionen matiz, o empleando los tonos aclarados u oscurecidos de un color para dar relieve tonal. Aquí se muestran algunas de las distintas formas de combinar los colores.

COMBINAR EL COLOR

Cada color posee sus propias características individuales, pero el impacto que causa un color varía dependiendo de los otros colores que lo rodean.

Toda la intensidad del rojo vista sobre el blanco.

El rojo se hace más llamativo cuando se sitúa sobre el negro.

El rojo y el amarillo son colores primarios vivos.

El calor del rojo se contrarresta con el frío del azul.

El rojo y el verde son colores complementarios.

El rojo y el granate son colores armoniosos.

El gris es neutro y no compite con el rojo.

El azul claro está dominado por el rojo.

El rojo y el naranja son colores cálidos y vivos.

La combinación de violeta y rojo es desafiante.

COLOR Y PROPORCIÓN

ESQUEMAS DE COLOR TRIPLES

Los esquemas de color triples emplean 3 colores situados a intervalos iguales en el círculo para crear contrastes atrevidos. Por lo general, los colores con un contraste notable compiten por la atención si se emplean en proporciones idénticas, lo que puede ser perturbador. Para lograr un efecto más equilibrado, es aconsejable suavizar los colores con gris o blanco; deje que un color domine, y emplee pequeñas cantidades de los otros 2 para compensarlo.

ESQUEMAS DE COLORES COMPLEMENTARIOS

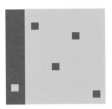   

Para lograr variedad sin provocar "choques", los esquemas de colores complementarios emplean 2 colores que son directamente opuestos en el círculo cromático. Como los 2 colores no comparten ningún elemento base, tienden a competir por la atención si se utilizan en proporciones idénticas. Por lo tanto, es recomendable dejar que domine un color y usar el otro para compensarlo. Aquí, se han combinado índigo y verde en diversas proporciones.

ESQUEMAS DE COLORES ARMONIOSOS

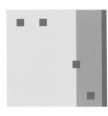  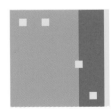 

Los esquemas de colores armoniosos, también conocidos como esquemas de colores análogos, utilizan colores situados uno junto al otro en el círculo cromático para proporcionar variaciones sutiles de matiz. Como los colores utilizados comparten elementos base, el nivel de contraste es reducido. En consecuencia, los colores armoniosos no compiten si se emplean en proporciones idénticas, pero pueden perderse si se utilizan como notas de color.

ILUMINACIÓN NATURAL

Se pueden crear esquemas de color efectivos utilizando el espectro tonal o sólo un color. En estos esquemas monocromáticos, el relieve viene dado por el contraste de los aclarados, los oscurecidos y los tonos medios. El tono también juega un papel en esquemas multicolores, ya que el blanco o el negro pueden emplearse para suavizar la intensidad de los colores agresivos que chocan en su forma pura, permitiendo que combinen con una gran variedad de otros matices. Si se utilizan colores fuertes y de contraste en cantidades iguales debería emplearse una franja de tonos reducida.

Si el esquema de color es monocromático, o si los colores usados son armoniosos o neutros, debería emplearse una franja de tonos más amplia para aportar variedad.

▶ Todos los colores tienen un espectro tonal que se extiende entre el blanco y el negro. Cualquier color puro puede modificarse añadiendo blanco para crear una variedad de tonos aclarados, o añadiendo negro para una gama de tonos oscurecidos. A medida que se añade más blanco o más negro, disminuye el contraste entre los distintos colores.

◀ En este dormitorio y cuarto de baño combinados, el esquema de color monocromático emplea una variedad de tonos azules en las paredes, el suelo y el techo para crear un efecto apacible y coordinado. La consistencia del color unifica inteligentemente los 2 espacios conectados. Las cortinas amarillas sobre la cama, la cómoda y los accesorios blancos del cuarto de baño aportan las notas de color.

◀ Unas muestras de los tonos azules utilizados en este esquema, situadas junto al color amarillo.

ELEGIR EL COLOR

CONSEJOS ÚTILES

- No incluya demasiados colores diferentes en una habitación. Para crear interés, emplee tonos aclarados y oscurecidos de una paleta de colores más reducida.

- A la hora de planificar un esquema de color, resulta útil calcular el equilibrio tonal antes de seleccionar los matices. El mejor modo de probar la adecuabilidad de un color es pintar un trozo sobre un cartón y observarlo en distintos momentos del día.

- El matiz de un color define el ambiente de una habitación. Consulte el cuadro de características de color (*véase* página 40).

- Los colores con matices de contraste combinan de forma más armoniosa si el valor tonal utilizado es el mismo.

- Los esquemas de color neutros y monocromáticos necesitan contrastes tonales que aporten interés.

- Emplee colores vivos en pequeñas cantidades y sitúelos sobre una gran extensión de un color suave o con un tono neutro.

- Los suelos oscuros absorben la luz natural y artificial, y evitan que se refleje en la habitación. Los suelos más claros reflejan la luz.

- Emplee los colores de la Naturaleza en suelos y techos para lograr una sensación tradicional. Los no naturales pueden utilizarse para dar una sensación más contemporánea.

- La textura es una parte importante del esquema decorativo y debería considerarse en relación con el color (*véase* páginas 54-56).

Cuando decidimos decorar una habitación, debemos considerar la función y el diseño del espacio así como el efecto que se desea lograr, en lugar de simplemente elegir un color de nuestro agrado. El tamaño y las proporciones de la habitación, la cantidad de luz natural que recibe y la ubicación de los rasgos distintivos afectan a la elección. Una vez establecido un plan general, se debe elegir el color que mejor transmita el efecto principal deseado, ya se trate de crear una sensación fría de espacio o una cálida más íntima. Anote todos los otros colores que haya seleccionado junto a este color dominante para dotar a la habitación de equilibrio y variedad tonal. Antes de comenzar, es recomendable utilizar un muestrario para valorar la elección de color (*véase* página siguiente).

◄ Resulta más fácil apreciar las diferencias de tono con las fotografías en blanco y negro que en las de color. En esta cocina, los armarios verde lima tienen un tono más claro que las paredes, el suelo y la encimera. El contraste puede verse claramente en la fotografía en blanco y negro, donde los armarios se perciben como un tono gris claro mientras que las paredes, el suelo y la encimera aparecen en un tono de gris mucho más oscuro. Los utensilios de cocina cromados, la lámpara blanca y el horno proporcionan notas tonales más claras.

USAR UN MUESTRARIO

El éxito de cualquier esquema decorativo no depende únicamente de la mezcla de colores y de las proporciones en que se usan, sino también de lo bien que los estampados, estilos y texturas de los objetos utilizados en la habitación funcionan en dicha combinación. Antes de decorar una habitación, la mayoría de los diseñadores de interiores crean un muestrario con el fin de valorar lo bien que combinan los distintos colores, telas y estampados.

El muestrario es básicamente un trozo de cartón o espuma con retazos de color, muestras de la moqueta, el papel pintado y las telas que se van a utilizar. Estos muestrarios son fáciles de crear y son la mejor manera de evitar el costoso error de comprar artículos que no encajan en el esquema decorativo que se va a crear. Aportan también la flexibilidad de experimentar con su esquema decorativo añadiendo y quitando distintos elementos, además de ser un método efectivo para decidir su propio estilo y preferencias de color. Al crear un muestrario, es recomendable poner las muestras en proporción a la cantidad de espacio que ocuparán en la habitación. Las paredes normalmente ocupan la zona más extensa y, por lo tanto, deberían cubrir el mayor espacio del muestrario. Los cojines y otros elementos que se van a emplear como notas de color deberían ocupar menos espacio en el muestrario.

▶ El color del muestrario debería combinar con el color que se desea para las paredes, que son el componente individual más extenso de la habitación. Incluya un recorte del papel pintado o la pintura, y numérelos para la clave. Trace líneas en la parte posterior de todas las muestras y recórtelas acorde con el diseño. Utilice tijeras dentadas para cortar las telas y así evitará que se deshilachen.

Siempre que sea posible, intente colocar los recortes sobre el muestrario de la misma manera que aparecerán en la habitación. Solápelos para comprobar cómo combinan los distintos colores, estampados y texturas. Una muestra de flecos, por ejemplo, debería situarse junto a (o encima de) una muestra de cortina. Haga lo mismo para ver cómo un cojín quedaría sobre un sofá.

Una muestra de papel pintado evidencia cómo un telón de fondo en un color cálido y neutro compensará el resto de la habitación.

Se han elegido 3 tonos diferentes para la pintura. El más oscuro es para el rodapié, para así anclar al suelo el esquema de color.

Para el techo se ha optado por un tono suave en lugar de un blanco puro, para evitar un contraste chocante con el color de las paredes.

Una tela de cachemira de color rojo apagado con toques de verde complementario es la elegida para las cortinas y 1 ó 2 de los cojines, para así "inyectar" notas de color al esquema. La tela natural utilizada para el estor proporciona un cambio de textura y color.

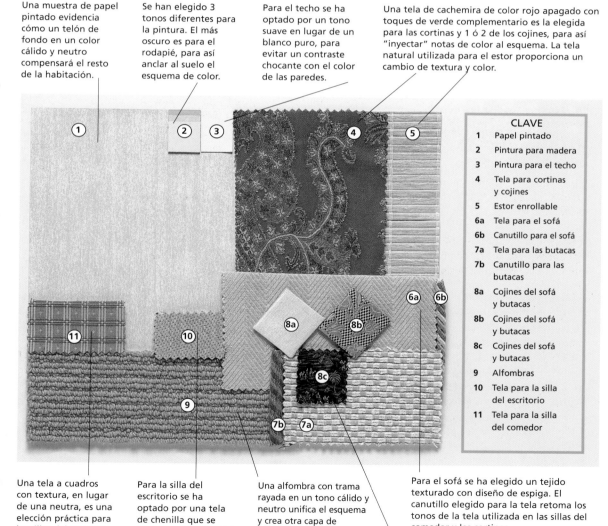

CLAVE	
1	Papel pintado
2	Pintura para madera
3	Pintura para el techo
4	Tela para cortinas y cojines
5	Estor enrollable
6a	Tela para el sofá
6b	Canutillo para el sofá
7a	Tela para las butacas
7b	Canutillo para las butacas
8a	Cojines del sofá y butacas
8b	Cojines del sofá y butacas
8c	Cojines del sofá y butacas
9	Alfombras
10	Tela para la silla del escritorio
11	Tela para la silla del comedor

Una tela a cuadros con textura, en lugar de una neutra, es una elección práctica para las sillas del comedor. Los colores fuertes coordinan con el armazón de madera.

Para la silla del escritorio se ha optado por una tela de chenilla que se hace eco del color del sofá y las butacas.

Una alfombra con trama rayada en un tono cálido y neutro unifica el esquema y crea otra capa de textura.

Para el sofá se ha elegido un tejido texturado con diseño de espiga. El canutillo elegido para la tela retoma los tonos de la tela utilizada en las sillas del comedor y las cortinas.

Todas las habitaciones necesitan un toque de negro, en este caso proporcionado por la tela del cojín estampado.

Efectos cromáticos

Características de los colores

● **Rojo**: el rojo es el color más cálido que existe y en su forma pura a menudo se asocia con el peligro y la excitación. El rosa y el resto de tonos del rojo más claros son menos agresivos. Los tonos más oscuros, como el borgoña, son ricos y suntuosos.

● **Azul**: el azul completamente saturado es el color más frío y posee un efecto contrario al rojo, provocando una sensación de calma. Los tonos claros de azul aportan una sensación limpia y fresca, mientras que los tonos más oscuros son elegantes y dignos.

● **Amarillo**: en su máxima intensidad, el amarillo es un color chocante y alegre. Los tonos más claros de amarillo son luminosos y refrescantes, mientras que los tonos más ocuros son más terrosos y comedidos.

● **Violeta**: producto de la combinación de azul y rojo, es un color desafiante. Los tonos más oscuros de violeta, como el púrpura, han estado siempre asociados con la realeza, mientras los más claros son "nostálgicos".

● **Naranja**: producto de la combinación de rojo y amarillo, es un color amistoso y cálido que en su forma pura se emplea como color internacional para indicar seguridad. Los tonos más oscuros de naranja son cálidos y terrosos, mientras que sus tonos más claros son alegres y relajantes.

● **Verde**: presenta fuertes asociaciones con la Naturaleza. Sus tonos oscuros son tradicionales y comedidos, y los claros tienden a ser más animosos y alegres.

● **Gris**: un color neutro y nada competitivo, puede emplearse para matizar los esquemas de color que incluyen tonos vivos y de contraste.

El color no sólo transforma el ambiente de una habitación, también modifica su aspecto óptico. Los colores cálidos como el rojo, que tienen una longitud de onda larga, o los colores oscuros, que reflejan únicamente una pequeña proporción de luz, avanzan y hacen que la habitación parezca más pequeña. En cambio, los colores fríos como el azul, que tiene una longitud de onda corta, retroceden y hacen que la habitación parezca más grande. Es posible utilizar colores con matices de contraste, o diferentes tonos combinados, para modificar las proporciones ópticas de una habitación. La iluminación también tiene un gran impacto en el aspecto de una estancia. Las habitaciones soleadas parecen más grandes que las habitaciones oscuras que no reciben la luz directa del sol.

El efecto de la luz

La luz del sol se compone de un espectro de matices –rojo, naranja, amarillo, verde, azul, índigo y violeta– y su color cambia a lo largo del día. La luz del sol posee un cálido resplandor a primera hora de la mañana, es neutra al mediodía, y se hace más azul a medida que el día va cayendo.

La iluminación artificial tiene distintas proyecciones: la incandescente es amarilla, la fluorescente es azul y la halógena es de un blanco vivo.

◄ El tipo y la intensidad de la luz transforma el aspecto de los colores de la pintura y la tela. En una habitación que recibe la luz solar al mediodía, los colores de la habitación retienen su matiz original, y se puede percibir la sutil gradación de colores.

◄ En una habitación iluminada con luz incandescente se produce una proyección amarilla. Ésta tiene el mismo efecto que los colores pálidos, neutros y cálidos, haciendo que una habitación resulte más íntima. La luz halógena y fluorescente funciona mejor con colores fuertes.

Trucos ópticos usando el tono

Las transformaciones más espectaculares en el aspecto óptico de una habitación se logran modificando el equilibrio tonal. Todos los colores pálidos, incluidos los cálidos, hacen que la habitación parezca más grande. Todos los colores oscuros, entre ellos los fríos, hacen que la habitación parezca más pequeña. En la parte inferior se ha decorado una estancia utilizando un color claro y uno oscuro en distintas proporciones.

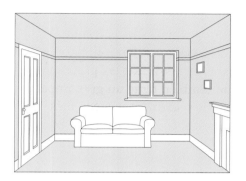

La utilización del mismo tono de color en toda la habitación mantiene las proporciones de ésta. Si se emplea un color claro, la habitación parecerá más grande que si se usa un color oscuro.

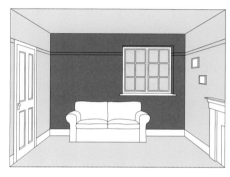

Pintar una de las paredes de un color oscuro hace que la pared avance hacia nosotros. Este efecto se puede aplicar en las paredes de los extremos, para acortar habitaciones y pasillos estrechos.

Pintar una pared de un color más claro que las otras superficies hará que la pared retroceda: este efecto se puede aplicar para evitar que las habitaciones cuadradas no parezcan un cubo.

Una habitación pequeña con suelos oscuros parecerá apretada y reducida, incluso si las paredes están pintadas de un color claro.

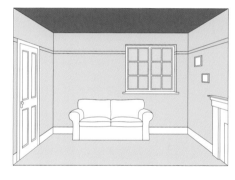

Para lograr que un techo parezca más bajo, píntelo de un color más oscuro que las paredes. Resulta muy útil en las estancias donde el techo es demasiado alto para las dimensiones de la habitación.

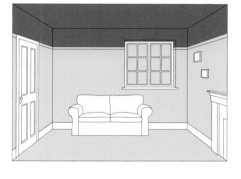

Para reducir la altura, amplíe el color oscuro hasta la línea de los cuadros. La utilización de un color claro por debajo de la línea de los cuadros hace que la habitación parezca más ancha.

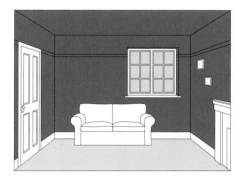

En una habitación donde las paredes y el techo se han pintado de un color oscuro, se ha empleado un suelo de color claro para evitar que la habitación parezca demasiado reducida.

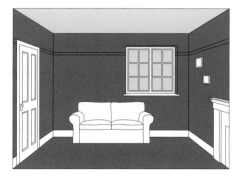

Para hacer que una habitación parezca más alta, debería pintarse el techo de un color más claro que las paredes. Usar colores oscuros en las paredes las acerca visualmente.

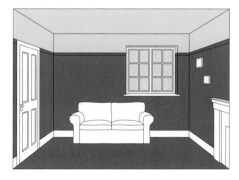

El efecto de altura que se logra usando un color claro en el techo se ve reducido si éste se extiende hasta la línea de los cuadros: esto hace descender la visión a la altura de dicha línea.

UTILIZACIÓN DE COLORES FUERTES

Cuando haya aprendido lo suficiente acerca del color para superar el miedo, tendrá ganas de utilizar este enorme potencial en todos sus diversos matices e intensidades. Los tonos ricos, profundos o vivos no siempre son una opción evidente, pero pueden lograr una impresión poderosa cuando se utilizan en zonas extensas. Como dominan el espacio totalmente, poseen el potencial de transformar una habitación lúgubre, difícil o carente de rasgos distintivos, en una estancia acogedora e irresistible. Los colores fuertes absorben más luz que los cálidos y pueden hacer que una habitación parezca más oscura y más pequeña. Tenga en cuenta que muchos esquemas de diseño sorprendentes se centran en la intimidad y lo acogedor del espacio, más que en el tamaño y la claridad.

◀ En este salón, los tonos vivos de naranja cálido establecen una personalidad fuerte, al tiempo que crean un ambiente que no sólo es cálido sino también tremendamente relajante. Observe la elección del coral suave en los detalles arquitectónicos como el marco de la puerta y el rodapié: una atrevida alternativa al blanco o crema tradicionales, y una elección que refuerza el aspecto exótico de la habitación.

USAR LA PALETA

El color intenso es más adecuado para unos esquemas que para otros. Si desea llenar su hogar de tonos radiantes, busque inspiración en las culturas tropicales, asiática, oriental, árabe, mexicana o cualquier otra que tenga su origen en un clima cálido y soleado, e incluya colores como el rosa vivo, el azul intenso, el amarillo azafrán, el verde laurel o los tonos tomate fuertes. Recree los interiores provenzales usando rojos y marrones terrosos, amarillos florales, verdes inspirados en árboles, viñas y colinas, y azules que reflejen los tonos vivos del cielo. O plantéese los ambientes retro basados en las tendencias de las décadas de los 60 y 70. Inspírese en las telas, muebles, cerámica y arte que estuvieron de moda en otra época.

◀ Los tonos ricos de terracota y verde bosque que dominan este sorprendente esquema combinan bien juntos. Esto se debe en parte a que sus matices base, rojo y verde, se sitúan en extremos opuestos del círculo cromático, y en parte porque se han elegido para crear un efectivo equilibrio de profundidad e intensidad: el resultado es que ninguno de ellos abruma al otro ni al resto de los elementos decorativos. El suelo claro y las formas simples permiten que el esquema de color adquiera todo el protagonismo.

◀ Disfrute de todas sus comidas en un ambiente vacacional sin más gasto que el de unos cuantos botes de pintura azul cielo y unas sencillas cortinas con rayas soleadas.

▶ Sitúe muebles tallados y pintados de blanco contra la aterciopelada oscuridad de las paredes y el techo azul marino. Los cojines con motivos en verde lima aportan un toque de color adicional.

UTILIZACIÓN DE COLORES PASTEL

Los tonos pastel, suaves y relajantes, son los más populares de todas las paletas de color del hogar. En cuestiones de diseño, una de sus cualidades más útil es que, mientras sean todos igualmente claros, combinan a la perfección. Por este motivo, no debe confiar en las etiquetas comerciales al elegir los complementos textiles ("rosa pastel" podría significar cualquier cosa, desde blanco sucio hasta un rosa caramelo): utilice su propia vista para organizar una colección de tonos terrosos que combinen sin esfuerzo y realcen el mimbre, la piedra y la madera clara o de tono medio; por el contrario, la madera oscura y pesada suele dominar a los colores pastel.

◄ Las grandes superficies de azul grisáceo claro garantizan un efecto fresco y luminoso. En este enorme cuarto de baño familiar se ha mantenido un esquema sencillo y tradicional, con accesorios blancos clásicos, toallas y detalles arquitectónicos. Los suaves tonos del suelo de madera natural aportan un toque de calidez al esquema azul y blanco.

USAR LA PALETA

Si le atrae la apacible hermosura de los colores pastel, busque las siguientes fuentes de inspiración: esquemas de casas de campo en las que los tonos aclarados quedan bien sobre todo, desde paredes pintadas con pátina al agua y muebles pintados a mano, hasta telas hiladas y teñidas de forma tradicional y textiles floreados; esquemas de época basados en los estilos de finales del siglo XVIII e inicios del XIX como el rococó, que utilizan tonos femeninos como el rosa, el azul pálido y el crema; estilos modernos que incluyen tonos como el pistacho suave, el lila o el limón pálido. Los colores pastel resultan refrescantes si se combinan con blanco. Utilice el blanco en un esquema de 2 colores, o emplee más tonos pastel para lograr más variación. Procure mantener la igualdad de los valores tonales.

◀ Los colores pastel poseen una versatilidad infinita: el atractivo tono azul grisáceo que transforma esta habitación crea un ambiente fresco y vigoroso. Todo atisbo de frialdad queda erradicado por la acogedora moqueta de lana y la tapicería, así como por los toques de limón claro y malva.

◀ Sin llegar a dominar el espacio, la franja amarilla situada entre la encimera y el techo ayuda a suavizar las superficies duras de una cocina moderna.

▶ Emplee los colores pastel para dar unidad a los esquemas monocromáticos que incluyen varios tonos distintos del mismo matiz. El azul utilizado en las paredes está a medio camino entre el tono más claro y el más oscuro.

UTILIZACIÓN DE COLORES NEUTROS

Los colores neutros, asociados a una opción segura y deslucida en lugar de otras más atrevidas, pueden resultar claramente monótonos y poco estimulantes. Sin embargo, tomados con entusiasmo y habilidad, también pueden representar lo último en sofisticación natural y fresca.

Para que funcionen los tonos neutros, debe elegirlos tan meticulosamente como el resto de los colores. Una mezcla indisciplinada de marrón verdoso, crema amarillento y beis rosáceo, por ejemplo, no combinará bien simplemente porque los 3 son vagamente "neutros". Para asegurar el éxito, opte por una versión básica de cada color neutro utilizado (marrón con un amarillo, en lugar de un rojo o azul, por ejemplo), y modifique el tono, los estampados y la textura de cada superficie.

◄ Los colores neutros combinan bien con las proporciones generosas y las formas gráficas para crear un ambiente contemporáneo cómodo. Aquí, un esquema sutil centra la atención en los enormes muebles y la chimenea, y la rica textura de su superficie. El gigantesco cojín ayuda a reforzar el efecto y proporciona la máxima comodidad.

USAR LA PALETA

Los colores naturales aparecen en muchos estilos contemporáneos como el modernismo internacional, el ambiente arquitectónico clásico de paredes blancas, telas y materiales neutros, y superficies brillantes como el cromo y el cristal; el *ecochic*, con sus telas hiladas a mano, alfarería, madera encerada y piedra natural; todo ello con paredes pintadas al temple como telón de fondo; y el minimalismo, un estilo austero e inflexible del que se han eliminado todos los detalles, adornos y colores superfluos. La paleta neutra crea un ambiente apacible en una variedad de estilos, dependiendo de los colores de contraste que se utilicen. Para lograr el máximo contraste, emplee negro para crear un estilo *chic* urbano más atrevido e inteligente.

◄ Los deliciosos tonos café, crema y chocolate, cuidadosamente elegidos por su calidez, que dominan aquí aseguran un ambiente sin ningún riesgo de ser apagado o triste. El tono medio de la pared de la chimenea posee una tendencia especialmente atractiva a mostrar distintas proyecciones con el cambio de luz. Los tonos terrosos del esquema decorativo se ven realzados por el suelo de madera natural.

◄ Muchas personas consideran la calma y la pureza de un dormitorio blanco perfectamente adecuada para el descanso y la relajación. Sin embargo, introducir notas de color, en este caso con una colcha llamativa, garantizará que la habitación no resulte demasiado fría y neutral.

► El duro contraste de las vigas de roble oscuro sobre el yeso blanco acentúa la altura de este desván.

COMBINAR COLORES

Una de las maneras menos intimidantes de combinar colores es plantearse el tipo (o humor) del color antes de considerar sus tonos precisos. Los colores pueden agruparse de muchas maneras distintas: los que se encuentran en la Naturaleza, por ejemplo, poseen una afinidad natural entre ellos, al igual que las familias de colores creadas con tintes químicos. Los tintes muy claros se combinan sin esfuerzo alguno, al igual que los oscuros como el vino, el azul marino o el verde botella. Una vez decidido un tipo general de color, es más sencillo centrarse en elecciones concretas. Utilice muestras y tarjetas para ayudarle a ver cómo combinan los colores. Algunas colecciones de pinturas proporcionan muestras o listas con los coordinados cromáticos recomendados.

◀ Los sorprendentes bloques de color típicos del Art Decó (melocotón cálido y ligeramente apagado y lila) definen este desván inspirado en los años 30 con sus ventanas gráficas, su elegante butaca de piel y su armario de líneas puras.

USAR LA PALETA

Si a la hora de mezclar colores no sabe por dónde empezar, intente identificar una familia de colores que le atraiga especialmente. Considere los tonos vivos y cítricos del naranja, el lima y el limón; los tonos otoñales dorados, bermejos y marrones; los tonos cremosos fríos como el rosa, el plátano y el agua; el ocre terroso, terracota, avellana y cobre; los tonos de piedras preciosas como el rubí, topacio, zafiro y amatista. Para lograr un ambiente elegante y contemporáneo, introduzca tonos de colores fuertes, como el turquesa vivo, el rosa fucsia o los primarios, en un esquema blanco y negro. Para lograr un ambiente más apacible, incorpore tonos suaves, como los hermosos rosas y dorados, en un esquema neutro basado en los tonos crema y café.

◄ Los vivos tonos tropicales pueden combinarse para crear un esquema fresco y exótico. Aquí, el intenso azur (azul oscuro), el verde palmera y el lavanda se ven matizados por los toques cálidos de amarillo azafrán y carmesí para lograr un ambiente estimulante, pero no demasiado abrumador. Los tonos neutros del techo y el suelo proporcionan el equilibrio y contrastes necesarios.

◄ En este espacio abierto y luminoso, los colores de las paredes definen las distintas áreas. El arte contemporáneo y los muebles modernos aseguran que el efecto no sea demasiado "almibarado".

► Un jardín antiguo sirvió de inspiración para este delicioso esquema. Los colores dominantes son el rosa, el amarillo azafrán y el azul, con superficies en verde hoja como nota de contraste.

ESTAMPADOS

Al igual que los colores, los estampados y los motivos elegidos para una habitación pueden modificar la percepción visual de la misma, cambiar su ambiente y ayudar a crear una gran variedad de estilos de diseño. Los cuadros frescos sugieren un tema campestre, mientras que los motivos de cachemira nos recuerdan la época victoriana. Al trabajar con distintos estampados, lo importante es encontrar un punto medio entre el aspecto estéril y anticuado de las telas y el papel pintado, y el caos estético que resulta cuando estampados mal combinados cubren demasiadas superficies. Si no tiene ninguna experiencia, tenga en cuenta que comenzar con paredes y suelos sin decorar le permitirá experimentar con el estampado en otras superficies, reduciendo así el riesgo de costosos desastres decorativos. Recuerde también que la mayoría de las habitaciones contienen grandes zonas de estampado informal, fáciles de obviar cuando planeamos el esquema: una pared con estanterías repletas de libros y objetos de colección, o un suelo de madera con tablillas de parqué.

▲ Los sencillos motivos en blanco y negro ayudan a crear un ambiente similar al de los años 50 en este salón sueco contemporáneo. Observe cómo el tamaño de cada estampado se adapta a su uso: pequeños garabatos en las fundas de los cojines, y grandes círculos tejidos en la sorprendente alfombra amarilla.

▶ Las rayas de tonos suaves azul grisáceo adornan casi toda la superficie de este acogedor dormitorio, apareciendo en las paredes, las ventanas, el biombo y la estrecha alfombra situada junto a la cama. Las tarimas pintadas refuerzan de forma sutil el tema de rayas, al tiempo que nos proporcionan una gran superficie de color liso.

PAREDES

Utilice el estampado para modificar las proporciones aparentes de una habitación, o para disimular cualquier rasgo arquitectónico "feo". Es evidente que las rayas verticales hacen que una habitación parezca más alta, pero tenga también en cuenta que las líneas horizontales hacen que parezca más ancha. En realidad, si las paredes o el techo no son perfectamente rectos, la inflexible geometría de las rayas pintadas lo hará más evidente. Para una alternativa más flexible, o para crear un efecto menos formal, emplee líneas pintadas o incluso panelado machihembrado. Para disimular techos abuhardillados o esquinas sobresalientes, utilice un estampado con un pequeño motivo en toda la habitación.

◀ En este cuarto de inspiración árabe, los azulejos de cerámica en tonos armoniosos crean un sutil "efecto submarino". Los azulejos ofrecen numerosas opciones para crear estampado, desde la simplicidad de la arcilla blanca con una lechada de un tono parecido, hasta los complejos diseños con cuadrados pintados a mano.

▶ La decoración única y estilosa de estas paredes blancas se ha logrado con unos tarros de pintura de muestra y un pulso firme. Las líneas verticales se trazaron con ayuda de una plomada y luego se pintaron. Los rectángulos se delimitaron con un lápiz, se rodearon con cinta aislante y luego se pintaron.

SUELOS

En la mayoría de los hogares, los suelos consumen una gran parte del presupuesto decorativo. También es cierto que los suelos estampados presentan más problemas de diseño que los lisos, así que si no se siente demasiado seguro, únase a la versión más sencilla. Si opta por el estampado no lo haga como una tentativa de ocultar la suciedad: cualquier diseño que sea lo bastante complejo y colorido para lograrlo no beneficia a la habitación, mientras que los motivos reducidos y regulares hacen que las manchas sean evidentes. Existen 2 modos de utilizar estampados en el suelo:

● Como un diseño en toda la superficie.

● Como una superficie que define la habitación, con paneles centrales, cenefas o motivos en las esquinas.

▲ Las baldosas de piedra de ricos colores que cubren el suelo (y las paredes) de este cuarto de baño proporcionan un interés visual y atraen la atención.

◀ Este práctico suelo de vinilo, una variación *Op-art* de las típicas baldosas de ajedrez, centra la escena en una cocina retro: el atrevido diseño se ve realzado por los colores lisos y las líneas puras de los muebles.

COMBINAR ESTAMPADOS

La habilidosa mezcla de diferentes estampados (pero combinados entre sí) y el ambiente es una de las características de una habitación realmente estilosa. Desarrollar un sentido instintivo hacia el estampado lleva su tiempo, pero no se puede equivocar si comienza limitando sus opciones a estampados que incluyan los mismos tipos de color. Por ejemplo, el rosa primavera, el verde hoja, el amarillo narciso y el azul aciano (azul claro) son todos claros y frescos, mientras que el bermejo, el llama y el jengibre son tonos otoñales. El rosa vivo, el naranja y el amarillo son tonos claros, vivos y alegres, mientras que el beis, el lavanda, el gris y el verde plateado son tonos oscurecidos y apagados. También es importante que los estampados tengan personalidades parecidas. Las rayas del colchón no tienen nada en común con las estilizadas rayas de época, y no deberían mezclarse. Sin embargo, los estampados no tienen que incluir necesariamente motivos parecidos. Los cuadros y las rayas, por ejemplo, combinan bien juntos con estampados similares o con flores sencillas. Modificar la escala entre estampados que van juntos añade interés a la mezcla, pero no vaya demasiado lejos situando motivos pequeños y delicados junto a otros grandes y atrevidos.

◀ La adhesión estricta a los tonos crema fríos y las formas de bordes rectos dan a esta habitación una sensación suave y armoniosa. Se ha establecido un tema con el tratamiento de pintura de las paredes, que después se ha retomado en los diseños de los cuadros, las estanterías y la alfombra.

▲ A primera vista, la única gran superficie de estampado de este baño parece ser el estor romano. El caleidoscopio de luces y sombras, creado por el resplandor de una lámpara colgante perforada que baña la hiedra, los sinuosos soportes de la balda y las botellas de cristal, crean otra esfera de estampado.

COMBINACIONES GANADORAS

Los estampados de cada uno de los grupos inferiores combinan bien juntos porque comparten familias de color (aunque no los matices exactos), además de características generales. Las rayas, con sus colores apagados y rotos, presentan vínculos más estrechos con una sala formal que con una tienda de circo o una cabaña marinera.

Rayas sofisticadas

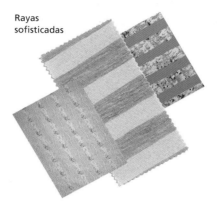

Flores silvestres

▲ Las telas que visten esta cama alta de latón están unidas por sus motivos florales cálidos, coloridos y estilizados. Por detrás del cabecero, una alfombra persa de seda actúa como colgadura mural, y los cojines orientales complementan las almohadas tradicionales.

◄ En este dormitorio infantil, una tela domina el esquema. Como notas de interés se incluyen los cuadritos amarillos de la ropa de cama, las cenefas de las cortinas, y el estampado de las paredes. Dispersos entre el moteado del papel pintado hay macetas pintadas (copiadas de las de la tela).

Cuadros alegres

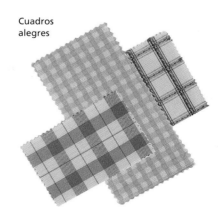

TEXTURAS

Introducir 1 ó 2 elementos táctiles permite experimentar el espacio por medio del tacto, además de la vista. Los materiales como la piedra, el ladrillo, el yeso, el sisal o la ropa de cama de color crudo poseen agradables irregularidades naturales que crean un apacible efecto tridimensional. Un suelo de madera suave aportará color y calidez a una habitación decorada con una paleta neutra, y elementos como los cojines de terciopelo, una colcha de chenilla o una alfombra de nudos aportarán mayor interés en lo que a textura se refiere.

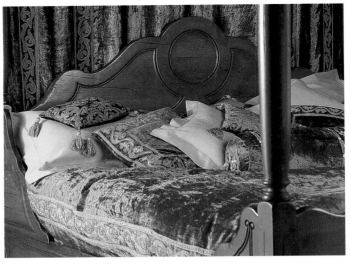

TELAS

Desde el brillo de la seda, el satén o el tafetán hasta los materiales más burdos como la arpillera, el fieltro o el *tweed*: las telas ofrecen un gran interés en lo que a texturas se refiere. Tenga en cuenta los muebles y adornos de la habitación a la hora de elegir las telas nuevas; si determinados colores combinan bien juntos, también lo hacen las diferentes texturas. La seda funciona muy bien con materiales rudos, además de con materiales suaves y con brillo.

▲ Tenga siempre en cuenta dónde colocar las distintas texturas en relación, unas con otras. En este dormitorio, el armazón de madera de la cama y el cabecero ayudan a compensar la rica textura de la colcha, los cojines y las cortinas.

▲ Nuestra respuesta a la textura no siempre es inmediata ante el color o el estampado, pero nuestros sentidos registran instintivamente el aspecto y el tacto de las superficies de los distintos materiales. En este esquema natural, la funda de la butaca, las cortinas y el mantel encuentran su contrapunto en la alfarería, las piedras y los marcos de madera para crear interesantes capas de diferentes texturas.

▶ La variación de texturas es especialmente importante en habitaciones donde hay poco color de fondo. En este dormitorio blanco, los sutiles contrastes de textura vienen dados por la muselina de la ventana y la ropa de cama blanca. Otras inyecciones de textura provienen de la mesa baja de mimbre y el jarrón con hierba seca.

PAREDES

Las paredes son una parte intrínseca de la decoración interior. Utilícelas como un telón de fondo neutro para efectos de color y textura que haya creado en el resto de la habitación, o conviértalas en un elemento de textura central, bien colocando colgaduras murales, revestimientos o panelado, o usando papeles pintados o pinturas texturadas. También puede añadir interés a las paredes, especialmente en las casas antiguas, dividiéndolas con elementos como una línea de zócalo.

▼ En este almacén reconvertido, las paredes de ladrillo con la cara vista aportan una calidez y una variación de textura que no sería posible si fueran de yeso liso. La áspera textura de las paredes contrasta con la superficie más lisa del entrepiso.

SUELOS

Los suelos son una superficie grande sobre la que experimentar con diferentes materiales como la madera, la pizarra, la piedra o el vinilo. Su decisión debería estar marcada por el aspecto práctico y por el estilo. Tenga en cuenta el desgaste que tendrá la habitación, y si va a sentirse a gusto con determinadas texturas. Las baldosas de cerámica son una elección duradera para un cuarto de baño, pero si "odia" tener los pies fríos, tal vez prefiera una opción más cálida y suave.

▼ En una salón con pocos muebles, una moqueta resistente y con textura se convierte en protagonista por sí sola. La chimenea y las vasijas proporcionan otras dimensiones de textura.

▼ Los suelos encalados, inspirados en el estilo rústico escandinavo, suponen una cubierta informal para suelos y con pocas exigencias de mantenimiento, adecuada para un esquema tradicional o contemporáneo. Colocar una alfombra sobre un suelo duro no sólo proporciona calor y comodidad, sino que también crea otra capa de textura.

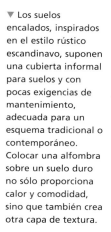

◄ La madera posee una calidad táctil inherente que invita a tocarla. En este comedor, el alegre amarillo de las paredes ayuda a destacar las distintas vetas del suelo de madera y los muebles de pino.

CONTRASTES DE TEXTURAS

Duro o blando, áspero o suave, brillante o mate, las variaciones de textura tienen un impacto profundo en el aspecto general y el ambiente de una habitación, sobre todo en los esquemas neutros con poco color y estampado, o donde se han reducido al mínimo los elementos decorativos. Los materiales naturales como la madera sin pulir, el mimbre, la caña india, las baldosas de terracota o corcho, o la lana poseen unas propiedades cálidas y confortables, y pueden ayudar a inyectar algo de color. Las superficies duras y brillantes ayudan a reflejar la luz y logran que las habitaciones parezcan más luminosas y frías.

PAREDES TEXTURADAS

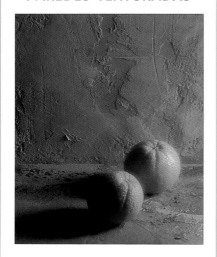

Las paredes proporcionan un lienzo ideal sobre el que experimentar con variaciones de textura, desde el yeso áspero hasta una suave emulsión sedosa. La nueva generación de pinturas texturadas ofrece acabados metálicos, terrosos y arenosos, que realzan las paredes y reflejan la luz natural. Estas pinturas táctiles pueden utilizarse en paredes enteras para crear bloques de textura, o combinadas con pinturas lisas para lograr contrastes interesantes.

▲ Una variedad de elementos táctiles, como el cuero, el mármol, la madera, la piedra, el algodón y la lana se han combinado de manera inteligente en un salón que es comedido y fresco a la par que acogedor.

▶ Un *patchwork* de cuadrados de terciopelo colocados en la pared, los cojines y la colcha aportan un toque de opulencia a cualquier dormitorio.

◄ En un dormitorio rústico, una colcha antigua y una alfombra colgada de la pared complementan los colores apagados de la madera, el barro cocido y el mimbre.

▲ Los tonos suaves de esta maceta de terracota combinan con la colección de máscaras tribales; son elementos necesarios para aportar un interés "textural" a este esquema neutral.

▶ Elegidos por sus propiedades reflectoras, los accesorios cromados, el lavabo de cristal, los azulejos vitrificados y el espejo han transformado un espacio pequeño y difícil sin luz natural en un cuarto de baño luminoso y con estilo. La textura mate del suelo de madera supone un contraste interesante a las superficies brillantes.

COMPLEMENTOS TEXTILES

● Las telas brillantes como la seda, el tafetán y el muaré reflejan la luz y pueden utilizarse para cojines, cobertores y cortinas.

● Para una cubierta de suelo táctil y natural, opte por texturas rudas como el yute, el sisal, la fibra de coco o la caña india; las moquetas que tienen cualidades textiles parecidas son las de terciopelo y algunas de lana con trama abultada. Para un acabado más suave, lo mejor es el linóleo, el caucho o el vinilo.

● Puede utilizar las moquetas, colchas, *kilims* y alfombras para introducir pequeños toques de textura en una habitación.

● Las telas con estampado más comunes son: tartán, brocado, damasco, cretona, tela de tapicería, *bouclé* y *toile*.

LAS PROPORCIONES

Cuando la mayoría de nosotros nos planteamos el diseño de una habitación o la adquisición de un mueble, lo primero que consideramos es el estilo, el color y el tamaño de cualquier futura compra. Pero incluso cuando una silla o un armario cumplen nuestros requisitos en todos estos aspectos, quedarán fuera de lugar si sus proporciones no encajan con el resto de los objetos que los rodean o con la habitación. En lo relativo al diseño del hogar, la proporción tiene tanto de sentido común como de reglas estrictas (*véase* cuadro de la página siguiente), y muchos estilos arquitectónicos dictan, hasta cierto punto, sus propias exigencias. Las salas de recepción victorianas, por ejemplo, tienen techos más altos que las casas de construcción moderna y, por lo tanto, pueden alojar muebles más grandes que quedarían mal en un apartamento más pequeño.

◄ Los propietarios de esta sala victoriana han dejado de lado el mobiliario alto y formal presente en ella, dando prioridad a un estilo oriental exótico. El tema queda establecido con divanes bajos que realzan las proporciones verticales de la habitación y dejan las paredes libres para grabados y cuadros que, de otra manera, resultarían demasiado grandes. El cálido esquema de color refuerza el aspecto étnico y contribuye a crear un ambiente más acogedor y relajado, que se habría conseguido también en tonos de blanco y azul pálido.

◄ Esta cama grande y moderna se adecúa a las proporciones de este interior alto y contemporáneo. La introducción de elementos de distintas alturas, como las 2 lámparas, ayuda a que el ambiente de la habitación resulte menos imponente.

▲ Los sofás y sillones grandes pueden funcionar en un espacio reducido. En este caso, un gran diván ocupa toda una pared de una habitación cuadrada. La butaca y el taburete crean trucos visuales con las proporciones del espacio.

▼ Para alojar una cama grande y decorada, este dormitorio de dimensiones modestas se ha pintado con un tratamiento de color vivo, mientras que se ha dejado libre el resto de la superficie del suelo.

CONSEJOS Y TRUCOS

● No amueble una habitación grande o alta con muchos muebles altos y estrechos; estarán como fuera de sitio.

● Las unidades de almacenamiento grandes (módulos, estanterías, armarios, etcétera) pueden quedar fenomenal en el hueco de una pared: si no son antigüedades valiosas, plantéese darles el mismo tratamiento de pintura para un aspecto casi empotrado.

● Los muebles bajos hacen que las habitaciones parezcan más altas: si los techos son opresivos, elija los asientos y muebles siguiendo este principio.

● Para ampliar una habitación baja y pequeña, cuelgue cortinas del suelo al techo, y de pared a pared, en vez de detenerse en el marco de la ventana.

● Las habitaciones con techos altos deberían contrapesarse con 1 ó 2 muebles altos.

ILUMINACIÓN

No importa cuánto tiempo y dinero emplee en decorar su hogar: si la iluminación no "da la talla", entonces las habitaciones nunca lucirán todo su potencial. Una de las prioridades principales a la hora de planificar una habitación es asegurarse de que dispone del tipo de luz adecuada. Comience contemplando el espacio desde ángulos diferentes y en distintos momentos del día. Incluso una habitación que recibe mucha luz solar, necesitará luz adicional en los días oscuros. Tenga en cuenta el uso de la habitación, en qué horas se va a ocupar, y si hay algún elemento decorativo o muebles que desearía destacar. Considere también cómo la luz afectará a las proporciones y la percepción del espacio. Una habitación con techos altos resultará más acogedora y menos imponente si la fuente de luz se dirige hacia abajo, mientras que en un espacio con techos bajos la luz debería dirigirse hacia arriba. Colocar velas delante de espejos también contribuye a crear una sensación de espacio.

▲ Unas sencillas velitas crean una original y decorativa iluminación. Observe cómo las vasijas de cerámica y las rocas de lava volcánica contribuyen a reflejar la luz.

▶ La luz solar intensa debe controlarse. Aquí, unas cortinas largas semiopacas contribuyen a filtrar los rayos del sol sin sumir el salón en la oscuridad. Los estores venecianos, a la venta en una gran variedad de acabados, también quedarían bien en este escenario moderno, permitiendo ajustar el nivel de luz según la necesidad y creando un atractivo efecto moteado. Observe los 2 focos de pie que inundan el techo de luz al llegar la noche. En el techo, un tragaluz permite la entrada de más luz.

▲ La luz natural puede convertirse en un elemento decorativo importante por sí sola. En un espacio con techos altos, la luz del sol que entra por las ventanas crea un sorprendente efecto de siluetas en la superficie de la pared.

▶ En un cuarto de baño moderno sin luz natural, los focos encastrados en el techo proporcionan la luz necesaria sin hacer que resulte fría y aséptica. Las superficies de cristal, metálicas y de cerámica ayudan a reflejar la luz. Las luces del cuarto de baño deberían ir protegidas si existe la posibilidad de que se puedan mojar, y deberían accionarse con una cadena pequeña. Si necesita un interruptor regulador de pared, deberá ir situado en el exterior.

LUZ NATURAL

La intensidad de la luz natural y su opuesta, la sombra, varía en los distintos momentos del día y según las estaciones. El juego de luces afecta al ambiente y al color de una habitación y debería tenerse en cuenta a la hora de planificar un esquema. Siempre que sea posible, elija la función de la habitación según la calidad de la luz solar que recibe y a qué horas del día. En habitaciones sin luz natural, como el cuarto de baño, tal vez tenga que plantearse instalar un tragaluz o una ventana. Elija materiales que tengan propiedades reflectoras, como el cristal transparente o el *plexiglás*, espejos, cromo y madera clara. Emplee pintura al óleo y elija un acabado que atraiga la luz, que le ayudará a crear una sensación más abierta.

▲ Una gran ventana arqueada permite que esta habitación de un ático no quede sumida en la penumbra durante el día. El efecto luminoso se ve reforzado por la pintura, el suelo de madera y el gran espejo arqueado. Las contraventanas exteriores permiten que la ventana quede libre de cortinas. Unas lámparas Art Decó dan luz artificial.

◄ Un esquema blanco parece fresco y energético en este ático espacioso, bañado de luz natural durante casi todo el día. En una habitación que reciba poco sol o no reciba más luz que a primera hora de la mañana, será más apropiado utilizar un tono más cálido.

LUZ ARTIFICIAL

Una sola bombilla colgada del techo, además de poco adecuada, es una opción muy poco atractiva para la habitación y sus ocupantes. Lo ideal sería incorporar una combinación de los 3 tipos de iluminación principales. La luz de ambiente, en forma de lámparas colgantes o luces en picado o contrapicado, arrojan luz sobre una zona extensa y proporciona la principal iluminación de fondo de una habitación. La luz de trabajo incluye lámparas de mesa y focos halógenos para concentrar la iluminación sobre una actividad específica, como la cocina; la mejor luz de trabajo es la graduable, que permite dirigir la luz. La luz direccional destaca elementos interesantes, como un cuadro, y la proporcionan focos o carriles.

◄ Las luces en contrapicado situadas convenientemente aportan variación tonal a un pasillo minimalista. Las luces ocultas ponen de relieve las escaleras. Por cuestiones de seguridad, ilumine siempre los peldaños superior e inferior de una escalera.

▲ En un recibidor de estilo antiguo, la pantalla roja de una lámpara de mesa tradicional arroja un suave resplandor que complementa la escalera y las vigas, mientras que una lámpara montada en la pared ilumina una colección de platos.

BOMBILLAS

● Las bombillas de filamento de tungsteno (wolframio) arrojan una proyección suave y amarilla que ilumina bien.

● Las fluorescentes tienen larga duración y emiten poco calor, pero su luz fría y azulada resulta poco favorecedora a la cara y molesta a los ojos.

● Las bombillas halógenas son más pequeñas. Producen una luz clara y fuerte, ni cálida ni fría.

MOBILIARIO

Los muebles, ya sean antiguos o modernos, herencias familiares o "gangas" de segunda mano, deberían resultar atractivos e invitar a mirarlos y usarlos. A la hora de planificar el diseño de una habitación piense en los muebles que posee (o que planea adquirir) y considere cómo su forma, estilo o referencias históricas o culturales pueden interactuar. Un hermoso tocador Art Decó podría ser el punto de partida de un dormitorio de época, de la misma manera que un conjunto de sillas de los años 50 podrían ser la inspiración para una cocina estilo retro. Tenga en cuenta también la dimensión de sus muebles en relación con las proporciones de la habitación. El tamaño de una silla o un sofá puede marcar la diferencia. Mover los muebles es la forma más barata, y la mejor, de aportar aire fresco a una habitación.

▲ Elija muebles que reflejen la función de la habitación. Un gran sofá de 3 plazas cubierto de cojines bien rellenos y coordinado con mesitas informales creará un ambiente de comodidad y relajación.

◄ El sofá, las butacas y el otomán se han tapizado con telas apacibles y neutras en armonía con el resto del salón.

► Disponer las sillas y las mesas en grupos en distintas partes de la habitación, en lugar de agrupadas en el centro, puede contribuir a hacer que una habitación de techos altos resulte más acogedora y menos imponente. Estas elegantes sillas de comedor de estilo Gustavino se han situado contra la ventana, transformando a ésta en un elemento decorativo.

▶ Los muebles antiguos poseen un encanto inherente que perdura, mientras que los modelos contemporáneos pueden pasar de moda enseguida. Aquí, una cama con dosel drapeada en una hermosa tela de *toile,* acerca la elegancia del estilo del siglo XVIII a un dormitorio.

TRUCOS Y CONSEJOS

● Mover los muebles de sitio de vez en cuando puede dar un aire nuevo a un esquema. Podría aportar cambios estacionales a un salón, por ejemplo, colocando las sillas alrededor del fuego en invierno y cara a la ventana en verano.

● Adquiera la mejor cama que su presupuesto le permita y, a ser posible, con un largo 15 cm mayor que la persona más alta que vaya a dormir en ella. El colchón debería ofrecer un buen soporte e ir cubierto con tela natural.

● Procure que la mesa de comedor sea lo bastante grande –o que sea extensible– para alojar al mayor número de personas posible.

● Cuando vaya a comprar un mueble nuevo, lleve siempre consigo un metro y copia de las medidas de la habitación. Compruebe que los artículos voluminosos caben por las puertas y, si fuera necesario, por las escaleras.

● Debería haber suficiente espacio entre los muebles para que las personas puedan moverse sin problemas entre ellos.

TOQUES FINALES

Con gran frecuencia son los toques finales los que dan vida, calor y unidad a una habitación. Por ello, al planificar un esquema debemos considerar cómo incorporar valiosos objetos y detalles atractivos. Un edredón heredado, el jarrón favorito, o 1 ó 2 cojines bien elegidos podrían, por ejemplo, ayudar a crear un vínculo visual con las paredes, los muebles y los complementos textiles. Observe los colores de un cuadro y plantéese cómo pueden repetirse en otros puntos: como notas de color en cojines y alfombras, quizá, o en grandes cantidades en las paredes y suelos. Tal vez desee destacar un color en particular con flores o fruta. Los elementos arquitectónicos interesantes, como una chimenea alicatada o una cornisa decorada, también pueden aportar una gran fuente de inspiración a un esquema decorativo.

▲ En un dormitorio con sabor oriental, un jarrón de cristal de color ámbar se hace eco de los tonos suaves del cabecero de madera y la mesilla curva, con su lámpara de lectura integrada.

▼ Las flores, elegidas para combinar con el sorprendente tono de morado del sofá, y los cuadros situados estratégicamente refuerzan la fuerte interacción de color y simetría de este salón. Observe cómo la forma de los jarrones de cristal ayuda a definir la forma escultural del sofá.

▶ En un interior apacible y minimalista, un sencillo arreglo de ramas no se ve anulado por otros elementos, sino que dispone de un espacio amplio para su exhibición. Los colores y las texturas se retoman en el suelo de madera y la mesa y en las sillas de mimbre.

► El pequeño marco dorado del cuadro de un pájaro situado en la esquina superior izquierda sirvió de inspiración a este esquema. El azul eléctrico se ha retomado en el elegante sofá de estilo Regencia, salpicado de cojines dorados. Los colores también aparecen alrededor de la ventana y en los cojines dispersos en el suelo.

▲ La base pintada a mano de una mesa de madera ofreció un punto de partida decorativo para el resto de este esquema. Combinado con los tonos blancos y acuosos utilizados en el resto de la habitación, el dibujo del pez y la informal presencia de conchas y piedras contribuyen a evocar un tema náutico. Colocar los 2 cuadros grandes uno por encima del otro, tal y como muestra la fotografía, los convierte en puntos de atención.

Observe cómo un sencillo cuenco lleno de naranjas aporta un toque de color vivo al esquema.

TRUCOS Y CONSEJOS

Cuando nos encontramos frente a un problema de diseño muchos de nosotros, o bien lo dejamos de lado o bien iniciamos un programa de decoración que no es necesario. En muchos casos, una superficie nueva, un cambio de uso, o simplemente una nueva forma de ver la situación bastan para transformar un rincón aburrido, difícil o desperdiciado en un rasgo práctico y con estilo.

AZULEJOS EN MINIATURA

Las mosaicos, una de las formas más antiguas de decoración, pueden añadir color, estampado y textura a las paredes, suelos, muebles y superficies de trabajo. Los diseños de mosaicos más complejos van provistos de un refuerzo de papel o red que facilita su instalación, pero las teselas también se venden sueltas, de forma que es posible elegir los colores deseados para crear una variedad de motivos pictóricos o diseños abstractos.

En las superficies grandes, los mosaicos pueden resultar bastante caros, pero resultan mucho más económicos en suelos o paredes de espacios reducidos como cuartos de baño, o como una forma de dar un toque personal a un rasgo arquitectónico aburrido, como una mesa (*véase* páginas 162-163). Si le gusta trabajar con teselas, cree efectos originales utilizando fragmentos de porcelana rota (los platos sueltos o cascados son lo mejor) en lugar de las teselas convencionales (tenga en cuenta que este tratamiento es inadecuado para suelos o superficies de trabajo).

▲ Si dispone de una vista atractiva, cuelgue cortinas o estores translúcidos que respeten la intimidad y permitan la entrada de luz, y decórelos con un remate. Unas margaritas rojas adornan la sección central de los 3 paneles de muselina, aportando un toque original.

◄ Introduzca una chimenea tradicional en un esquema moderno, pintándola a juego con las paredes (pinte el interior sólo si el tiro está bloqueado). Decore el marco alrededor con teselas de colores.

▼ Un suelo de mosaico con una cenefa clásica logra que este baño parezca más grande; el tratamiento a todo color también contribuye a este efecto.

BAJO LAS ESCALERAS

La zona que queda por debajo de las escaleras, tanto si éstas surgen de un recibidor como de una habitación situada en el piso bajo, puede ser difícil de aprovechar al máximo. Con la altura restringida y sin luz natural, el espacio inferior tiende a convertirse en una especie de armario-cueva o, un lugar donde dejar objetos voluminosos de forma semipermanente.

Para maximizar el potencial de este triángulo, trace un plan diseñado especialmente para sus limitaciones (situando un asiento, o una zona de trabajo o comedor, por ejemplo), o invierta en un sistema de armarios a medida que le permita ver (y coger) los contenidos con facilidad, en lugar de tener que explorar en rincones y rendijas hasta dar con el objeto perseguido. En su forma más básica, un sistema de este tipo no supone más que una hilera de ganchos fijados a una distancia cada vez mayor del suelo (siguiendo la línea de la escalera), y unas cuantas bolsas colgadas de ellos para guardar cosas. En el caso de objetos muy pesados o voluminosos, añada un baúl de madera, metal o mimbre. También podría instalarse un armario a medida que contenga baldas de distintos tamaños para guardar zapatos.

▲ Como parte de un recibidor abierto, el hueco bajo las escaleras es un lugar ideal para una pequeña mesa de comedor. Esta mesa redonda con su pedestal central facilita el acceso a la silla interior. Arriba, un foco en picado alivia la penumbra y proyecta un resplandor agradable sobre el escenario y la comida.

▶ Estas unidades escalonadas, construidas a medida y montadas sobre carriles, guardan un sinfín de artículos domésticos, desde zapatos a ropa de cama. Observe los discretos agujeros para los dedos que sustituyen a los agarradores convencionales.

SOLUCIONES DE ALMACENAMIENTO

Si sus habitaciones están repletas de cosas, investigue el potencial de los lugares desaprovechados.

● Coloque una balda a la altura del riel para cuadros alrededor de una habitación pequeña o a lo largo de un pasillo para así guardar objetos. Oculte las colecciones poco vistosas en el interior de cajas.

● En un cuarto de baño pequeño, instale una balda alta en una pared para guardar objetos de tocador, toallas y medicinas; guarde un peldaño plegable bajo el lavabo para facilitar el acceso.

● Si necesita una cama nueva, cómprela con cajones integrados en la base, o un canapé con un compartimento bajo el colchón.

● Coloque baldas internas en los armarios de cocina para aprovechar el espacio que queda por encima de una hilera de latas, tarros o vasos.

ESPACIOS "ROBADOS"

Cuando no es posible crear ninguna solución de almacenamiento a partir de un espacio muerto, debería plantearse "robárselo" a una habitación existente. Si es inteligente, apenas notará la pérdida de espacio, y la capacidad de almacenamiento que obtiene tal vez aloje todas las cosas que le sobran.

Un extraordinario ejemplo de esta táctica sería un sistema de almacenamiento diseñado a medida (baldas, carriles, ganchos, rieles, cestas o cualquier otra cosa que se adecúe a sus necesidades) empotrado de pared a pared y del suelo al techo en una habitación. Oculto tras unas grandes

puertas (plegables o correderas) o unas cortinas o estores (hechos de lienzo, lona o tela de colchones, por ejemplo), es posible diseñar un armario que combine con cualquier estilo decorativo y facilite la vida en un entorno libre de "trastos".

Un proyecto de menor escala consiste en rodear una puerta con una estantería en la que se pueda guardar desde platos y tazas (en la cocina) hasta juguetes y juegos (en un dormitorio infantil) o una pequeña librería en un salón.

◄ Esta elegante estantería –con moldura decorativa, rodapié ancho y una ingeniosa dovela falsa sobre la puerta– se funde con la estructura tradicional de la habitación.

▲ Una pared de esta cocina se ha transformado en una bienvenida despensa. Sus elegantes puertas correderas facilitan el acceso a los objetos. La iluminación interior revela los contenidos.

BALDAS "INTELIGENTES"

Por mucho que haya invertido en la decoración, las baldas que se comban bajo el peso de sus contenidos estropearán el aspecto de cualquier habitación.

● Asegúrese de que todas las baldas cuentan con buenos soportes en forma de escuadras, listones de madera o barras ocultas fijadas en el yeso. Para más consejos sobre cómo sujetar distintos tipos de baldas y estanterías, *véase* las páginas 166-175.

● Utilice madera gruesa o tableros prefabricados, o añada una moldura decorativa a lo largo del frente de cada balda para añadir peso visual y un acabado de calidad (*véase* la librería de la fotografía de la izquierda).

TRUCOS DE CAMUFLAJE

Uno de los trucos decorativos más útiles es la habilidad para ocultar o disimular elementos poco elegantes (pero imprescindibles) con ingenuidad y frescura. Los biombos plegables, trampantojos, paneles de tela, cortinas y estores diseñados al efecto, muebles colocados de manera estratégica o trabajos de carpintería encargados a medida le ayudarán a aprovechar al máximo el espacio y los objetos con los que tiene que convivir. Un único aviso: compruebe que el trabajo "de ocultación" no impide el acceso a tuberías y cables eléctricos en caso de emergencia.

▶ Aunque las viviendas de planta diáfana permiten aprovechar la luz y el espacio, limitan la posibilidad de ocultar trastos. En este estudio en colores cítricos y frescos, un biombo semicircular permanente hecho de contrachapado y MDF conserva la sensación de espacio, al tiempo que separa las principales zonas de actividad: en el lado de la cocina, una encimera honda permite ocultar los platos sucios y las sartenes de la vista de los invitados.

◀ A menos que su presupuesto le permita unos radiadores elegantes o que tenga la suerte de disponer de unos antiguos, los radiadores y calderas son elementos poco atractivos. Aquí, un cubrerradiadores de MDF oculta uno de los objetos "ofensivos", permitiendo que el calor escape a través de una hilera de recortes sinuosos.

▲ Los armarios empotrados son una de las mejores soluciones, pero en un dormitorio pequeño pueden parecer abrumadores. Para hacerlo casi invisible, este armario se ha ocultado tras una puerta lisa empapelada igual que las paredes, en la que se ha instalado un tirador y se han colgado cuadros florales.

DISEÑO PRÁCTICO

UNA VEZ QUE HAYA REALIZADO la planificación interior y tenga ideas acerca de cómo emplear elementos como la textura y el color, estará listo para acometer la emocionante tarea de transformar su hogar. Si quiere una reforma completa o simplemente desea hacer 1 ó 2 mejoras decorativas, este capítulo le mostrará cómo hacerlo, habitación por habitación. Fotografías inspiradoras, tomadas antes y después, y prácticos planos de planta le mostrarán lo que se puede lograr, en ocasiones con un reducido coste de tiempo, esfuerzo y dinero. Unos cuadros de información útil le guiarán a través de las soluciones de diseño y le alejarán de las dificultades más comunes. Se incluyen consejos sobre todos los aspectos, desde seguridad y planificación ergonómica, hasta la elección de los muebles y el tratamiento adecuado para suelos y paredes. También aprenderá cómo mejorar la iluminación y los sistemas de almacenamiento en habitaciones como la cocina o el cuarto de baño, elegir una zona para la plancha y conseguir que la oficina doméstica sea lo más cómoda posible, lo cual contribuirá enormemente a su calidad de vida.

CREAR EL PLANO EN LA HABITACIÓN

Antes de decidir el arreglo final de cualquier habitación, probablemente recurra a cambiar los muebles de sitio. Para reducir al mínimo esta molestia y evitar errores costosos a la hora de adquirir artículos nuevos, tómese el tiempo necesario para realizar un plano preciso de la habitación sobre el que pueda poner en práctica todas las posibilidades, y eliminar las que sean inadecuadas.

Para ello, dibuje a escala un plano de cada habitación en una hoja de papel cuadriculado, señalando en ella no sólo todas las medidas relevantes, que incluyan objetos como muebles empotrados, sino también la posición de elementos como radiadores, chimeneas, tomas de electricidad y telecomunicaciones, tuberías y el espacio necesario para la apertura de puertas y ventanas.

UBICAR LOS MUEBLES

Una vez creado un plano de planta básico, podrá decidir dónde colocar los muebles, ya sean empotrados o independientes. Mida los elementos existentes, así como cualquier artículo que pretenda adquirir y, en otra hoja de papel cuadriculado, dibuje a la misma escala plantillas de los mismos; recórtelas y sitúelas encima del plano.

◀ Para cuestiones generales le bastará con un sencillo plano. Si se requiere información precisa acerca de huecos y proyecciones (tal vez para armarios empotrados), se puede emplear un sistema de medidas diagonales.

▲ Haga un boceto del alzado indicando los elementos permanentes y anotando todas las medidas relevantes como la altura y anchura de la puerta, y la altura de un radiador.

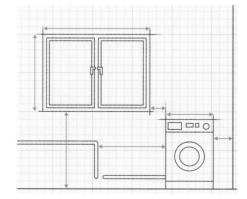

▲ Con los elementos complejos, como los electrodomésticos, es importante indicar la posición exacta de tuberías y elementos como las ventanas.

◀ Una mala planificación puede tener consecuencias nefastas. En esta cocina, el calor del horno ejerce presión en el frigorífico y supone un derroche de energía. Los cajones abiertos impiden el acceso a la puerta del horno, y los utensilios de cocina se encuentran encima de los fuegos.

PLANIFICAR EL ESPACIO

▲ Una planificación permite aprovechar el espacio al máximo. Elimine la presión de un cuarto de baño familiar transformando el espacio debajo de las escaleras en un cuarto de baño extra. Un inodoro encaja a la perfección, mientras que el lavabo ocupa menos que un modelo estándar.

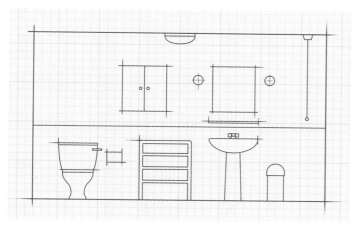

▲ Para un espacio como el cuarto de baño, un alzado preciso ayuda a ubicar los elementos en las paredes (como un armario o un toallero) de forma lógica en relación a elementos fijos como el inodoro y el lavabo (*véase* página 101).

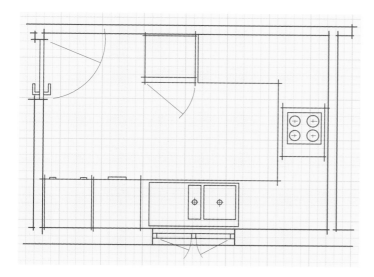

▲ Un plano de planta debería recoger la posición de todos los muebles y electrodomésticos principales. Esta vista aérea nos muestra una cocina diseñada alrededor de un clásico triángulo de trabajo formado por el frigorífico, la cocina y el fregadero.
La puerta y la ventana se abren en el sentido indicado (*véase* pág. 77).

▲ Al abrirse hacia fuera, la puerta deja espacio en el interior para una zona de almacenamiento junto al lavabo. Para reducir la intrusión de la puerta en el pasillo exterior, se ha elegido un modelo plegable; los paneles de cristal respetan la intimidad y permiten la entrada de luz.

PLANIFICAR LA COCINA

- ¿Qué tamaño tiene su cocina? ¿Es un espacio vivo y de entretenimiento, además de un lugar donde cocinar? ¿Cuánto tiempo pasa en ella?

- ¿Cuántas personas utilizan la cocina? ¿Habrá más de una persona preparando/cocinando, sirviendo o recogiendo a la vez?

- ¿Tiene familia? ¿Habrá niños entrando y saliendo? Aun cuando su cocina sea pequeña, ¿necesita espacio para una trona infantil?

- ¿Podrían los elementos voluminosos (lavadora o frigorífico) ubicarse en algún otro sitio?

- ¿El lavavajillas es una prioridad? ¿Tiene espacio para llenarlo y vaciarlo cómodamente?

- ¿El sistema de luz actual es suficiente? ¿Dispone de iluminación y en los lugares adecuados?

- ¿Desea mirar por la ventana mientras prepara la comida o cuando está en el fregadero?

- ¿Tiene un fregadero de 1 ó 2 senos? ¿Tiene suficiente espacio a cada lado para amontonar y escurrir la vajilla?

- ¿Necesita cambiar tuberías o tomas eléctricas, o añadir alguna más?

- ¿Cuánto espacio de almacenamiento necesita? ¿Existe algún hueco que se podría utilizar? ¿Sería más fácil acceder a los cajones?

- ¿Tiene muchos invitados? ¿Le gusta que sus invitados estén en la cocina mientras prepara la comida?

La cocina es quizá la habitación más importante de la casa y, por ello, es imprescindible procurar una buena distribución, al margen de que tenga una cocina diminuta o una espaciosa cocina-comedor.

Lo primero que debe hacer es considerar cómo vive y qué tipo de cocina desea. Estudie el espacio disponible y decida qué muebles, espacio de almacenamiento y equipamiento necesita. Tal vez deba realizar reformas en la fontanería, iluminación o ventilación, o instalar tomas de luz adicionales.

Una planificación minuciosa garantizará que su cocina funcione de forma eficiente y sea un lugar seguro y cómodo.

CASO DE ESTUDIO: PEQUEÑA COCINA DE PLANTA ABIERTA

"Embutida" en un rincón de una zona combinada de salón y comedor, esta cocina compacta aprovecha el espacio y se ha diseñado para que combine con el resto de la habitación. La isleta tiene armarios a ambos lados y puede utilizarse para preparar y servir comidas; también contribuye a delimitar la principal zona de la cocina sin aislar al cocinero. Introducir una superficie de distinto color también sirve para separar las diferentes funciones. Hay una excelente combinación de almacenamiento abierto y cerrado, que incluye cajones, armarios y baldas. Los armarios murales a medida para adecuarse al espacio disponible incluyen estanterías de distintas alturas. La cocina tiene bastantes tomas eléctricas. Observe cómo el frigorífico, el fregadero y la cocina tienen un acceso fácil.

ORGANIZACIÓN DE LA COCINA

Existen 2 principios básicos que debería seguir a la hora de planificar la disposición de la cocina. Uno es el "triángulo de trabajo" (máximo de 4 m), que enfatiza la necesidad de un pasillo libre entre las 3 principales zonas de trabajo: el fregadero, la cocina y el frigorífico. El segundo viene ilustrado por las palabras "almacenar, preparar, cocinar, lavar, servir, puerta", que explican la práctica de trabajo lineal de preparar y servir una comida. Planifique el espacio de almacenamiento, las superficies de trabajo y los electrodomésticos según dónde los utilice en esta secuencia. Hay muchas soluciones para ahorrar espacio que le ayudarán a aprovechar los lugares más pequeños.

◄ ▼ Los originales módulos de esta cocina larga y estrecha se han renovado con una mano de pintura y tiradores nuevos. Las baldas de cristal, el salpicadero y la encimera hacen que la cocina parezca menos cargada. La sustitución de uno de los armarios altos por un sistema de almacenamiento abierto contribuye a la sensación de espacio.

PLANO DE LA COCINA

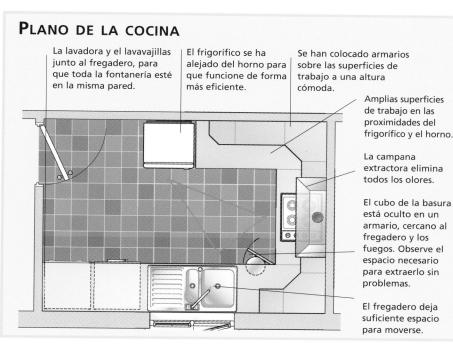

La lavadora y el lavavajillas junto al fregadero, para que toda la fontanería esté en la misma pared.

El frigorífico se ha alejado del horno para que funcione de forma más eficiente.

Se han colocado armarios sobre las superficies de trabajo a una altura cómoda.

Amplias superficies de trabajo en las proximidades del frigorífico y el horno.

La campana extractora elimina todos los olores.

El cubo de la basura está oculto en un armario, cercano al fregadero y los fuegos. Observe el espacio necesario para extraerlo sin problemas.

El fregadero deja suficiente espacio para moverse.

PLANOS DE COCINA

Cuando planifique la disposición de su cocina, estudie atentamente el espacio y considere el proceso de lo que hace y dónde lo hace, e intente colocar todo en una posición lógica para que no tenga que alejarse demasiado.

Cuelgue los armarios a una altura cómoda para usted y el resto de los adultos.

Cocina larga y estrecha
Esta cocina sólo permite situar los muebles en una pared. Aplique la regla "almacenar, preparar, cocinar, lavar, servir, puerta".

Cocina ancha
Una cocina pequeña y ancha puede permitirle situar muebles a ambos lados, en cuyo caso debe seguir la regla del "triángulo de trabajo".

En forma de L
El "triángulo de trabajo" funciona bien. Este diseño se puede emplear en una cocina-comedor en la que un segmento de la L divida las 2 zonas.

En herradura
Aprovecha el "triángulo de trabajo", de forma que el cocinero tenga que desplazarse la misma distancia entre la cocina, el fregadero y el frigorífico.

En isleta
Las isletas centrales se adecúan en cocinas grandes donde pueden ser el centro de actividad. Pueden emplearse para almacenar y comer.

ESTILOS PARA LA COCINA

SUPERFICIES DE TRABAJO

Elija una superficie que se adecúe a sus necesidades en cuestión de durabilidad y mantenimiento necesarios.

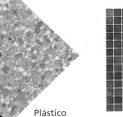

Plástico laminado

Teselas de mosaico

Granito

Azulejo con relieve para el salpicadero

Piedra sintética

Azulejo octagonal

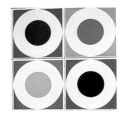

Mármol

Azulejos para el salpicadero

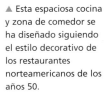

Madera

Azulejos decorativos

Cuando haya decidido lo que necesita en la cocina y cómo situar los muebles y electrodomésticos grandes, puede considerar el estilo y los detalles precisos. El trabajo de planificación que ya ha realizado debería ayudarle a visualizar su nueva cocina, y tal vez pueda sugerirle un estilo. Por ejemplo, si tiene una cocina pequeña podría optar por colores claros, que aportan una gran sensación de espacio, o un estilo moderno y aerodinámico que aprovecha al máximo el espacio, con un sinfín de artilugios de alta tecnología. Tenga siempre en cuenta quién va a utilizar la cocina, incluso cuando está considerando el aspecto. Las cuestiones ergonómicas del espacio de trabajo son de vital importancia, así que considere la altura de las superficies de trabajo, el fregadero, el horno, las unidades de almacenamiento y el lavaplatos.

▲ Esta espaciosa cocina y zona de comedor se ha diseñado siguiendo el estilo decorativo de los restaurantes norteamericanos de los años 50.

El "mostrador" central con un fregadero, los taburetes altos vestidos con tela de algodón a cuadros, la lámpara colgante, la madera y los accesorios *kitsch* logran el efecto deseado.

▶ Esta cocina-comedor de planta abierta situada en un sótano recibe muy poca luz natural. Para combatir ese efecto, se ha empleado un esquema moderno y nada abigarrado que refleja la luz al máximo. Los toques de azul fresco crean interés y contribuyen a agrandar el espacio. Los focos del techo aportan iluminación en picado.

◀ Una cocina-comedor estilosa y moderna realza el espacio con paredes blancas que reflejan la luz, con toques de azul para los muebles que crean una sensación de frescor. La madera natural, los armarios con frente de cristal, las modernas sillas de acero y un horno estilo industrial contribuyen al efecto luminoso.

▲ Esta cocina de estilo rústico consigue un efecto anticuado. La decoración en verde y amarillo cálidos, las cortinas de las ventanas y los armarios con algodón a cuadros amarillo, el fregadero de piedra, el escurridero, las superficies de madera, y la cocina azul y blanca crean un ambiente de acogedora informalidad.

ESPACIO
DE ALMACENAMIENTO

Disponer de bastante espacio de almacenamiento accesible es uno de los principales ingredientes de una cocina bien planificada. Los sistemas de almacenamiento más flexibles suelen consistir en una combinación de módulos y unidades independientes, además de una mezcla de elementos abiertos y cerrados. Los muebles móviles, como los carritos con ruedas, son otra opción útil. Piense en las cosas que necesitará guardar y en la frecuencia con que va a utilizarlas. Además de comida y utensilios de

cocina, tendrá que encontrar espacio para electrodomésticos ligeros como licuadoras y batidoras, artículos de limpieza y objetos de gran tamaño como la tabla de planchar.

Si sus planes no contemplan la revisión de los lugares de almacenamiento, pero desea un nuevo aspecto, podrá lograrlo preparando y pintando las puertas viejas y cambiando los tiradores. También puede actualizar elementos viejos con puertas nuevas: algo muy útil si decide ocultar elementos como el lavavajillas o la lavadora.

◄ La abundancia de espacio de almacenamiento abierto es de gran ayuda, ya que puede ver y acceder a los ingredientes y utensilios rápidamente. Esta isleta incluye superficies de trabajo en la parte superior y mucho espacio, que permite que los artilugios de cocina puedan guardarse muy cerca de los fuegos.

▲ Un estilizado armario del techo al suelo con puerta corredera aprovecha el espacio al máximo y proporciona mucho espacio para almacenar artículos de cocina que pueden ocultarse cuando no se utilizan. Las baldas de la parte superior son útiles para guardar cosas que no se utilizan a diario.

SOLUCIONES DE ALMACENAMIENTO

- Opte por armarios que incorporen cajones, cubos o bandejas extraíbles; algunos contienen bandejas giratorias que aprovechan las esquinas. Las puertas-persiana permiten la circulación del aire y son una opción para armarios donde se almacene comida.

- Procure incorporar muchos armarios y baldas de distintas alturas para acomodar artículos de diversos tamaños.

- Las baldas abiertas estrechas para almacenamiento en línea aprovechan al máximo el espacio muerto.

- Un platero antiguo, montado por encima del fregadero, es una opción sencilla a la par que práctica.

- Elija isletas que contengan bastante espacio de almacenamiento y sirvan también como mesa.

- Una escalera de mano instalada en la pared para cacharros y cazuelas aprovechará el espacio mural muerto.

- Cuelgue los utensilios, cazuelas y otros artículos de uso frecuente de ganchos insertados en una sencilla barra de madera o acero inoxidable.

▲ Como alternativa a los armarios, que pueden ofrecer un difícil acceso, un conjunto de cajones dotados de separadores especiales facilitará el hallazgo de las cosas. Los cajones deberían situarse cerca del fregadero o lavavajillas para que así resulte sencillo devolver la vajilla a su sitio. Los cajones hondos son muy útiles para guardar objetos voluminosos como cazuelas, fuentes grandes o pequeños electrodomésticos.

◀ Esta espaciosa cocina familiar contiene una combinación de distintos elementos de almacenamiento. El aparador de pino y la balda abierta que discurre en lo alto de una pared permiten exhibir los objetos decorativos, mientras que el resto de los artículos quedan ocultos en módulos a medida cerrados.

PAREDES Y SUELOS

Elegir las cubiertas adecuadas para el suelo y las paredes puede suponer una gran diferencia en el aspecto general de una cocina. Sin embargo, deberían elegirse los materiales según sus cualidades prácticas, además de estéticas. Las superficies deben ser duraderas y limpias, así como resistentes al agua, al vapor y la grasa. Las superficies como la pizarra, la piedra, el terrazo o las baldosas rústicas son resistentes, pero pueden resultar frías en contacto con los pies si no tiene calefacción bajo el suelo. Si tiene niños,

tal vez prefiera un material más blando, como el linóleo o el vinilo acolchado. La madera es una opción hermosa y duradera, pero los suelos que no estén bien impermeabilizados pueden estropearse si los líquidos derramados penetran por la veta.

En el caso de las paredes, utilice pintura y papel lavables. Otras opciones incluyen el corcho, las baldosas de cerámica, la madera y el vinilo, que aíslan contra la pérdida de calor.

◄ El delicado color lavanda utilizado en las paredes matiza las superficies brillantes más duras del suelo, la encimera y los utensilios. Debido a sus propiedades reflectantes, los materiales como el cristal, el cinc y el cromo son una gran elección para una habitación que recibe poca o ninguna luz natural.

▲ Si ya ha elegido los muebles y accesorios, utilícelos como punto de partida para su esquema decorativo. Aquí se utilizó un azul vivo en las paredes para servir de contrapunto al amarillo chillón de los módulos de estilo retro. Un suelo de color claro pone de relieve la mesa y las sillas.

▼ Las paredes neutras y los suelos de madera han sido escogidos para crear un espacio bien organizado y abierto, diseñado a partir de las líneas de una cocina profesional. Aunque la habitación dispone de luz natural, las luces de la pared son un apoyo "artificial".

▼▼ Elegir 2 tipos de suelo nos ayuda a definir las 2 áreas de actividad en esta cocina-comedor. El aparador, alto y sin fondo, que sirve para almacenar y servir los alimentos, nos ayuda a proteger y "ocultar" la cocina sin cerrarla totalmente.

TRUCOS Y CONSEJOS

● La ventilación puede ser un problema en la cocina. Incluso si tiene una ventana grande, probablemente necesitará un ventilador y una campana extractora, muy efectivas para minimizar y "contener" los olores de la comida.

● Utilice un adhesivo fungicida para prevenir la formación de moho sobre el papel.

● Los radiadores convencionales pueden ocupar un espacio muy valioso, así que plantéese instalar un sistema calefactor en el techo, las paredes o en el suelo.

COMEDORES

SOBRE LA MESA

Elija vajillas, cuberterías y cristalerías que sea apropiadas para la ocasión. Combínelas con manteles, mantelitos individuales y servilletas de colores complementarios.

Cubertería de plata tradicional

Cubertería de acero inoxidable con mango azul

Cubertería de acero inoxidable

Copa de vino de cristal decorado

Vaso de té turco

Copa de vino bicolor

Vajilla con un borde decorativo

Vajilla con estampado floral

Al planificar un comedor, piense en la habitación y en cómo desea usarla. ¿Va a ser un lugar para comidas familiares frecuentes, o va a estar reservado para ocasiones más formales? ¿Hay posibilidad de extender la mesa para acomodar a más invitados? ¿Comerán en ella durante el día o sobre todo por la noche? También deberá asegurarse de que existe un acceso fácil y seguro a la cocina.

Ya se trate de un comedor independiente o de un rincón del salón adaptado, el ambiente debería ser relajado y acogedor. Una mesa resistente y unas sillas cómodas son esenciales, y también debería haber bastante luz pero sin que ésta deslumbre; una lámpara de mesa o unas velas ayudarán a crear una atmósfera agradable al caer la noche.

▲ La madera es una elección práctica y estética para un comedor. Aquí, una sencilla mesa, unas sillas sin tapizar y un suelo de madera sugieren un aire informal. Los artefactos a la vista proporcionan un gran tema de conversación para la sobremesa.

▶ Una versión moderna de la mesa auxiliar tradicional y el armario independiente guardan a mano la vajilla, la cubertería y las mantelerías. Un aparador tradicional o una simple cómoda de cajones harían la misma función.

◄ Para lograr más comodidad y un mejor acceso, esta mesa se ha ubicado en el centro, cerca de la chimenea para los días fríos, y con la ventana a un lado para que las cenas no tengan lugar con la luz de cara o a la espalda.

▲ El mobiliario, los complementos textiles y los toques finales de este comedor panelado en madera crean un ambiente de acogedora informalidad.

TRUCOS Y CONSEJOS

● Para lograr la máxima comodidad, elija sillas con respaldos curvos.

● Si el espacio es reducido, opte por una mesa de alas abatibles, que pueda extenderse. Un simple tablero apoyado sobre 2 caballetes puede ser una extensión útil. Plantéese adquirir mesitas bajas que se eleven hasta la altura normal; invierta en unas sillas plegables que se puedan ocultar.

● Para un aire informal, agrupe diferentes sillas de estilo y forma similar. Puede renovar hallazgos de segunda mano con una mano de pintura, o

imponer unidad volviendo a tapizar las sillas (*véase* páginas 238-239). Unas simples fundas transformarán un conjunto de sillas de comedor por completo (*véase* páginas 240-241).

● Coloque velas delante de una ventana que no tenga cortinas o un espejo, para así ampliar la luz.

● La luz cálida de las velas afecta a los esquemas de colores fríos de las habitaciones utilizadas como comedor nocturno.

PLANIFICAR EL SALÓN

El salón es una de las zonas más importantes de la casa. Básicamente es un lugar para relajarse, ya sea en compañía de amigos o familiares, o en solitario, por lo que el factor comodidad es realmente importante. Antes de embarcarse en grandes adquisiciones o esquemas decorativos, considere el ambiente que desearía crear, los elementos que quiere incluir (como libros, espacios de almacenamiento o adornos) y quién va a usar la habitación. Tómese su tiempo para tomar decisiones, ya que los errores pueden hacernos perder mucho tiempo y dinero. Pruebe siempre los colores sobre las paredes y viva con ellos durante un tiempo. Si va a comprar una alfombra o una moqueta nueva, llévese muestras y observe cómo quedan. Asegúrese de que toma las medidas correctamente para los muebles y considere su tamaño.

CASO DE ESTUDIO: APROVECHAR EL ESPACIO

Las habitaciones altas y grandes pueden ser tan difíciles de planificar como los espacios más reducidos: nadie desea sentirse perdido o abrumado. Los propietarios de este salón con cubierta abuhardillada de madera han conservado su sensación natural del espacio, al tiempo que han creado un aire de intimidad. La chimenea proporciona un punto focal. Las estanterías llenan el espacio a ambos lados hasta la altura de la ventana; esto significa que la vista se detiene antes de seguir las diagonales del techo hacia arriba. El efecto se ve potenciado por el póster colgado a la misma altura. La campana de la chimenea y las estanterías sobresalen hacia la habitación, lo que reduce su aparente longitud.

CÓMO CREAR UN ESPACIO PROPIO

Cambiar de casa es la situación propicia para una revisión y puesta a punto. Piense en lo que le gusta y en lo que no le gusta de la estructura y la decoración. Tal vez desee construir alrededor de un elemento existente, o tiene que eliminar algo antes de comenzar a decorar. Analice los elementos con detenimiento y tenga paciencia. Es posible que complete la decoración del salón a lo largo del tiempo, comprando muebles cuando su bolsillo se lo permita; aun así, para evitar errores deberá tener las cosas claras desde el principio. Piense en la disposición de la habitación: ¿Cuál es el punto focal? ¿Qué le gusta ver cuando está sentado? ¿Y la ventana... quiere tenerla de cara o a la espalda? Decore teniendo en cuenta todas estas consideraciones.

◄ Este salón forma parte de un espacio de planta abierta: el otomán que hay en primer plano sirve de "división" entre las zonas. Los puntos son la chimenea y los ventanales; la ausencia de cortinas evita que la hermosa vista pase inadvertida.

▲ Aunque este salón de estilo mediterráneo sirve de pasillo, se ha transformado en un espacio íntimo y acogedor al articularlo en torno a la chimenea. La zona de la repisa está llena de objetos de gran interés visual.

▼ Los grandes cuadros de las paredes de esta estancia fría y alta evitan que sus dimensiones resulten abrumadoras. El mobiliario cómodo e informal contribuye a crear un ambiente moderno y relajado.

SUELOS

El tratamiento dado al suelo del salón es tan importante como el que se da a las paredes. En lo que respecta al color, considere el suelo como una quinta pared: un suelo oscuro hará que una habitación parezca más pequeña. Muchos diseñadores se aferran a colores hallados en la Naturaleza. De este modo, los marrones, verdes, grises, tonos dorados, cobre y ocre son una gran elección, mientras que los rojos y amarillos vivos podrían resultar discordantes. ¿Qué clase de suelo tiene? ¿Es posible lijar, barnizar o pintar las tarimas existentes? Si vive en un apartamento, tal vez descubra que la tarima no es lo más adecuado porque nos llega el ruido al apartamento inferior, a no ser que disponga de un buen aislamiento sonoro. Los suelos laminados, con finas tablas de madera pegadas a un tablero de respaldo, podrían ser la solución. Considere el suelo en relación con los muebles, y la textura en relación con el aspecto, el tacto bajo los pies y el desgaste que experimentará.

ESTILOS PARA EL SALÓN

BARRAS DE CORTINAS

Las barras de cortina, a la venta en una gran variedad de materiales y diámetros (así como en estilos, que van desde los más antiguos hasta los más modernos) son una alternativa atractiva a los rieles.

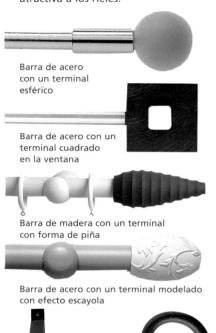

Barra de acero con un terminal esférico

Barra de acero con un terminal cuadrado en la ventana

Barra de madera con un terminal con forma de piña

Barra de acero con un terminal modelado con efecto escayola

Barra y terminal de forja con un remate en gancho

Barra de forja con un remate medieval

Barra de acero inoxidable con un remate en forma de báculo

Barra de acero con un terminal de fibra de vidrio

Con una planificación meticulosa, el salón puede tener el estilo que deseemos, independientemente de su tamaño. Sin embargo, para crear el estilo que desee deberá considerar la habitación en su totalidad. Piense en los factores unificadores como el color, los complementos textiles y la forma, y el estilo general de los muebles. Y sea drástico: demasiados muebles o demasiados adornos pueden arruinar el resultado; así que, elimine cualquier cosa que se aparte del efecto deseado. Quizá desee incorporar armarios para ocultar la televisión cuando no se utiliza. No se olvide de considerar la iluminación: la luz natural, o la ausencia de ésta, afectarán al modo en que diseñe el espacio.

▶ La combinación de elementos tradicionales, contemporáneos y étnicos crean una estancia semiformal. El esquema de color neutro actúa como un elemento unificador y sirve de telón de fondo para objetos y adornos.

▼ El diseño de este salón es simple a la par que efectivo. La decoración en tonos pálidos refleja la luz natural, mientras que los estampados a cuadros crean un efecto impactante pero no abrumador.

PAREDES Y VENTANAS

El tratamiento que dé a las paredes y ventanas dependerá tanto de su propio gusto como del espacio arquitectónico. El estilo de las cortinas debería adecuarse a las proporciones de la habitación: los pesados terciopelos y damascos, por ejemplo, lucen más en entornos más amplios y opulentos. No se olvide de pensar en cómo quedarán las cortinas al estar abiertas y cerradas. Combine las cortinas con el color de las paredes y observe la tela con luz natural y artificial. Si la intimidad no es importante, podría plantearse dejar las ventanas sin cubrir. Las paredes pueden crear o romper una habitación, por lo que deben planificarse con cuidado. A la hora de elegir el color de la pintura, tenga en cuenta las proporciones de la estancia, la luz que recibe, a qué hora del día suele utilizar la habitación, qué colores le atraen y cómo las paredes complementan los muebles. Otra opción es el papel pintado, pero tenga cuidado al seleccionar los estampados. También debe considerar lo que va a colocar en las paredes, como cuadros o estanterías. Los revestimientos de tela y piedra y los materiales industriales contribuyen a crear un aspecto diferente.

▲ Este interior de corte moderno recibe una gran cantidad de luz. Los grandes ventanales se han dejado libres de cortinajes para dejar constancia de su simplicidad geométrica. La madera natural y los sencillos muebles contemporáneos crean un ambiente refrescante.

▶ Las contraventanas desde el suelo hasta el techo potencian el aspecto moderno y angular de este salón. Los paneles de ambos lados de la chimenea sobresalen en lo que tradicionalmente hubieran sido huecos: este rasgo original añade interés y a tono con las líneas duras y limpias del interior.

TRUCOS PARA CORTINAS

● Una barra más larga hace que una ventana parezca más ancha.

● Las guardamalletas deberían situarse muy por encima del nivel de los ojos, y los rieles para que la tela no cuelgue por encima del cristal en la parte superior.

● En las cortinas de trabillas, es posible crear un gran efecto colgando 2 pares a la vez, con muselina o tela de sari en colores de contraste. Utilice un estor de color "blanco sucio" para bloquear la luz.

ESTANTERÍAS Y ESPACIOS DE ALMACENAMIENTO

El desorden de la vida diaria es lo que da a la habitación la sensación de vida, e impide que se convierta en un espacio estéril e inerte. Sin embargo, el desorden desorganizado desmerece el estilo de una estancia y debe ser reducido. En lo relativo a soluciones de almacenamiento, las posibilidades son casi infinitas. Las cosas pueden ocultarse en banquitos en los huecos de las ventanas, mesitas con forma de caja o detrás de puertas y panelados. También puede convertir los lugares de almacenamiento en elementos de estilo: ya sean cubos transparentes apilables, baldas confeccionadas con materiales

interesantes como el cristal o las tarimas recicladas, o muebles más tradicionales como cajoneras o cómodas altas. Si prefiere un aspecto unificado, plantéese montar armarios a medida, especialmente útiles para huecos y rincones difíciles. Preste atención al detalle: un mueble modesto puede transformarse sustituyendo los tiradores por alternativas más caras y estilosas. No se olvide de los pequeños detalles como los archivadores de CDs, que pueden introducir un toque personal a un coste reducido.

▲ Este moderno frente a medida llena un espacio extraño bajo un techo abuhardillado. Como se ha diseñado en 2 niveles "escalonados", no reduce visualmente la habitación, cosa que sí ocurriría con un armario largo. Las cestas de mimbre son un elemento atractivo que se puede ubicar en cualquier sitio.

◀ El almacenamiento es un reto en los apartamentos y estudios como éste. Aquí, el armario que hay detrás del sofá actúa como "pared" entre el salón y la cocina: un efecto potenciado por los cuadros colgados a lo largo de su fondo. Los colores claros y el frente de cristal del gran armario del fondo ayudan a aumentar la sensación general de luz y espacio.

▼ Los muebles a medida se adecúan a las necesidades de cada uno. Este estiloso ejemplo incluye una combinación de espacios abiertos y cerrados, además de superficies para exhibir objetos.

▶ Las baldas existentes tras el panelado de madera proporcionan espacio para exhibir objetos en esta sala. Las puertas pueden dejarse abiertas o cerradas: un aspecto que se adecúa también a los interiores modernos.

ELECCIÓN DE LUGARES DE ALMACENAMIENTO

Es preciso pensar de manera práctica y creativa a la hora de escoger el espacio de almacenamiento para el salón.

● Piense en su estilo de vida: los sistemas de almacenamiento moderno, como las baldas de cristal, deben estar limpios y bien organizados para lograr un efecto funcional.

● Considere el color y los materiales. Sea osado y trate las paredes posteriores, o interiores, de una forma más dinámica que el resto de la habitación.

● Decida la frecuencia con la que utiliza las cosas y qué se puede guardar.

Planificar el dormitorio

El aspecto y ambiente del dormitorio puede tener un efecto profundo en su calidad de vida. El dormitorio es el lugar más personal de la casa, es donde nos relajamos y escapamos de las presiones del mundo y esto debería reflejarse en la distribución y decoración de la habitación, así como en la elección de muebles y complementos textiles. Opte por un tipo de iluminación que cree el ambiente adecuado durante la noche y organice sistemas de almacenamiento que faciliten la rutina diaria. Las habitaciones pequeñas, en concreto, exigen una planificación meticulosa; un exceso de muebles puede transformarlas en un lugar atestado y caótico, así que valore estrictamente lo que necesita. Si un dormitorio va a utilizarse también como lugar de trabajo, tal vez desee separar las dos áreas de actividad.

CASO DE ESTUDIO: EL DORMITORIO AZUL

Apartada de las principales zonas de actividad de la casa, una habitación en el ático puede ser el emplazamiento ideal para un dormitorio. Aquí, se añadió una ventana abuhardillada para abrir el espacio y permitir la entrada de luz solar, mientras que el azul de las paredes crea un ambiente acogedor e íntimo durante la noche. Pintar toda la habitación del mismo color ayuda a enmascarar las proporciones extrañas. Se ha construido un ingenioso armario empotrado en la pared que libera el espacio del suelo mientras que el resto de los muebles, los complementos textiles y la cubierta del suelo, contribuyen a que la habitación no resulte demasiado claustrofóbica. Los focos murales regulables aportan iluminación de apoyo durante la noche.

▲ Unas sencillas baldas y un escritorio han transformado un hueco en un delicioso rincón para escribir correspondencia. El diván se ha construido a la medida de la pared de fondo. Los complementos textiles y los muebles pintados sugieren un estilo rústico sueco.

HABITACIONES PARA NIÑOS

● Al planificar una habitación para niños, lo importante es la seguridad. Los muebles deberían ajustarse a las normas de seguridad. Los cuartos para bebés deberían situarse cerca de la habitación de los padres. No coloque nunca una cama o silla bajo la ventana y no cuelgue baldas encima de la cama. Las ventanas deberían tener cierres de seguridad, y los enchufes cubiertas tapaenchufes.

● Resulta esencial disponer de un espacio de almacenamiento de fácil acceso. Busque módulos que puedan extenderse o adaptarse a medida que el niño crece. Las opciones de poca altura, como baúles, cofres o estanterías independientes ayudan a mantener las cosas en orden y al alcance de los niños. Las cajas y cajones extraíbles convierten el espacio bajo la cama en un lugar de almacenamiento muy útil.

● Elija pinturas y papeles pintados lavables para las paredes. Huya de los papeles con mucho estampado de los que los niños se cansarán enseguida.

● Diviértase con el color y el estampado. Renueve muebles, paredes o incluso suelos (superior) con pintura.

● En las habitaciones compartidas por 2 niños más mayores, una estantería baja ayudará a dividir las 2 zonas.

● El dormitorio de un adolescente necesitará muchos enchufes y un sistema de iluminación flexible, que incluya una buena luz de estudio.

LA ZONA DE COMODIDAD

En ocasiones, unos cuantos cambios pueden ser más que suficientes para transformar un dormitorio triste y sin vida en un espacio cálido y acogedor. El dormitorio de la derecha tenía mucho potencial, pero el esquema decorativo original hacía que la habitación pareciera bastante fría y monótona. Se eligió blanco para las paredes y el techo, lo cual ha ayudado a disimular los ángulos extraños de la habitación. La sustitución de las cortinas por un estor también ha contribuido a que la habitación parezca más luminosa y apacible. La retirada de la moqueta y la posterior instalación de un suelo de madera ha dado a la estancia un aire estiloso y contemporáneo.

▲ ▶ Un cabecero y ropa de cama nueva han convertido la cama en el foco de atención. Se ha sustituido la utilitaria barra para colgar la ropa por un espejo de cuerpo entero que ha transformado por completo ese rincón. La retirada del baúl para mantas del centro de la habitación ha contribuido a potenciar la sensación de espacio.

ESTILOS PARA EL DORMITORIO

ILUMINACIÓN DE CABECERA

Las lámparas con pantalla contribuyen a crear un ambiente nocturno. La luz debería ser fácilmente accesible desde la cama y luminosa.

Lámpara Art Decó de acero y cristal

Lámpara contemporánea

Lámpara de estilo japonés de cerámica y seda

Lámpara contemporánea

Lámpara estilo Tiffany

Lámpara contemporánea

Lámpara con pie de forja

Tanto si prefiere un aspecto tradicional, quizá con una cama antigua cubierta con un centón heredado, o el reducido minimalismo de una habitación de inspiración japonesa, el esquema decorativo debería conducir al descanso y la relajación, animándole a refugiarse allí al final del día. El elemento principal del mobiliario es, sin duda alguna, la cama. Pasamos aproximadamente 1/3 de nuestra vida en ella, así que deberíamos adquirir la mejor base y colchón que permita nuestro presupuesto. El estilo de la cama –por ejemplo, una de 4 postes o una con un cabecero pintado– también puede determinar el aspecto general de la habitación. El espacio de almacenamiento es otro factor importante: si es escaso y no está en el lugar apropiado, el dormitorio se verá ocupado por el desorden y no podrá disfrutar de su refugio.

▲ Las paredes azules complementan los tonos suaves del suelo y la cama, mientras que las lámparas de las mesillas retoman elementos del esquema decorativo. El ambiente apacible de la habitación se ve potenciado por la alfombra y la ropa de cama blanca.

▲ Con su impresionante cabecero panelado, esta cama antigua es el foco de esta casa de campo del siglo XVI que cuenta con vigas bajas y a la vista, y paredes encaladas. Las lámparas de las mesillas y la alegre colcha contribuyen a alejar todo atisbo de austeridad.

◄ Este dormitorio de una casa de los años 20 utiliza trucos decorativos como son los motivos de querubines y cortinas de muselina para así evocar el estilo de un tocador del siglo XVIII.

► El papel pintado con motivos florales transforma en rasgo distintivo las proporciones del dormitorio, y crea un telón de fondo para los muebles y complementos textiles femeninos.

ESPACIOS
DE ALMACENAMIENTO

Disponer del espacio suficiente para guardar cosas y que no se amontonen en el suelo le hará sentirse organizado y transformará el aspecto del dormitorio. Piense en lo que tiene que guardar y en el espacio que tiene. Decida si prefiere armarios a medida o muebles independientes. ¿Hay algún otro lugar donde guardar cosas como la ropa de otra temporada? Explore el potencial de los espacios no utilizados; los artículos que no se utilizan a diario pueden guardarse en cestas, cajas o cajones debajo de la cama. Tal vez necesite 1 ó 2 superficies, como un tocador o una mesilla para apoyar una lámpara.

▲ En el armario ropero que sale del dormitorio se guarda la ropa en una torre de cajones extraíbles, que en realidad son cajas de cartón.

◄ Los módulos a medida proporcionan un valioso espacio interior y una amplia superficie de apoyo.

▼ Los muebles y unidades a media altura permiten acceder a las cosas en una habitación infantil, al tiempo que facilitan su colocación al final del día. Aquí, se han personalizado unas estanterías para libros y juguetes, y una cómoda de cajones para la ropa con pintura azul.

MUEBLES

A la hora de elegir la cama, la comodidad debe ser la prioridad, pero también debería elegir un armazón que se adecúe a su estilo. Piense en cómo cada mueble combina con otros elementos de la habitación en relación al tamaño, materiales y proporciones: una mesita junto a una cama individual, una cómoda de cajones más grande junto a una cama de 4 postes. Compruebe que dispone de espacio suficiente para moverse y sitúe unidades de almacenamiento allí donde sea adecuado y fácilmente accesible. Piense en las maneras en que puede aumentar el potencial de almacenamiento de un mueble. Puede duplicar la cantidad de espacio para colgar en un armario añadiendo otra barra a un nivel inferior.

◀ La pintura blanca y verde manzana proporciona un telón de fondo perfecto para la hermosísima cama de forja. Se ha reducido al mínimo el resto de la decoración para que la cama sea el foco de atención de la habitación. Al haber elegido el tema gótico, el estor romano conecta las paredes con la ropa de cama.

▼ El mobiliario contemporáneo de haya dispone de un amplio espacio en esta habitación de proporciones perfectas. Observe la mesa utilizada como tocador y el módulo sobre ruedas.

PAREDES ENTELADAS

Las superficies más dominantes de cualquier habitación son las paredes, así que los tratamientos que elijamos para ellas servirán como telón de fondo al resto de los elementos. No es el lugar para experimentar con tonos chillones (aunque esté muy de moda) o estampados chocantes. Al contrario, aprovéchese de la poderosa influencia que el color tiene sobre el humor, basando su esquema en uno que le guste y encontrando un tono o matiz que inspire a la serenidad y a la relajación: un suave *eau de nil* en lugar de lima ácido, o un terracota suave en lugar de un naranja vivo. Una vez que haya elegido el tema cromático, explore todas las formas posibles de interpretarlo en las paredes: como acabado pictórico liso, papel pintado texturado o estampado, una capa de tela, o un sutil efecto decorativo. Para las ventanas, elija un tratamiento que proporcione intimidad y refuerce el estilo: cortinas hasta el suelo en una habitación tradicional, o un estor o cortina veneciana en una habitación de aire contemporáneo.

◄ La sorprendente ventana arqueada que domina esta estancia tan femenina ha inspirado un sinfín de efectos pictóricos, desde la pátina azul de las paredes hasta el trampantojo que imita la moldura y la columna clásica de la pared que sobresale.

► La inmensidad de la pared de color claro convierte el espacio y la luz en los principales rasgos de este dormitorio. La antigua ventana de guillotina ha sido sustituida por unas puertas que dan al jardín, y el dintel por un cristal que permite la entrada de luz.

◄ Aquí, las anchas rayas azules determinan un fresco aspecto marino y corrigen la proporción del techo apuntado, acercándola al resto de la habitación. La pared de fondo con yeso bruto sugiere unos acantilados escarpados.

► Las contraventanas bloquean la luz, ocupan poco espacio y combinan con las líneas de este dormitorio. En las paredes, una mano de pintura en cálido rosa viejo matiza el color de la madera.

▲ Evite colgar cuadros de muchos colores en las paredes con mucho estampado. En esta habitación, un conjunto de sencillos grabados lucen al máximo sobre un papel pintado con estilizados capullos sobre un fondo verde grisáceo apagado.

PLANIFICAR EL CUARTO DE BAÑO

Muchos cuartos de baño, en ocasiones reducidos a un espacio diminuto y mal distribuido, están muy lejos de ser el refugio de funcionalidad y relajación que deberían ser. Otros retos del diseño son el inadecuado espacio de almacenamiento, la falta de luz natural y la mala ventilación, que convierten al cuarto de baño en una de las habitaciones más difíciles de toda la casa.

Crear un cuarto de baño ideal puede significar la renovación de toda la estancia: rediseñar la distribución o instalar un suelo nuevo (tal vez decida trasladarlo a otra habitación). No obstante, en ocasiones es posible actualizar un cuarto de baño con 1 ó 2 cambios. Inyecte algo de color con una mano de pintura fresca en las paredes y algunos azulejos a juego (*véase* páginas 154-155), sustituya los accesorios existentes y añada otros con estilo para dar a su cuarto de baño un "lavado de cara".

CASO DE ESTUDIO: UN LUGAR PARA TODO

En un espacio estrecho y extraño, se ha creado un cuarto de baño funcional. La bañera del rincón encaja perfectamente en la zona que hay delante de la ventana, mientras que el lavabo incorpora mucho espacio de almacenamiento, que incluye cajones que permiten ver los contenidos a primera vista. Hay también mucho espacio libre a ambos lados del lavabo, un aspecto muy útil que en ocasiones se descuida hasta en los cuartos de baño más grandes. Al empotrar la cisterna y las tuberías se ha creado una superficie adicional en la parte superior. El esquema decorativo neutro y el sencillo estor contribuyen a crear un ambiente luminoso y diáfano. Los accesorios cromados, la balda de cristal y el espejo grande también ayudan a atrapar la luz. Los alegres complementos dan toques de color y refuerzan la sensación de relajación.

◄ Añadir una ventana interna de pavés ha contribuido a abrir un cuarto de baño que no recibe luz natural.

► La bañera toma protagonismo en este cuarto de baño que ocupa lo que en otro tiempo fue un dormitorio. La posición del toallero facilita el acceso a las toallas desde la bañera.

PLANIFICACIÓN DEL CUARTO DE BAÑO

Aprovechar al máximo el espacio disponible, en horizontal o en vertical, es la clave para crear un cuarto de baño eficiente. Con una planificación meticulosa, es posible meter una bañera o ducha y tener espacios de almacenamiento.

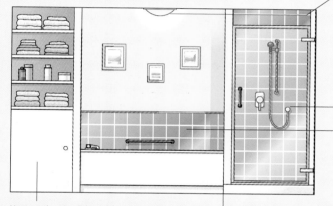

Una luz central en el techo proporciona iluminación desde arriba. La bombilla queda bajo la pantalla para una mayor seguridad.

Cabina de ducha de cristal templado con sistema de apertura hacia el interior. Los mandos son de fácil acceso, y la teleducha puede adaptarse a la altura del usuario.

La zona de salpicaduras se ha cubierto con azulejos de cerámica, y la parte superior de la pared incorpora papel vinílico de fácil limpieza.

Un armario a medida, desde el suelo hasta el techo, combina un módulo cerrado en la parte inferior y baldas en la superior para artículos de uso diario.

Una bañera compacta con superficie antideslizante encaja a la perfección entre la ducha y el mueble. Se ha instalado un asidero robusto.

Un armario mural con llave mantiene las medicinas y otros artículos lejos del alcance de los niños.

El toallero térmico permite tener las toallas calientes cerca de la bañera y el lavabo.

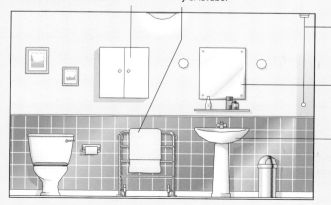

La principal luz del techo se acciona por un interruptor con cadena, situado convenientemente junto a la puerta.

Espejo con luces situadas a cada lado para iluminar todos los planos de la cara.

Se ha instalado un lavabo grande con un grifo mezclador, de manera que hay suficiente espacio de maniobra. La balda situada por encima mantiene el borde del lavabo libre de artículos de aseo.

CÓMO ORGANIZAR EL ESPACIO

● Para colocar un lavabo a la altura correcta, junte las manos por delante con los brazos extendidos hacia el suelo y los hombros rectos. La altura desde el suelo hasta las manos es la posición correcta para el orificio de desagüe.

● Una bañera exige un espacio libre similar a su anchura.

● Debería haber 20 cm de distancia entre el borde del asiento del inodoro y la pared o cualquier otro obstáculo.

● Las bañeras curvas y los lavabos en esquina están diseñados para encajar en espacios muertos y habitaciones de formas extrañas. Los lavabos murales liberan espacio en el suelo.

Lavabo
Compruebe que hay bastante espacio por delante y a los lados para asearse cómodamente.

ESTILOS PARA EL CUARTO DE BAÑO

GRIFOS

Si no desea desmontar todo el cuarto de baño, puede renovar la bañera o el lavabo con grifos modernos o de estilo, disponibles en una gran variedad de estilos y acabados.

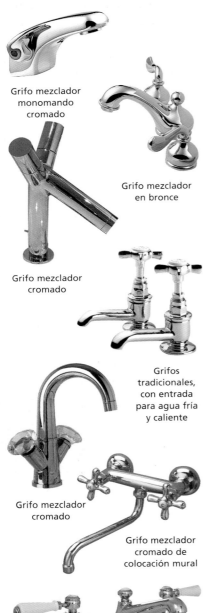

Grifo mezclador monomando cromado

Grifo mezclador en bronce

Grifo mezclador cromado

Grifos tradicionales, con entrada para agua fría y caliente

Grifo mezclador cromado

Grifo mezclador cromado de colocación mural

Grifos mezcladores de estilo tradicional en bronce y cerámica

Aumentar la percepción de espacio y luz es una consideración a tener en cuenta. Muchos cuartos de baño no tienen luz natural, lo que nos lleva a considerar la instalación de una ventana interna o tragaluz, o incluso a sustiuir un muro que no sea de carga por un tabique de pavés. Los acabados de pintura reflectante, como el esmalte al óleo o la pintura semimate en tonos fríos de azul agua, verde o lila contribuirán a que parezca más luminoso. También es posible "inyectar" luz con los espejos, los azulejos de cerámica, los accesorios cromados y otras superficies brillantes.

▲ Un esquema blanco, que sugiere pureza y limpieza, potencia la sensación de luz de un cuarto de baño soleado, que ocupa lo que en otro tiempo fue un dormitorio. Los muebles sencillos destierran toda señal de la frialdad que puede ir asociada a los cuartos de baño blancos.

▶ La combinación de los ladrillos alternos, la pizarra, la terracota y el algodón blanco de la ventana principal aportan una interesante variedad de tonos y texturas a un sereno cuarto de baño de estilo mediterráneo, mientras los geranios rojos aportan la nota de color.

PAREDES Y SUELOS

La cuestión práctica es la clave a la hora de elegir las cubiertas para las paredes y el suelo del cuarto de baño. Los tratamientos para las paredes deberían limpiarse con facilidad y ser capaces de resistir el ambiente caluroso y lleno de vapor. La pintura es la opción más fácil y económica, pero es mejor utilizar un acabado semimate o sedoso en lugar de una emulsión mate para que soporte la condensación. Los azulejos y baldosas de cerámica, cristal o mosaico proporcionan una buena superficie para las paredes, o también pueden utilizarse en pequeñas cantidades como salpicaderos alrededor de la bañera y el lavabo. El panelado machihembrado es otra opción atractiva y puede pintarse o tratarse con barniz de poliuretano,

mientras que el yeso impermeabilizado con un barniz mate posee una cualidad cálida y rústica.

Para los suelos, elija materiales resistentes a la humedad como el corcho o el vinilo acolchado, en lugar de moquetas con respaldo de yute, en las que rápidamente saldrán marcas de agua y pueden pudrirse si llegan a mojarse. Existen alfombras sintéticas con una base de espuma y baldosas sintéticas diseñadas específicamente para usarlas en el cuarto de baño, pero compruebe que pueden levantarse fácilmente para secarse si fuera necesario. Una alfombrilla antideslizante situada junto a la bañera o ducha proporcionará calidez bajo los pies y ayudará a absorber las salpicaduras.

▲ Aunque es caro, el mármol es un material frío, suntuoso y resistente. En este cuarto de baño reducido, la bañera de mármol y el suelo se funden en uno.

▶ La combinación cromática de azul y blanco es todo un clásico del cuarto de baño. Aquí, se ha logrado un "efecto-piscina" utilizando gresite en el suelo y en la pared del fondo de la ducha. Aunque el cuarto de baño está confinado en un pequeño espacio sin ventanas, los focos halógenos encastrados en el techo, la puerta de la ducha de cristal transparente y un sinfín de superficies reflectantes contribuyen a que la habitación resulte luminosa y acogedora.

▲ El linóleo, un material duradero, impermeable y cálido, se vende en forma de rollo o de baldosas en una gran variedad de colores y dibujos. Los colores de este diseño geométrico complementan a la perfección los de la bañera antigua.

ALMACENAMIENTO

Todo cuarto de baño, con independencia de sus proporciones, será más funcional y más acogedor si hay espacio y lugares para guardar artículos de aseo y otros objetos. Las cosas de uso diario deberían mantenerse cerca de donde van a necesitarse en una superficie estable. Un armario a medida colgado de la pared o bajo el lavabo mantendrá el desorden fuera de la vista, pero también resultan muy útiles las baldas abiertas, o incluso una mesita independiente donde poder exhibir una colección de hermosos botes, adornos o plantas. Un armarito con espejo cerca del lavabo es otra opción práctica. Existentes en una gran variedad de estilos y materiales, algunos armarios incorporan elementos adicionales como luz fluorescente o un pequeño calentador por detrás del espejo que evita la condensación. Los cajones resultan muy útiles ya que permiten ver los contenidos fácilmente. Las sustancias peligrosas, como las medicinas y los productos de limpieza, deberían mantenerse lejos del alcance de los niños, preferiblemente en un armario con cerradura antiniños.

◀ Una columna de baldas de cristal, desde el suelo hasta el techo, aprovecha el espacio en un cuarto de baño compacto. El resto de los artículos de aseo se guardan en el espacioso armario con espejo.

▲ Un módulo a medida con armarios y cajones utiliza todo el espacio inútil que hay bajo el lavabo.

IDEAS PARA EL ALMACENAMIENTO

● Opte por lavabos con armarios integrados. Algunos tienen cajones, toalleros y una amplia superficie.

● Los módulos a medida para el cuarto de baño ocultan las tuberías y ofrecen espacio para guardar cosas.

● Organice los artículos de aseo en una barra colgada de la puerta de la ducha.

● Un armario mural con frente de espejo dará cabida a un sinfín de artículos.

● Elija módulos compactos que hagan la doble función de cesta para ropa sucia, y un lugar para las toallas.

● Cuelgue ganchos o una barra de la puerta.

ACCESORIOS

Existen accesorios para el cuarto de baño en una gran variedad de estilos y acabados para adecuarse a todos los gustos y presupuestos. Hay también una amplia selección de accesorios específicamente diseñados para habitaciones pequeñas o de forma extraña. Si va a combinar bañera y ducha, debería elegir una bañera de plato ancho y liso con superficie antideslizante; la mampara debe ser de cristal templado antirroturas. Otra alternativa son las cortinas de ducha de plástico que pueden limpiarse y sustituirse con gran facilidad. Un toallero mural cromado combinará funcionalidad y belleza.

▶ Los lavabos compactos a juego pueden ser una opción interesante para un hogar muy transitado. Un espejo grande, como el de la fotografía, cumple una doble función práctica y estética. Las luces, con las bombillas protegidas y accionadas por un interruptor de cuerda, deberían colocarse en uno de los lados del espejo por encima del lavabo para que iluminen así todos los planos de la cara.

◀ Una bañera antigua con patas modelo "garra", una silla antigua y el panelado combinan en un elegante cuarto de baño de época. Si no consigue encontrar los accesorios y complementos originales, existen excelentes reproducciones. Un zócalo panelado (rematado con una balda) ocultará las tuberías.

▲ Es posible dar un "lavado de cara" instantáneo al cuarto de baño con accesorios de colores que ayuden a crear un vínculo visual con el esquema general. Aquí se han elegido con meticulosidad las toallas y otros toques finales para que retomen los colores vivos de los azulejos y el armarito.

RECIBIDORES Y ESCALERAS

ACCESORIOS PARA LAS PUERTAS

Renueve las puertas con una selección de accesorios tradicionales o modernos.

Pomo cromado

Picaporte y placa para la cerradura de plástico

Pomo en bronce

Picaporte de cromo y aluminio

Pomo de peltre

Pomo de peltre

Picaporte y placa para la cerradura en bronce clásico

Pomo y placa para la cerradura de acero y madera

Picaporte de bronce

Tirador de acero y plástico

Placa clásica en bronce

Tirador clásico en bronce

Como arteria principal del hogar (y normalmente la primera impresión que percibimos al entrar), el recibidor puede establecer el tono y el ambiente para el resto de la casa. Estudie el impacto que causa su recibidor observándolo desde distintos ángulos –desde la puerta principal, desde lo alto de las escaleras– y a distintas horas del día. Decida si es cálido y acogedor, o frío e inhóspito. ¿El esquema decorativo combina con el de las habitaciones a las que conduce, o el espacio parece inconexo respecto al resto de la casa?

¿Hay algún elemento decorativo que desee potenciar: una arcada o balaustrada atractivas quizás, o un panelado o celosía de madera? Elementos como éstos pueden convertirse en focos de atención interesantes y, en ocasiones, sirven de inspiración a todo el esquema. En los lugares donde los recibidores se transforman en espacios vivos de planta abierta sería aconsejable continuar la paleta de color. Sin embargo, como los recibidores son básicamente lugares de paso, es posible utilizar colores más fuertes que los que usaría en otras zonas de la casa.

◄ El suelo embaldosado es todo un acierto para el ambiente de época de este recibidor victoriano, aunque la moqueta es una elección más segura y menos ruidosa para las escaleras. El rellano soleado con su ventana de guillotina sin cortina sirve de agradable punto de descanso al subir o bajar las escaleras.

▶ Un sencillo y luminoso esquema decorativo ayuda a abrir un recibidor pequeño y sin ventana, y convierte a esta elegante escalera en espiral en el principal punto de atención. Observe cómo los cuadros, que retoman la madera de la barandilla, se han colocado meticulosamente siguiendo la curva de la escalera.

◄ Con una mesa y sillas, hermosas lámparas, flores y cuadros a lo largo de la pared, este recibidor nos traslada desde el mundo exterior hacia la principal zona de la casa.

▲ La continuación del mismo esquema de color y de suelo en las habitaciones ayuda a crear un vínculo visual entre las distintas zonas de la casa, evitando los contrastes chocantes. También ha sido de gran utilidad retirar algunas de las puertas para abrir el espacio, convirtiendo las habitaciones en una extensión del recibidor. El perchero cromado supone una alternativa más estilosa y moderna a las versiones de madera.

LAS ESCALERAS

● Las superficies de suelo duras son resistentes y fáciles de limpiar, pero pueden ser ruidosas. Las escaleras de madera pulida en ocasiones resbalan y pueden resultar peligrosas en hogares donde haya niños o personas mayores.

● La moqueta es una cubierta suave, que además posee propiedades aislantes acústicas y térmicas. No obstante, deberá comprobar que esté diseñada para resistir un gran desgaste y que esté bien fijada a las escaleras. Además, las moquetas en seguida muestran marcas y señales, así que procure evitar los colores claros; una moqueta con un estampado discreto se ensuciará menos que una lisa.

● Por cuestiones de seguridad, ilumine la parte superior e inferior de la escalera.

● Cambiar de altura con un solo peldaño puede ser peligroso. Resulta más seguro instalar 2 peldaños. Plantéese cambiar el color o la textura del suelo para que la diferencia resalte a primera vista. Allí donde se necesiten 2 o más peldaños, debería haber una barandilla de seguridad.

● No sitúe luces en contrapicado en una escalera o un rellano bajo, ya que el ángulo de la luz podría causar destellos peligrosos.

Planificar la oficina en casa

Una vez valoradas las necesidades, deberá organizar el espacio para lograr la máxima comodidad y eficacia. Procure elegir un lugar que sea tranquilo, con espacio suficiente para alojar el equipo y guardar cosas, así como para la mesa y la silla. Si va a instalar la oficina en una habitación independiente, es una buena idea colocar una superficie de trabajo adicional. También es una ventaja disponer de un lugar con mucha luz natural, aunque también tenga que tener suficiente luz artificial. En las habitaciones de doble uso, en las que la oficina está imbuida en un rincón del dormitorio, por ejemplo, separe las 2 zonas con un biombo. Los artículos de uso frecuente deberán ser accesibles desde la mesa, mientras que debería dejar suficiente espacio de maniobra alrededor de cualquier mueble o módulo.

CASO DE ESTUDIO:
HABITACIONES EN EL ÁTICO
En un rincón bajo los aleros se ha situado una oficina compacta y ergonómica. La mesa, realizada a medida para aprovechar todo el ancho del ático, ofrece una excelente superficie de trabajo por arriba y mucho espacio libre para las piernas por debajo. En lugar de cajones fijos, se ha optado por colocar archivadores bajo el desnivel del techo. Se han añadido ventanas abuhardilladas para que la luz natural entre en la habitación, mientras que un foco mural proporciona luz artificial para el trabajo vespertino.

ORGANIZAR EL ESPACIO

Una vez establecidas las prioridades, debe diseñar una zona de trabajo práctica y cómoda. Con un poco de audacia, esto es posible incluso en el espacio más reducido y no tiene por qué ser extremadamente caro. Dibuje un plano del espacio en el que se indique la posición de todos los muebles (*véase* páginas 74-75).

También debería especificar en el plano cosas como los enchufes y las luces, e indicar la posición de ventanas y objetos murales (como armarios y estanterías). Organice el espacio de almacenamiento de manera que sea accesible, y no se olvide de dejar un mínimo de 1 m libre por delante de archivadores y baldas.

▲ La mesa de esta oficina doméstica llena de luz solar se ha situado muy adecuadamente en un ángulo recto para evitar los reflejos. Un flexo regulable proporciona luz de trabajo artificial para los días más oscuros. Como la mesa carece de cajones, se han colocado unas cajas portátiles en el suelo para guardar todos los objetos de uso frecuente.

LA OFICINA EN CASA

Planifique la oficina de manera que cubra todas sus necesidades y resulte segura y eficiente.

Coloque un corcho a la vista para clavar notas y mensajes.

Los focos contrapicados proporcionan luz angular que se refleja en el techo.

Se necesitan enchufes para todo el equipo.

Una lámpara o flexo de mesa es una parte vital del equipo (procure que la luz no se refleje en la pantalla).

Sitúe el teléfono a la izquierda del teclado si usted es diestro, y a la derecha si es zurdo.

Los archivadores altos resultan muy útiles para archivos y material de referencia de uso no muy frecuente.

La pantalla del ordenador debería situarse justo detrás del teclado y directamente frente a usted.

La silla ergonómica es un elemento básico. Si tiene un modelo con brazos, compruebe que éstos caben bien por debajo de la mesa.

Las baldas de fácil acceso son muy útiles para libros y archivos de uso frecuente.

Mantenga la papelera cerca, pero no tanto que estorbe.

TRABAJAR CÓMODAMENTE

Prestar atención a los factores ergonómicos de la oficina en casa le ayudará a lograr comodidad, salud y productividad a largo plazo.

● Invierta en una buena silla regulable que ofrezca soporte a la zona lumbar. Elija un modelo con 5 patas para una mayor estabilidad.

● Deje un mínimo de 1 m de espacio libre entre la silla y la pared (o el mueble posterior) para poder entrar y salir cómodamente.

● La altura de la superficie de trabajo debería ser de 58-71 cm. Si va a utilizar un ordenador, procure que la mesa tenga fondo para situar el teclado delante del monitor y no a un lado, posición que puede dañarle.

Monitor del ordenador a la altura de los ojos o ligeramente más bajo.

Distancia de la cabeza al ordenador de 41-71 cm.

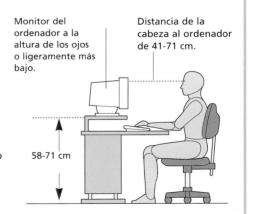

58-71 cm

ESTILOS PARA LA OFICINA EN CASA

ALMACENAMIENTO

Los distribuidores de material de oficina ofrecen innumerables opciones para la oficina en casa. Es posible cambiar el color de elementos como los archivadores, con pintura para coche en aerosol.

Archivador

Archivador de correspondencia

Archivador de cerradura

Carrito

Cajonera para los planos

El estilo de su oficina y la impresión que crea es una consideración importante. Es preciso lograr el equilibrio perfecto entre lo cómodo y lo práctico: los colores chocantes y los complementos recargados no inducen a la concentración, pero tampoco queremos reproducir la funcionalidad gris de una oficina corporativa. Para las paredes y el techo, los tonos neutros como los verdes suaves o azules claros resultan agradables a la vista y combinarán tanto con muebles clásicos como con otros de tendencia más moderna. Elija una superficie lisa y resistente (como la madera o una moqueta de pelo corto) para el suelo. Es posible personalizar el espacio e "inyectar" notas de color más vivas con accesorios estilosos o una alfombra atractiva.

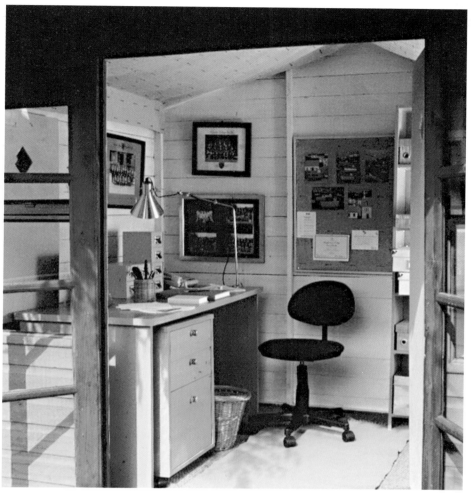

◀ Las necesidades de almacenamiento de esta oficina bien organizada se han resuelto de manera inteligente. Los papeles y otros artículos de oficina se han guardado en archivadores de cartón, a juego con los tonos neutros de la habitación. Una papelera de aluminio recoge los rollos de papel grandes.

▲ Este armario compacto se ha encargado a medida para contener una minioficina con ordenador, fax y espacio para guardar las cosas. Incluso hay una papelera en la parte inferior. Al acabar el día, la bandeja del teclado se repliega y las puertas se cierran para ocultar el interior.

▲ Esta oficina situada en un hueco bajo la escalera se ha diseñado para aprovechar el espacio al máximo. El azul ayuda a definir la zona de oficina al tiempo que combina con el esquema pistacho. Los accesorios en colores a juego completan el efecto.

◀ En esta oficina instalada en un edificio independiente en el jardín, el color sirve de inspiración al trabajo diurno. La cajonera dispone de ruedas que facilitan su extracción si se necesitara una superficie adicional.

CUARTOS DE TRABAJO

ALMACENAMIENTO ÚTIL

Existe un sinfín de soluciones de almacenamiento atractivas e inteligentes, como las estanterías regulables, que le permiten añadir baldas a medida que aumentan sus necesidades.

Revistero metálico

Zapatero de pino

Cómoda de cajones de hierro y caña india

Cajas de plástico apilables

Unidad plegable de pino y lona para la ropa

Si no dispone de un lugar para un cuarto de trabajo, explore el potencial de zonas sin aprovechar como un sótano o un cobertizo. Un garaje fresco y seco podría ser el lugar ideal para guardar vino, comestibles, papel reciclado o incluso ropa. Si va a modificar la distribución de la casa, plantéese transformar un dormitorio en cuarto de baño y cuarto trastero/de trabajo. Si su cuarto de trabajo está en la planta baja, tal vez pueda disponer de otro cuartito para dejar los zapatos sucios y los artículos del exterior y así evitar que ensucien el interior de la casa.

▲ En ocasiones, una zona de trabajo puede compartir espacio con otras actividades. Aquí, un rincón de un estudio se utiliza como "centro de planchado". Las grandes cestas de mimbre, que permiten que circule el aire, y la tabla forrada con tela de algodón a cuadros combinan con el estilo rústico.

▶ Las baldas permiten guardar cosas y acceder a ellas con facilidad. Las unidades de estilo industrial como ésta pueden regularse para alojar objetos de distintos tamaños. La tabla de planchar está colgada de unos soportes murales, lo cual evita tropezar con ella.

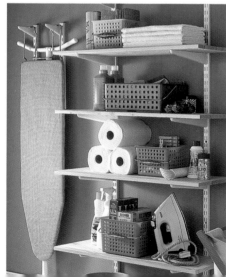

◄ Disponer de un espacio independiente para lavar o guardar artículos domésticos como el aspirador, la tabla de planchar y los productos de limpieza es un auténtico lujo para cualquier hogar, ya que reduce el trasiego de la cocina y libera de trastos otras zonas de la casa. Este lavadero bien organizado incorpora numerosos armarios, una gran superficie para doblar la ropa, un fregadero de doble seno con grifería mural y una barra para colgar la ropa por encima.

▼ La lavadora y la secadora se guardan en un armario compacto, construido desde el suelo hasta el techo para guardar toallas por encima. Cuando no se usan, los electrodomésticos de lavado quedan ocultos tras la puerta.

CONSEJOS DE SEGURIDAD

● No cambie de dirección los cables ni instale tuberías por su cuenta. Contrate a un electricista o fontanero profesional.

● Los enchufes eléctricos deberían estar situados lejos del agua.

● Asegúrese de que los electrodomésticos dispongan de espacio para que circule el aire frío.

● La plancha debería contar con un enchufe independiente situado a la misma altura que la tabla, para que los cables no se enganchen y pueda

desconectarse fácilmente una vez acabada la tarea.

● Los suelos deben estar nivelados y tener una estructura resistente para soportar el peso de electrodomésticos pesados como lavadoras y congeladores.

● Almacene artículos peligrosos, como herramientas, detergentes y productos de limpieza lejos del alcance de los niños, preferiblemente en un armario con llave. Si dispone de un cuarto de trabajo independiente, instale una cerradura en la puerta.

HERRAMIENTAS, MATERIALES Y TÉCNICAS

UNA VEZ ARMADO DE INSPIRACIÓN para transformar el hogar y con una idea más clara del estilo que desearía lograr, está preparado para poner en práctica sus ideas. Esta parte del libro le servirá de guía a través de todas las etapas importantes de la decoración del hogar, mostrándole cómo acometer técnicas esenciales como la pintura, el empapelado y el alicatado y enlosado. Ilustrados con fotografías claras y acompañados de instrucciones y consejos, las indicaciones paso a paso van desde aplicar una pátina y colocar baldosas de vinilo hasta confeccionar su propio estor o funda. El directorio ofrece un resumen de cada uno de los proyectos, destacando las herramientas necesarias y ofreciendo una guía acerca del tiempo y el nivel de habilidad requerido para el trabajo.

Este capítulo, que abarca pintura, papel pintado, alicatado, suelos, trabajo con madera y complementos textiles, aporta consejos acerca de la preparación y planificación de cada tarea para asegurar el buen resultado de los proyectos.

DIRECTORIO DE PINTURA

PREPARACIÓN Y PLANIFICACIÓN

DIFICULTAD Baja
TIEMPO 1 día por habitación
HERRAMIENTAS ESPECIALES
Lijadora eléctrica
VER PÁGINAS 120–121

Preparar y planificar cualquier proyecto es una cuestión vital para garantizar un acabado resistente y atractivo. La preparación es siempre la fase menos atractiva de cualquier proyecto de bricolaje, pero es esencial y debe considerarse parte integrante del proyecto. La mayoría de los proyectos de pintura que no logran el resultado esperado son consecuencia de una mala planificación y preparación. Es importante planificar el orden del trabajo antes de empezar a decorar. De esta manera, puede planificar de manera eficiente y sacar provecho de aparatos que ahorran tiempo, como las lijadoras eléctricas.

Es necesario asegurarse de que la pintura no salpique zonas que no van a pintarse. Para evitarlo, saque de la habitación tantos muebles como sea posible. Aquellos muebles que no puedan trasladarse deberán cubrirse con sábanas.

Las moquetas deberían retirarse o cubrirse con sábanas o plásticos. Compruebe que éstos llegan justo hasta el borde del suelo, sujetándolos si fuera necesario.

Rellene todos los agujeros o grietas con uno de los muchos tipos de pasta para rellenar que se comercializan y lave todas las superficies (esto puede ser necesario antes y después de rellenar los huecos) para eliminar las impurezas que puedan entrar en reacción con la pintura.

Si hay manchas o marcas persistentes que no se pueden quitar, cúbralas con tinte en aerosol o píntelas para evitar que sean visibles con el nuevo acabado pictórico.

SECUENCIA DE PINTURA

DIFICULTAD Baja
TIEMPO 1 día (dependiendo del tamaño de la habitación)
HERRAMIENTAS ESPECIALES
Ninguna
VER PÁGINAS 122–123

A la hora de pintar una habitación, es preciso preparar primero las superficies de las paredes (*véase* páginas 120-121), y después planificar el orden de la pintura. Es posible ahorrar tiempo y lograr un mejor acabado siguiendo un sencillo orden de trabajo. Comience con las superficies más grandes: las paredes y el techo. Cuando las haya pintado, puede centrar su atención en las superficies más pequeñas y complicadas, como puertas, ventanas y todo tipo de molduras como rodapiés, listones decorativos y arquitrabes.

Comience siempre en la parte superior de la habitación y trabaje hacia abajo porque, al margen de lo cuidadoso que sea, son inevitables las salpicaduras que, claro está, caen sobre las superficies inferiores. Al trabajar de arriba abajo, las salpicaduras quedan cubiertas durante la aplicación de la pintura. También es más fácil pintar rayas definidas entre los elementos de madera, las paredes y el techo si dichos elementos se van a pintar los últimos.

Además de seguir el orden correcto para la habitación en conjunto, existe un orden de trabajo específico para elementos como puertas y ventanas para asegurar que, durante el proceso de aplicación, no se deje ninguna sección sin cubrir. También ayuda a lograr un buen acabado en las diferentes partes o secciones de la puerta o ventana.

PINTAR LUGARES DIFÍCILES

DIFICULTAD De baja a media
TIEMPO Depende de la extensión del trabajo
HERRAMIENTAS ESPECIALES
Alargador de tipo telescópico, rodillo para radiador y protector
VER PÁGINAS 124-125

Por desgracia, no todas las superficies de una habitación presentan un fácil acceso. Esto significa que es necesario desarrollar diversos mecanismos y técnicas para resolver la situación. Para pintar lugares difíciles con éxito, hay que mejorar el acceso y procurar tener el equipo y las herramientas adecuadas para el trabajo: aquéllas diseñadas para una pintura detallada y de precisión.

Muchos problemas de acceso se deben a la altura, ya sea de las paredes, techos o ventanas, así que es posible que tenga que utilizar una escalera para salvar

Brochas

Cinta de carrocero

Brocha de cerdas suaves

Pincel

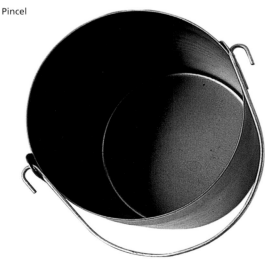

Cubo para la pintura

estas situaciones. Hay también diversas herramientas que pueden ayudar, como los alargadores de tipo telescópico que se añaden a los rodillos para llegar a zonas más altas mientras permanecemos en el suelo.

Si no es posible quitar los radiadores de una habitación antes de pintar, lo ideal será disponer de un rodillo para radiadores para pintar la pared que está detrás.

Otro instrumento "ahorratiempo" que ayuda a mejorar la precisión y el detalle es un protector para pintura. Resulta especialmente útil cuando se pinta junto a un cristal, ya que cualquier salpicadura caerá en el protector, y no en el cristal. Esto nos puede ahorrar una gran cantidad de tiempo que, de lo contrario, pasaríamos limpiando la pintura del cristal.

PINTAR MUEBLES

DIFICULTAD De baja a media
TIEMPO 2 horas
HERRAMIENTAS ESPECIALES
Sellos
VER PÁGINAS 126–127

Las mismas reglas mencionadas para pintar paredes y madera son aplicables a la pintura para muebles; la única diferencia es que el proyecto es a una escala mucho menor. Aun así es importante seguir un orden de trabajo y asegurarse de que el objeto o el mueble recibe el número adecuado de manos de pintura para lograr el mejor acabado pictórico posible.

Igualmente importante es una buena preparación para que la superficie sea lisa y acepte bien la pintura. Por lo general, esto supone eliminar cualquier resto de las capas anteriores, sobre todo si el mueble estaba encerado o barnizado.

La elección del color de la pintura puede estar relacionada con otras zonas de la habitación, haciendo de la pintura de muebles una forma ideal de integrar los artículos en el esquema global de la habitación.

Se pueden utilizar sellos para lograr un embellecimiento decorativo y aportar mayor interés al efecto final. El efecto pictórico de los muebles también puede envejecerse o desgastarse para conseguir un efecto más añejo. En este caso, el acabado pictórico debería protegerse con una mano de cera o barniz.

Para mantener un acabado uniforme sobre los muebles que reciben un gran desgaste (como las sillas de la cocina), resulta útil aplicar una mano adicional de cera o barniz a la superficie de vez en cuando.

EFECTOS METALIZADOS: METAL ANTIGUO

DIFICULTAD De baja a media
TIEMPO 2 horas, incluido el tiempo de secado
HERRAMIENTAS ESPECIALES
Ninguna
VER PÁGINA 128

El desarrollo de las pinturas metalizadas ha abierto una nueva perspectiva a las técnicas de pintura decorativa. Este tipo de pintura puede utilizarse para modificar por completo el aspecto de objetos domésticos, aunque su elevado coste supone que resulte más económico aplicarlas sobre elementos pequeños (o zonas concretas) de objetos grandes, que utilizarlas sobre superficies extensas como paredes o techos.

El acabado metalizado puede dejarse liso o crear sobre él un efecto craquelado para lograr un aspecto más desgastado. Este acabado se ve potenciado aplicando sombra tostada en las grietas de la superficie final. Al aplicar la sombra sobre el craquelado, procure limpiar el exceso de color antes de que se seque, de manera que la sombra sólo oscurezca las grietas.

EFECTOS METALIZADOS: VERDIGRÍS

DIFICULTAD De baja a media
TIEMPO 4 horas para una habitación de tamaño medio, sin incluir el tiempo de secado
HERRAMIENTAS ESPECIALES
Brochas para estarcir
VER PÁGINA 129

El verdigrís se diferencia de la mayoría de efectos pictóricos en que el aspecto que se pretende crear corresponde al efecto del metal oxidado y desgastado, en lugar del pulido y brillante. Este efecto envejecido es especialmente adecuado para elementos moldurados u ornamentales como una cornisa. Al aplicar diversas manos de barniz en el orden correcto, es posible producir un efecto parecido al deterioro genuino del bronce, el latón o el cobre. Muchos fabricantes comercializan los distintos colores de pintura necesarios para este acabado; otra alternativa es mezclar sus propios colores empleando barniz acrílico normal y colorantes convencionales. Si va a realizar su propia mezcla, merecerá la pena fijarse en una fotografía del efecto verdigrís para lograr una buena fusión de los distintos tonos del acabado real.

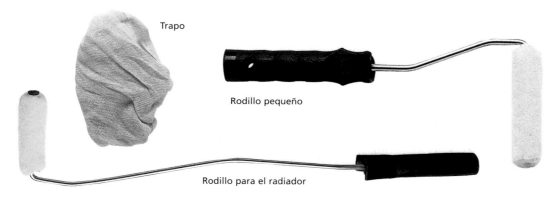

Trapo

Rodillo pequeño

Rodillo para el radiador

Esponja

Alargador de tipo telescópico

ESTARCIR PAREDES Y SUELOS

DIFICULTAD De baja a media
TIEMPO 1 día para una habitación de tamaño medio
HERRAMIENTAS ESPECIALES Pintura de cera, cúter y brochas para estarcir
VER PÁGINAS 130–131

El uso de estarcidos es una manera sencilla de crear un esquema bien integrado. Gran parte del placer de estarcir puede proceder de la fabricación de sus propias plantillas para estarcir. Esto puede hacerse dibujando (con una pintura de cera) un diseño sobre una lámina de acetato. A continuación, deberá recortar el dibujo con un cúter para obtener la plantilla. Las cenefas estarcidas son especialmente efectivas cuando se aplican alrededor de los niveles bajos de las paredes o en el perímetro del suelo, donde pueden actuar como marco para otros detalles decorativos de la habitación. Existen ciertas combinaciones de estarcidos y estampados que puede utilizar en las paredes y suelos, y es posible emplear uno o más colores. Merece la pena experimentar con varios colores sobre una hoja de papel para estar seguro de la elección antes de comenzar sobre la pared o el suelo.

ESTARCIR MUEBLES

DIFICULTAD De baja a media
TIEMPO De ½ día a 1 día
HERRAMIENTAS ESPECIALES Brochas para estarcir y pincel
VER PÁGINAS 132–133

Un proyecto para estarcir un mueble debe acometerse del mismo modo que haría con cualquier otro trabajo de pintura. Las superficies deben prepararse bien y han de aplicarse el número de manos adecuado para dar una base aceptable a los estarcidos. Únicamente entonces puede plantearse aplicar el diseño estarcido.

Muchos fabricantes producen *kits* de estarcido diseñados para ser combinados y lograr un efecto estarcido general. Sin embargo, existe cierta flexibilidad en esta idea de diseño: puede optar por seguir las instrucciones del fabricante al pie de la letra, o puede modificarlas añadiendo su toque personal. Sea cual sea su elección, es importante dedicar tiempo a situar las plantillas antes de aplicar la pintura y prestar atención a los detalles. El uso del color con mayor intensidad en zonas concretas del estarcido puede crear un cierto efecto tridimensional, y emplear un pincel para perfilar algunas líneas puede resultar de lo más efectivo.

PÁTINA EN LAS PAREDES

DIFICULTAD Baja
TIEMPO 1 día para una habitación de tamaño medio
HERRAMIENTAS ESPECIALES Brocha de cerdas de tejón o cerdas blandas
VER PÁGINA 134

La pátina es un efecto pictórico relativamente sencillo que consiste en utilizar un barniz tintado para producir un tono apacible y texturado sobre una pared. La textura se crea por el modo en que se aplica el barniz y su rudeza depende de cuánto se suaviza esta aplicación. La pátina requiere una capa base de color claro de pintura en emulsión, que sirve de fondo al barniz. Es un acabado pictórico especialmente bueno para las paredes rugosas o irregulares, ya que el color destaca más entre la textura granulosa de dichas superficies. Para aumentar la profundidad de este efecto, puede aplicar más de una mano de pátina.

FROTADO SOBRE LA MADERA

DIFICULTAD Baja
TIEMPO 1 día
HERRAMIENTAS ESPECIALES Ninguna
VER PÁGINA 135

Este efecto pictórico es parecido a la pátina, con la excepción de que el frotado se realiza sobre superficies de madera. Se aplica pintura en emulsión diluida o barniz tintado sobre la superficie virgen de la madera, dejando que la veta absorba el pigmento del barniz. De este modo, se logra un aspecto de madera teñida con las vetas destacadas en el color elegido.

A la hora de frotar elementos como molduras decorativas de madera, procure frotarlas antes de instalarlas en la pared, ya que esto facilita la pintura. Una vez concluido el frotado, utilice adhesivo para pegar los elementos, de forma que no se precise ningún accesorio mecánico que pudiera arruinar el efecto. El frotado es un efecto pictórico bueno para emplear en combinación con la pátina, ya que proporcionan un esquema decorativo bien integrado.

MARMORIZADO

DIFICULTAD De media a alta
TIEMPO De 1 a 2 días para una habitación de tamaño medio
HERRAMIENTAS ESPECIALES Brocha para puntear, brocha de cerdas suaves y pincel
VER PÁGINAS 136–137

El marmorizado es un efecto pictórico bastante difícil de conseguir. Sin embargo, con un poco de práctica, puede

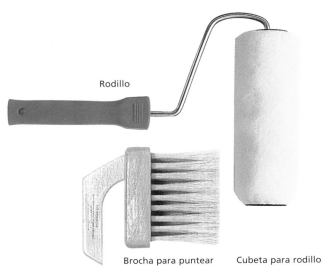

Rodillo

Brocha para puntear

Cubeta para rodillo

utilizarse para realizar acabados pictóricos eminentemente decorativos en toda la casa. Es importante seguir al pie de letra las instrucciones paso a paso. No se salte ninguno de los pasos; de lo contrario, no logrará un auténtico acabado marmorizado. Antes de ponerse manos a la obra con una superficie extensa, lo mejor es dominar la técnica en un proyecto mucho menos ambicioso.

Al igual que ocurre con muchos efectos pictóricos, resulta muy útil contar con ayuda a la hora de aplicar el marmorizado. Si el barniz se seca antes de haber aplicado el efecto marmorizado, tal vez tenga que repetir todo el proceso.

Se necesitan varios tipos de brochas para producir un efecto marmorizado, así que asegúrese de tener todo a mano antes de iniciar el proyecto.

PINTURA CON TRAPO Y RODILLO DE TRAPO

DIFICULTAD De baja a media
TIEMPO 1 día para una habitación de tamaño medio
HERRAMIENTAS ESPECIALES
Trapos de algodón
VER PÁGINAS 138–139

Como la mayoría de los efectos pictóricos, la pintura con trapo y rodillo de trapo emplea un barniz tintado. El barniz puede aplicarse con trapos, o puede pintarse la pared con una brocha, y luego aplicar un trapo enrollado sobre la superficie para crear impresiones.

Aunque tanto la pintura con trapo como con rodillo de trapo se crean con la misma herramienta –trapos–, los 2 efectos son realmente diferentes. La pintura con trapo proporciona un acabado pictórico con mucha textura, mientras que la pintura con rodillo de trapo transforma el acabado en un efecto más direccional. La pintura con rodillo de trapo permite lograr excelentes efectos a rayas en las paredes. Antes de aplicar el barniz se cubren ciertas zonas, retirando la protección una vez finalizado el proceso para revelar el efecto rayado. La técnica de protección mostrada en la página 139 es sólo un ejemplo de esta idea. Es posible aplicar el mismo principio de diversas formas para producir todo tipo de acabados personalizados.

PUNTEADO

DIFICULTAD De baja a media
TIEMPO 1 día para una habitación de tamaño medio
HERRAMIENTAS ESPECIALES
Brochas para puntear
VER PÁGINAS 140–141

El punteado es un efecto pictórico texturado muy sencillo que se consigue utilizando una brocha especial para realizar impresiones sobre una superficie cubierta de barniz; imita el tacto y la textura del terciopelo. Es posible emplear más de un color en una pared: se pueden combinar o cambiar según el gusto de cada uno.

Al aplicar la brocha para puntear se necesita una gran dosis de paciencia si se desea lograr un acabado uniforme. Las esquinas son especialmente difíciles; lo mejor es utilizar una brocha para puntear más pequeña para penetrar bien en la concavidad de los rincones.

CREAR *DÉCOUPAGE*

DIFICULTAD De baja a media
TIEMPO De 2 días a 4 horas (dependiendo de la extensión del proyecto)
HERRAMIENTAS ESPECIALES
Ninguna
VER PÁGINAS 142–143

Aunque no es una técnica pictórica en el sentido estricto de la palabra, los efectos del *découpage* mural tienden a necesitar un fondo de pintura para lucir al máximo. El *découpage* permite añadir un toque personal a la decoración de una habitación. Pegue el diseño en la pared con adhesivo en aerosol, y cúbralo con varias manos de barniz. En lugar de emplear adhesivo en aerosol también puede pegar los diseños en la pared con cola diluida para empapelar (parecida a la mezcla utilizada para pegar papel de revestir).

Además de crear diseños en las paredes, la técnica del *découpage* se puede aplicar sobre muebles y otros accesorios. Se trata de una opción realmente atractiva si desea establecer un vínculo entre la superficie de las paredes y los objetos de la habitación para integrar todo el esquema. Por ejemplo, puede ser muy efectivo copiar el diseño empleado en las paredes sobre una mesita de café. Si opta por esta opción, merece la pena plantearse proteger la parte superior de la mesa con un cristal; si lo coloca, procure que tenga el borde biselado para que no resulte afilado al tacto.

Bloque de lija

Pistola de silicona

Papel abrasivo

Brochas para puntear

Lijadora eléctrica

PINTURA: PREPARACIÓN Y PLANIFICACIÓN

NECESITARÁ
....

Proteger superficies:
Sábana
Cinta adhesiva
Bolsas de plástico

Rellenar grietas y lijar:
Cúter
Espátula
Lijadora eléctrica
o papel abrasivo medio

Lavar superficies:
Detergente suave
Guantes de goma
Cubo y esponja

Rellenar esquinas:
Pistola de cartucho

Cubrir manchas:
Brocha (si fuera necesario)

MATERIALES
....

Rellenar grietas y lijar:
Masilla de relleno

Rellenar esquinas:
Masilla flexible

Cubrir manchas:
Tratamiento antimanchas

En todos los proyectos de pintura es importante dedicar tiempo a preparar y planificar el trabajo para lograr el mejor acabado posible. Aunque la preparación y planificación son, sin duda alguna, los aspectos menos interesantes de la decoración, son los procesos que más contribuyen a la calidad de un buen resultado. Además de preparar las superficies que desee pintar, es igualmente importante proteger aquéllas que han de quedar libres de pintura. Deben sacarse de la habitación todos los muebles y accesorios que sea posible, y los artículos que no puedan trasladarse han de cubrirse con sábanas para protegerlos de las salpicaduras de pintura.

Un acabado pobre sobre una superficie recién pintada puede ser el resultado de diversos factores, pero en la mayoría de los casos es debido a no haber rellenado ni lijado lo suficiente, o a una limpieza inadecuada de las superficies antes de empezar a pintar.

El polvo y la grasa no se pueden cubrir simplemente con una mano de pintura, ya que con el tiempo volverán a aflorar a la superficie y estropearán el acabado. Un buen lavado de las paredes y las molduras de madera propiciará una buena superficie de agarre para la pintura.

Otra consideración a tener en cuenta es si hay que realizar algún trabajo de construcción antes de pintar. Cualquier cambio en las tuberías o cables debe realizarse antes de redecorar, ya que este tipo de tareas dejará marcas en las paredes.

De la misma manera, decida si los cuadros o las baldas van a permanecer en el mismo lugar de la pared. Si se van a mover, descuélguelos, retire los accesorios de la pared y rellene los agujeros antes de empezar a pintar. Las baldas o cuadros pueden volver a colocarse una vez concluida la decoración.

PROTEGER LAS SUPERFICIES

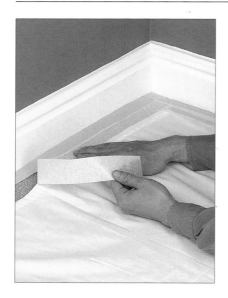

1 Si tiene moqueta o no va a retirar las alfombras, deberá cubrirlas con sábanas viejas. Resulta aún más seguro fijar las sábanas o trapos al rodapié, pegando cinta adhesiva alrededor del perímetro de la habitación, de forma que no haya peligro de que se muevan.

2 Debería proteger los accesorios eléctricos antes de pintar alrededor, desconectando primero la corriente eléctrica. Los focos del techo pueden soltarse y protegerse *in situ*: métalos en una bolsa de plástico. Retire los pomos de las puertas o protéjalos, junto con los enchufes o interruptores, con cinta adhesiva.

RELLENAR GRIETAS Y LIJAR

1 Todas las grietas y agujeritos de las paredes deberían "embutirse" con masilla de relleno. Recorte los bordes de las grietas con un cúter. Quite el polvo y otros restos, y moje la grieta y los bordes con una brocha empapada en agua.

2 Mezcle un poco de masilla de relleno hasta lograr una consistencia suave, pero firme. Aplique la masilla en la grieta con ayuda de una espátula. La flexibilidad de la hoja de la espátula debería permitirle apretar bien la masilla en la grieta. Hágalo de la manera más limpia posible para reducir la tarea de lijado cuando la masilla se haya secado.

3 Cuando la masilla esté seca, lije la zona hasta lograr un acabado liso. Las lijadoras eléctricas son ideales para esta tarea, ya que facilitan el trabajo. En los agujeros profundos de las paredes será necesario aplicar masilla más de una vez.

LAVAR LAS SUPERFICIES

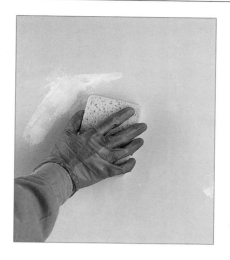

Todas las superficies deben lavarse antes de pintar. Esto puede hacerse antes o después de rellenar las grietas. Utilice una solución de detergente suave para eliminar la suciedad y la grasa de la superficie.
A continuación, lave y aclare las paredes con agua limpia y tibia.

RELLENAR LAS ESQUINAS

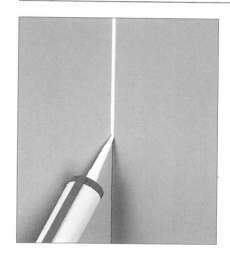

Si hay grietas en las esquinas, lo mejor será utilizar masilla flexible en lugar masilla de relleno. Utilice una pistola de cartucho para aplicar la masilla flexible (en un tubo o cartucho) en la grieta. Aplaste la masilla con un dedo mojado antes de que se seque, ya que este tipo de compuesto no se puede lijar.

CUBRIR LAS MANCHAS

Puede encontrarse con zonas o manchas de la pared que no desaparecen con el lavado. Es preciso sellarlas antes de pintar, o serán visibles a través de la pintura nueva. Aplique un tratamiento antimanchas en aerosol o con brocha sobre estas zonas para neutralizar la mancha.

SECUENCIA DE TRABAJO

Seguir un orden de trabajo específico a la hora de pintar una habitación contribuye a un buen uso, tanto del tiempo como de la energía. En general, trabaje de arriba abajo, pintando el techo y las paredes antes de proceder con otras superficies como puertas, ventanas o rodapiés. El motivo es que resulta mucho más fácil detenerse en una línea recta a lo largo de los bordes de los elementos de madera (en la confluencia de éstos con el techo y las paredes) que detenerse en otra dirección. Para lograr un acabado realmente bueno en la superficie pintada, deje que la pintura se seque bien entre mano y mano.

A la hora de pintar puertas y ventanas, procure seguir un orden determinado, sobre todo cuando se aplican 2 o más manos de pintura. Así evitará saltarse alguna zona porque no recuerda, o no puede distinguir, cuáles ha pintado varias veces y cuáles necesitan una mano más.

ORDEN DE TRABAJO EN UNA HABITACIÓN

Una de las razones más importantes para comenzar en la parte superior de una habitación y avanzar hacia abajo es evitar repetir el trabajo a causa de las salpicaduras. Al pintar primero el techo, sobre todo cuando usamos un rodillo, toda la pintura que cae sobre las superficies cercanas quedará cubierta cuando llegue a ellas. Si trabaja del revés y acaba primero los niveles inferiores, se arriesga a salpicar pintura sobre las zonas acabadas cuando pinte el techo, lo que podría estropear el acabado de las zonas inferiores. Un buen orden de trabajo deja de lado este problema. El diagrama de la derecha muestra el tipo de elementos que necesitarán pintura en una habitación típica.

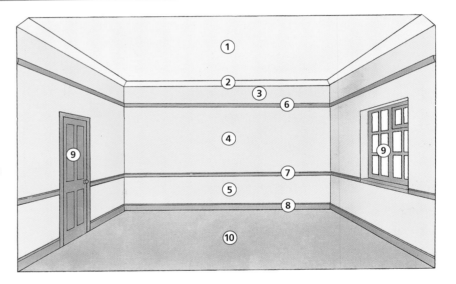

TRUCOS ÚTILES

A la hora de calcular la cantidad de pintura necesaria para un trabajo, cíñase siempre a los consejos del fabricante. Las superficies sin tratar como el yeso nuevo requerirán más pintura que una superficie ya pintada. La primera mano de una superficie empleará más cantidad de pintura que las siguientes manos. La cantidad también variará dependiendo del tipo de pintura que se utilice. Por lo general, las pinturas al agua o acrílicas dan mucho más de sí que las pinturas al aceite.

1 Comience con el techo: si va a usar rodillo, empiece a un lado del techo y avance hacia el lado contrario. Remate el ángulo pintando con una brocha alrededor del borde.

2 Continúe hasta la cornisa: pinte con precisión por encima del borde superior que confluye con el techo; el borde inferior puede extenderse sobre la pared.

3, 4 y **5** Una vez acabado el techo, proceda con las paredes: pinte una línea precisa con respecto a la pared y la base de la cornisa, y extiéndala sobre la línea de zócalo, el rodapié y el arquitrabe.

6,7 y **8** Pinte la línea de zócalo y el rodapié a medida que avanza hacia abajo (remate con precisión la confluencia con la pared).

9 Pinte las puertas y ventanas. Remate con precisión alrededor de la confluencia del arquitrabe y el marco de la ventana con la pared.

10 Si fuera necesario, preste atención a la superficie del suelo en último lugar.

CÓMO PINTAR UNA PUERTA PANELADA

Las puertas paneladas son un elemento de diseño bastante común y, al igual que ocurre con las superficies lisas, es importante seguir un orden de trabajo estricto para pintarlas y que así todas las zonas queden cubiertas con el número correcto de manos de pintura, y luzcan lo mejor posible una vez acabadas. Retire los pomos y cualquier otro accesorio antes de comenzar a pintar para no tener que esforzarse; esto también permite limpiarlos antes de volver a colocarlos en la puerta cuando la pintura esté seca. El orden mostrado en el diagrama ayuda a asegurar que todos los elementos que componen la estructura de la puerta queden bien definidos y pintados de una manera que destacan este tipo de detalles. A medida que avanza por la puerta, esté atento a los goterones y salpicaduras de pintura, sobre todo en las esquinas de los paneles. Cepíllelas si fuera necesario.

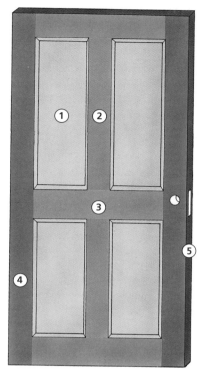

1 Comience pintando los paneles, avanzando de arriba abajo. Pinte las molduras de los paneles. Algunas puertas pueden tener más paneles que los 4 mostrados aquí. Simplemente comience por los de arriba y avance hacia abajo.

2 Continúe con el larguero central que une los paneles.

3 Avance hacia los travesaños horizontales de arriba abajo y finalizando de esta manera la parte central de la puerta.

4 Pinte los 2 largueros exteriores.

5 Por último, pinte los bordes superior y lateral de la puerta. Una vez acabada la puerta, puede proceder con el marco.

CÓMO PINTAR UNA VENTANA DE HOJA

Las ventanas exigen aún más precisión que las puertas porque debe lograrse una línea divisoria bien definida entre los baquetillos y la superficie del cristal. Lo mejor es dividir la ventana en secciones. Comience cada sección en los baquetillos próximos al cristal, y vaya avanzando hacia las zonas exteriores del marco de la ventana.

TRUCOS ÚTILES

● Existen varias soluciones, como proteger las superficies (*véase* página 125), que facilitan el proceso de pintar las ventanas. Hay también brochas y paletinas de mango curvo que permiten pintar los rebajos cómodamente, ya que su forma facilita el acceso a los rincones de los rebajos próximos al cristal.

● Si cae alguna salpicadura de pintura sobre la superficie de la ventana, déjela secar y elimínela con la ayuda de un rascavidrios especial.

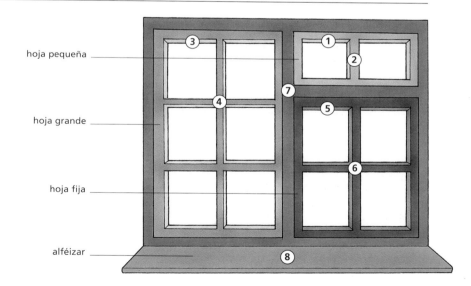

hoja pequeña

hoja grande

hoja fija

alféizar

1 y **2** Comience con los rebajos de la hoja pequeña y luego pinte los travesaños y largueros.

3 y **4** Pinte los rebajos y luego los travesaños y largueros de la hoja grande.

5 y **6** Pinte los rebajos y luego los travesaños y largueros de la hoja fija.

7 Pinte el marco principal.

8 Antes de pintar el alféizar, límpielo con un trapo con aguarrás.

PINTAR LUGARES DIFÍCILES

No todas las superficies son fáciles de pintar, a causa del acceso limitado o a causa de un problema con la superficie en cuestión. Muchos de estos problemas pueden solucionarse con una orientación metódica. Sin embargo, existen también diversas herramientas que pueden ayudarnos a trabajar en zonas de acceso restringido y superficies difíciles. También vale la pena considerar el uso de productos que pueden acelerar el trabajo, como elementos que protejan las zonas que no se desea pintar. Debería realizar una planificación anticipada para tener a mano todo lo que va a necesitar durante el proyecto.

SUPERFICIES ALTAS

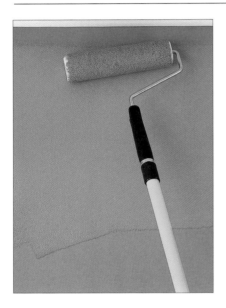

1 Los alargadores de tipo telescópico son un artilugio ideal que permite ahorrar tiempo, ya que eliminan la necesidad de una escalera a la hora de pintar los techos o la superficie superior de las paredes. Antes de comprar un alargador, compruebe que el mecanismo de ensamblaje es compatible con el rodillo que va a utilizar.

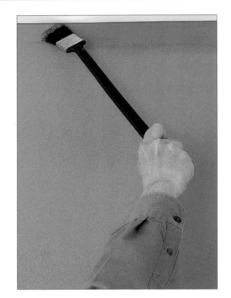

2 Una vez pintada la superficie superior de una pared, es necesario rematar el borde. Las brochas de mango largo y cabezal curvo son ideales para este propósito, ya que permiten continuar pintando sin tener que cambiar de nivel.

PROTEGER LAS PAREDES

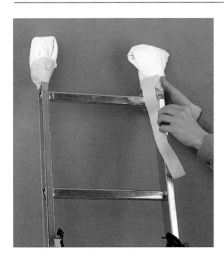

En las superficies elevadas, como la caja de las escaleras, tendrá que usar casi con toda seguridad una escalera de mano para acceder a los puntos más altos. Envuelva los extremos superior e inferior de la escalera con trapos (sujetos con cinta adhesiva) para proteger la superficie de las paredes.

TRUCOS ÚTILES

La tecnología de las escaleras de mano ha alcanzado un nivel donde ya no es necesario adquirir varios modelos para diversos usos. En el exterior quizá tenga que utilizar escaleras extensibles, pero en el interior puede optar por escaleras combinadas que están especialmente diseñadas para transformarse en escaleras de peldaños, escaleras de mano extensibles o incluso plataformas de trabajo. Merece la pena invertir un poco más de dinero en estos artículos para asegurar un resultado de buena calidad; además, el consiguiente ahorro de tiempo, costes y espacio superará con mucho la carga de la inversión inicial.

RADIADORES

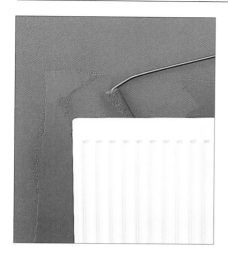

1 Lo ideal sería desmontar los radiadores pero esto exige conocimientos de fontanería. Además, en muchos casos será demasiado complicado retirar el radiador. En estas circunstancias, lo mejor es emplear un rodillo para radiadores para así pintar la pared posterior.

2 Asegúrese de que el radiador esté apagado antes de empezar a pintarlo. Las pinturas en aerosol son rápidas y fáciles de usar. Póngase siempre una mascarilla protectora, y proteja la pared colocando una sábana o un cartón por detrás del radiador.

PROTEGER SUPERFICIES

Acelere el proceso de pintura de las tuberías próximas a la pared protegiendo la superficie de ésta con un trozo de cartón. A medida que avanza por la tubería, desplace el cartón con una mano y aplique la pintura con la otra.

La pintura de las ventanas lleva tiempo, ya que es necesario lograr un buen remate en los bordes próximos al cristal. Acelere el proceso con un protector (una raedera o paleta), que debería sujetarse en la confluencia del rebajo con el cristal: así, las salpicaduras caen sobre el protector y no sobre el cristal.

DESTACAR LOS DETALLES

1 Destacar ciertos detalles de los elementos arquitectónicos de una habitación, como los hallados en las cornisas, puede llevar mucho tiempo. Acelere el proceso aplicando una capa base o subcapa como color de fondo para todos los colores adicionales.

2 Utilice un pincel fino para pintar los detalles, completando un color cada vez a medida que avanza por la superficie de la moldura. Este tipo de pintura lleva tiempo, pero el gran atractivo de su acabado bien vale el esfuerzo.

PINTAR MUEBLES

NECESITARÁ

Papel abrasivo fino y grueso
Trapo
Brocha
Sello(s)
Rodillo pequeño
Estropajo de acero

MATERIALES

Pintura en emulsión
Pintura para sellos
Cera transparente

Una mano de pintura es una manera sencilla de dar vida a un mueble viejo, o de dar un efecto alternativo a uno nuevo. Existen varias opciones: dependiendo del efecto que se desee, éstas van desde aplicar varias manos de pintura para lograr un acabado preciso y nuevo, hasta lograr un aspecto más envejecido lijando la silla entre mano y mano (en este caso, se ha perseguido un efecto envejecido para "resucitar" una silla vieja pintada).

Es posible aportar adornos adicionales a un acabado decorativo mediante el uso de sellos y estampaciones. El lijado de los diseños estampados es una cuestión personal, pero tenga siempre en cuenta el esquema de color de la habitación donde se va a situar el mueble. Es muy fácil dejarse llevar y abusar del uso de los sellos; así pues, evite cubrir toda la silla con estampaciones. En ocasiones, la sencillez del diseño y la composición logra los mejores resultados.

Pintar muebles es un modo de suavizar el esquema de color de una habitación, integrando también sillas u otro tipo de objetos para el "diseño final".

1 Lije bien la silla con papel abrasivo grueso y luego con otro más fino. Esto eliminará las capas de pintura vieja y proporcionará una superficie de agarre para la aplicación de la nueva pintura. Limpie la silla con un trapo limpio y húmedo para eliminar los restos de polvo de la superficie.

2 Avanzando de arriba abajo, aplique una mano de pintura en emulsión sobre toda la silla, logrando una buena cubierta. Una vez seca la capa base, aplique una segunda mano para igualar el acabado. Durante la aplicación, asegúrese de que no hay "goterones" que estropeen el acabado, y elimínelos con la brocha.

3 Aplique pintura sobre el sello con ayuda de un rodillo. Compruebe que toda la superficie del sello está cubierta por una fina capa de pintura. Antes de aplicar el sello sobre la silla, pruebe la impresión en un trozo de papel para comprobar la distribución de la pintura.

4 Coloque la cara del sello en la posición deseada sobre la superficie de la silla. Aplíquela ejerciendo una presión uniforme, y procurando que el sello no se deslice sobre la superficie y estropee la impresión.

5 Retire el sello de la superficie con un movimiento vertical "limpio". Vuelva a cubrir el sello de pintura antes de aplicarlo de nuevo (en la siguiente posición) sobre el mueble. Cree su propio diseño, modificando el tamaño de la estampación, si fuera necesario, tal y como muestra este ejemplo.

6 Cuando las estampaciones se hayan secado, frote suavemente diversas zonas de la silla con papel abrasivo fino. Preste especial atención a los bordes y los puntos prominentes de las zonas con moldura, ya que estos lugares son los que reciben mayor desgaste natural.

7 Por último, aplique una mano de cera transparente con un estropajo de acero sobre la superficie para proteger el acabado. Esto eliminará un poco más de pintura, (también de las estampaciones), lo que contribuirá al efecto envejecido.

TEMA NÁUTICO

Los muebles que se han personalizado con un acabado pictórico pueden convertirse en el punto de partida del esquema decorativo, como ocurre en esta cocina, donde los colores de la mesa se retoman en otros elementos (*véase* página 67). La base de la mesa se ha pintado con varias manos de pintura de color verde claro, y luego se han estampado dibujos de peces, logrando un delicioso efecto envejecido.

EFECTOS METALIZADOS: METAL ANTIGUO

NECESITARÁ

Brocha
Trapo

MATERIALES

Pintura metalizada
Craquelado (capa base
y superior)
Sombra tostada (en tiendas
de manualidades)
Barniz (opcional)

Aplicar un acabado metalizado a varios objetos domésticos es una manera sencilla de renovar un artículo, dándole un aspecto y textura nuevos. Esto puede potenciarse aún más envejeciendo el efecto metalizado con un barniz craquelado.

Las pinturas metalizadas están hoy a la orden del día, y los tipos de más reciente aparición logran efectos cada vez más realistas en objetos hechos de otros materiales. Existe una gran selección de colores o "metalizados", que se ajustarán a todos los gustos. En este caso, se ha logrado una imitación del peltre (aleación de cinc, plomo y estaño) para transformar el aspecto de un simple tiesto de barro cocido. Sin embargo, se pueden lograr acabados igualmente impresionantes en colores como el oro, bronce o cobre, a los que se pueden añadir un efecto craquelado para conseguir un aspecto antiguo o envejecido.

1 Aplique una mano de pintura metalizada con la brocha sobre el tiesto de barro cocido. Lea las instrucciones del fabricante de la pintura que vaya a usar pero, en general, basta con una sola mano, ya que los acabados metalizados suelen tener buenas propiedades de cobertura.

2 Una vez seca la pintura metálica, aplique una mano base de craquelado, siguiendo siempre las instrucciones del fabricante. Compruebe que está bien extendida y que no hay "goterones" en la superficie. Al secarse, esta capa de base lechosa adquirirá un acabado transparente pero ligeramente pegajoso.

3 Aplique una mano de capa superior de craquelado, procurando cubrir por completo toda la superficie del tiesto. Al secarse, comenzarán a aparecer pequeñas grietas en la superficie. Cuanto más gruesa sea esta capa superior, más profundas serán las grietas.

4 Para destacar las grietas del acabado, frote la superficie del tiesto con un trapo impregnado con un poquito de sombra tostada. Ésta se quedará pegada en las grietas producidas por el craquelado y aportará el efecto envejecido final. Si fuera necesario, barnice el tiesto.

EFECTOS METALIZADOS: VERDIGRÍS

NECESITARÁ

Brochas para estarcir
Brocha
Trapo

MATERIALES

Pintura en emulsión
Barniz acrílico
Colorantes

El verdigrís es una sustancia cristalizada que se forma en las superficies de cobre, latón y bronce, causada por la acción de un ácido que provoca su descomposición. Sin embargo, los tonos característicos de verde producidos por el verdigrís pueden imitarse en todo tipo de superficies para lograr un acabado "envejecido". La reproducción de este acabado en superficies interiores es muy efectiva, sobre todo cuando se aplica sobre superficies que presentan un relieve relativamente complicado, como la cornisa de una habitación. Para producir un buen efecto verdigrís es preciso crear composiciones de barniz de 2 ó 3 tonos de verde mezclando barniz acrílico con colorantes (siguiendo las instrucciones). Algunos fabricantes comercializan conjuntos de verdigrís completos que eliminan la necesidad de realizar las mezclas. En estos casos, se aplican los distintos tonos a la vez.

1 Aplique una capa base de pintura en emulsión en la cornisa y déjela secar. Con ayuda de una brocha grande para estarcir, aplique los tonos de verde más pálido. Procure que las cerdas penetren en la mayor parte del diseño sin saturar de color la superficie.

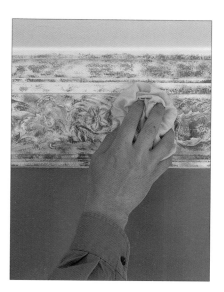

2 Antes de que se seque el verde, frote la superficie de la cornisa con un trapo ligeramente húmedo. Esto elimina parte de la pintura de los puntos más sobresalientes de la cornisa, al tiempo que deja una mayor concentración de pintura en las depresiones.

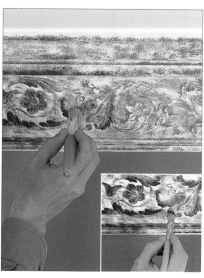

3 Añada el segundo verde más oscuro con la brocha grande para estarcir (después de lavarla), pero concentrándose ahora en los puntos sobresalientes de la moldura. Cuando se haya secado, emplee una brocha más pequeña para estarcir y para añadir un verde más oscuro a estas "protuberancias". Deje secar bien.

4 Por último, diluya la mezcla de verde más oscuro con un poco más de barniz para lograr un color mucho más claro y una consistencia más transparente. Aplique una mano de este barniz diluido por toda la cornisa. Esto contribuye al efecto "envejecido", al tiempo que rellena esas zonas donde todavía es visible el color base.

Estarcir paredes y suelos

NECESITARÁ
....
Papel
Lápiz
Tapete de corte
Acetato
Pintura de cera
Cúter
Cinta métrica
Plantilla
Brocha
Cinta de carrocero
Brochas para estarcir

MATERIALES
....
Pintura para estarcir
Pintura en emulsión
Barniz (opcional)

Los diseños étnicos logran siempre acabados de estarcido realmente efectivos, con suaves variaciones de color integradas en el acabado final de la pared o el suelo estarcidos.

El estarcido es un efecto decorativo muy versátil que añade color y estampado a todo tipo de superficies. La técnica es la misma con independencia de la superficie a tratar, ya sean paredes, suelos o muebles (*véase* páginas 132-133). Existe una gran variedad de plantillas para estarcido a la venta, aunque crear una propia puede ser realmente gratificante, y además añade un toque más personal a la superficie estarcida. Es posible confeccionar plantillas de estarcir con una lámina de cartón fino o acetato; las plantillas de acetato duran más y son más fáciles de limpiar que las de cartón.

CONFECCIONAR UNA PLANTILLA

1 Dibuje su propio diseño en papel, procurando que la silueta quede bien definida. Aquéllos que no estén dotados con cualidades artísticas pueden calcar el dibujo, aunque merece la pena indicar que los diseños más simples suelen ser los más efectivos.

2 Calque el dibujo sobre una lámina de acetato y utilice una pintura de cera para marcar sobre el acetato. Coloque el acetato sobre un tapete de corte y recorte los dibujos trazados con un cúter, ciñéndose con precisión a las líneas.

CÓMO APLICAR LA PLANTILLA

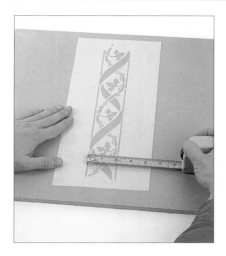

1 Añadir un color de fondo al diseño estarcido puede realzar el efecto final. En este caso, se ha aplicado una cenefa alrededor del perímetro del suelo de la habitación. Mida la anchura del diseño para calcular la posición correcta en el suelo.

2 Transfiera la medida del ancho al suelo y proteja la superficie alrededor del perímetro. Con ayuda de una brocha pequeña, aplique pintura en emulsión en un color de fondo en el interior de la zona delimitada, procurando no salirse.

3 Una vez pintado el perímetro, retire la cinta de carrocero para sacar una cenefa pintada alrededor de la habitación. Si hay alguna zona donde la pintura haya penetrado por debajo de la cinta, habrá que lijarla para devolverla al color original del suelo, de manera que las líneas de la cenefa permanezcan inalterables.

4 Aplique el estarcido sobre la cenefa con una brocha para estarcir. Retire el exceso de pintura de las cerdas antes de cada aplicación y mantenga la brocha perpendicular al suelo mientras trabaja, dando golpecitos con ella. Desplace la plantilla para continuar alrededor de toda la habitación.

5 Si lo desea, puede aplicar en las paredes el mismo diseño de la cenefa. En este caso, se ha utilizado una plantilla de confección "casera" para destacar las esquinas. Para crear un efecto más tridimensional, aplique el color de manera más densa en los bordes del dibujo.

6 La plantilla "casera" puede emplearse para embellecer el suelo y unificar los 2 diseños. Lave las plantillas en agua templada para eliminar el exceso de pintura. Esto garantizará un acabado limpio en cada nueva aplicación del estarcido. Cuando la pintura se haya secado, proteja la zona con una mano de barniz si así lo desea.

Estarcir muebles

NECESITARÁ
....
Papel abrasivo
Trapo
Brocha
Kit para estarcir
Cinta de carrocero
Brocha grande para estarcir
Brocha pequeña para
estarcir o pincel

MATERIALES
....
Pintura en emulsión blanca
Barniz acrílico
Colorantes
Pinturas para estarcir

Un mueble sencillo, como un módulo de cajones, puede recibir un acabado decorativo elaborado con una serie de estarcidos sorprendentes que crean un tema bien coordinado.

Los estarcidos son una excelente manera de añadir un toque decorativo a muebles sencillos. Los diseños de estarcido pueden ser tan simples o tan complicados como usted desee. Pueden aplicarse sobre muebles viejos para renovarlos o para disimular una superficie desgastada. Existen otras alternativas novedosas, como en el ejemplo, donde se ha pintado y actualizado un módulo de cajones mediante un estampado estarcido de nuestra elección para lograr un mueble realmente decorativo.

1 Lije suavemente el módulo para alisar la superficie y elimine el polvo de la superficie con un trapo húmedo. Preste especial atención al frente de los cajones, a la parte superior y a los lados del módulo, ya que es aquí donde irán los estarcidos.

2 Saque los cajones. Pinte el módulo con una capa base de pintura en emulsión blanca y pinte los cajones. Si la madera es muy resinosa, es recomendable aplicar primero una mano de imprimación, pero en la mayoría de los casos la pintura en emulsión convencional actuará como una imprimación adecuada para el barniz acrílico.

3 Mezcle 2 barnices, añadiendo colorante si fuera necesario. En este ejemplo, se ha teñido el barniz acrílico para producir un verde claro y un azul medio. Aplique una mano del verde claro en la parte exterior del módulo, procurando hacerlo de manera uniforme para lograr un acabado general semitransparente.

4 Aplique el barniz verde claro a 4 cajones, y utilice el azul en los otros 4. También deben pintarse los laterales de los cajones y los bordes. El interior puede pintarse o dejarse sin pintar, según desee.

5 Elija un motivo para estarcir el módulo y comience con un cajón. Colóquelo sobre su fondo, de manera que el frente quede hacia arriba. Sujete la plantilla sobre el frente del cajón con cinta de carrocero.

6 Comience a aplicar la pintura con una brocha grande para estarcir en las zonas más extensas del diseño. Mantenga siempre la brocha en perpendicular al frente del cajón y dé golpecitos de arriba abajo. Retire el exceso de pintura de las cerdas sobre un trozo de papel antes de proceder a la aplicación.

7 Limpie las cerdas de vez en cuando, procurando que las distintas zonas coloreadas del diseño no queden contaminadas por la pintura de otras zonas. Si desea aportar detalles al acabado y realzar el dibujo, utilice una brocha de estarcir pequeña, o incluso la punta de un pincel pequeño.

8 Una vez acabado todo el diseño, despegue con cuidado la plantilla y continúe en otro cajón o parte del módulo. Vaya componiendo los motivos hasta que todo el estarcido esté completo. Cuando se haya secado la pintura, aplique una mano de barniz a todo el módulo para protegerlo en su uso cotidiano.

Pátina en las paredes

NECESITARÁ

Brocha grande
Brocha de cerdas de tejón
o cerdas blancas

MATERIALES

Pintura en emulsión
Barniz acrílico
Colorantes
Barniz (opcional)

La pátina es uno de los efectos pictóricos más fáciles de lograr. Los brochazos dados con las cerdas crean un acabado con textura que combina con el color de la capa base para formar un acabado semitransparente y tridimensional. La intensidad del efecto depende del color de la capa base y del número de manos aplicadas.

Combinar la pátina en las paredes y el frotado sobre la madera es una manera de combinar 2 efectos pictóricos en una sola estancia.

1 Aplique una capa base en emulsión sobre la superficie de la pared y déjela secar. En este ejemplo, se ha utilizado un azul claro. Aplique el barniz sobre la pared, extendiéndolo de forma uniforme con una brocha grande y de cerdas relativamente gruesas. Mueva la brocha en todas las direcciones sobre la superficie de la pared.

2 Utilice una brocha de cerdas de tejón o cerdas blandas para suavizar la rudeza de los brochazos anteriores y mezcle el color del barniz en toda la superficie de la pared. Emplee brochazos ligeros en todas las direcciones, procurando que las cerdas de la brocha apenas toquen la superficie.

3 Una vez seco, aplique una segunda mano de barniz ligeramente más oscura y, de nuevo, pase la brocha de cerdas de tejón por toda la superficie. Es posible aplicar más manos de barniz para crear mayor profundidad y dimensión en el acabado. Si lo desea, proteja la superficie con otra mano de barniz.

Crear ambiente

La pátina es un efecto pictórico suave, pero puede tener un gran impacto a la hora de aportar calidez a una habitación. Las paredes tratadas con pátina crean un excelente telón de fondo para los otros elementos de la habitación. Para dar la sensación de un patio mediterráneo, se ha aplicado una pátina de terracota descolorida en las paredes enyesadas (*véase* página 23).

FROTADO SOBRE MADERA

NECESITARÁ

Brocha
Trapo
Cera transparente
Pistola de cartucho
Lápiz
Nivel de burbuja

MATERIALES

Barniz acrílico
Colorantes
Masilla adhesiva

El frotado es un efecto parecido a la pátina, con la salvedad de que una vez aplicado el color sobre la superficie, éste se frota. El acabado es similar porque el barniz proporciona un efecto general sin ningún estampado concreto, que simplemente destaca distintas zonas aleatoriamente. Aunque el frotado puede aplicarse sobre las paredes, se suele reservar para las superficies de madera. El procedimiento requiere teñir la madera, lo cual realza la veta y aporta un aspecto decorativo teñido a la superficie de la madera. El mejor efecto se logra sobre maderas con veta relativamente prominente, ya que esto proporciona más variaciones de color y un acabado más definido. No se precisa una capa base de emulsión: se mezcla el barniz acrílico hasta lograr el color deseado con 1 ó 2 colorantes, y luego se pinta directamente sobre la superficie de la madera.

1 Mezcle el barniz con el colorante elegido y aplique la mezcla sobre la superficie de la madera con una brocha de manera uniforme. Aquí, hemos pintado una línea de zócalo. Si es posible, pinte y frote los elementos antes de clavarlos en la pared, ya que esto facilita el lograr un borde limpio una vez colocado.

2 Antes de que se seque el barniz, frote la moldura con un trapo limpio, retirando el exceso de barniz. El barniz que permanezca en la madera se incrustará y realzará la veta de la madera. Una vez seco, aplique con un trapo una mano de cera transparente sobre la moldura para un acabado protegido y decorativo.

3 En lugar de clavar la moldura a la superficie de la pared y arriesgarse a estropear el efecto pictórico, utilice masilla adhesiva. Viene en un tubo que se acopla a la pistola de cartucho y resulta fácil de aplicar en el dorso de la moldura.

4 Trace con un lápiz una línea-guía en la superficie de la pared, a lo largo de la parte superior del nivel de burbuja. Presione la moldura en la posición correcta. Elimine el exceso de masilla del borde de la moldura con un trapo húmedo antes de que el adhesivo se seque.

MARMORIZADO

NECESITARÁ

Brochas
Cepillo para puntear
Brocha de cerdas suaves
Pincel
Papel abrasivo fino

MATERIALES

Pintura en emulsión blanca
Barniz acrílico
Colorantes
Sombra
Laca

El marmorizado es uno de los efectos pictóricos más difíciles de lograr con cierto grado de autenticidad: es casi como pintar un cuadro y exige cierta práctica antes de aplicarlo a la superficie de las paredes.

Una de las ventajas de practicar un efecto marmorizado consiste en que

El marmorizado es un acabado para las paredes que dota a la habitación de gran ambiente. Su aspecto puede variar, dependiendo de la luz de la estancia y de su intensidad.

permite experimentar con diferentes colores y diseños antes de ponerse manos a la obra. Puede practicar modificando la intensidad y el número de los colores, el ángulo y la prominencia de la veta del mármol hasta que consiga un acabado atractivo que se adecúe al esquema de color de la habitación que desea decorar.

Dependiendo de su nivel de destreza, se puede aplicar el acabado a la superficie de toda una pared, aunque es difícil mantener un efecto uniforme en áreas tan extensas. La opción más sencilla es decorar zonas pequeñas, como los paneles que quedan por debajo de la línea de zócalo. Elija la opción que elija, el efecto marmorizado bien ejecutado proporciona una gran aportación a la decoración de una estancia.

En ocasiones es más fácil trabajar en equipo con otra persona: uno puede aplicar el barniz mientras el otro utiliza las herramientas para producir un acabado marmorizado, concentrándose por separado en tareas concretas para lograr un efecto final consistente.

1 Aplique una capa base de emulsión blanca sobre la superficie y déjela secar. A continuación, aplique 2 barnices de distintos colores con una brocha de 25 mm de ancho. Aplique los barnices con brochazos aleatorios en la misma dirección, dejando que la capa base asome en algunos puntos.

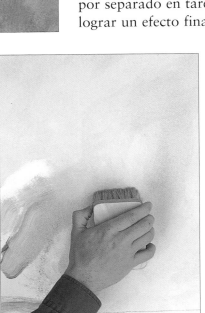

2 Mientras la pintura está aún fresca, pase un cepillo para puntear sobre la superficie barnizada, presionando la punta de las cerdas en el barniz y dejando que se mezclen los 2 barnices. Deje que el cepillo extienda el color sobre las zonas blancas sin barniz, de manera que toda la superficie reciba un acabado barnizado punteado.

3 Coja una brocha suave y arrastre las cerdas por encima de la superficie del barniz, eliminando las marcas de brochazos del efecto anterior. Primero, arrastre la brocha en perpendicular a la dirección en la que se aplicó el barniz, y luego en la misma dirección.

4 Utilice un pincel para dibujar vetas finas de sombra en la superficie del barniz. Rote el pincel entre los dedos pulgar e índice a medida que avanza sobre el barniz. Procure que las vetas discurran en la misma dirección que la primera aplicación de barniz.

5 Una vez más, tome la brocha suave y arrástela sobre la superficie de las vetas, fundiéndolas con el efecto general. En un principio, arrastre la brocha suavemente en la dirección contraria a la veta, y luego en la misma dirección para lograr un efecto más auténtico.

6 Una vez secos el barniz y la sombra, lije la superficie de la pared con papel abrasivo fino. Procure no causar raspones en la superficie de la pared. El objetivo del lijado es alisar la superficie y levantar un poco de polvo sin deteriorar el efecto.

7 No limpie el polvo con un trapo. En su lugar, aplique una mano de laca directamente sobre la pared. Deje secar, lije otra vez y aplique otra mano. La alternancia de lijado y laca consigue el efecto marmorizado final, suavizando el mármol y dando un acabado liso y sorprendente.

TRUCOS ÚTILES

● Como el mármol es una sustancia procedente de la Naturaleza, es importante tratar de imitar su aspecto de la manera más precisa posible para lograr un efecto realista. Resulta muy difícil producir una réplica perfecta, pero una fotografía o un trozo de mármol le ayudarán en su tarea. El trozo de mármol también proporcionará una buena guía para el color utilizado.

● El efecto marmorizado no tiene por qué restringirse a las paredes. El acabado puede aplicarse en otros artículos, como la superficie de las mesas o el pie de las lámparas.

PINTURA CON TRAPO Y CON RODILLO DE TRAPO

NECESITARÁ

Guantes protectores
Brocha
Cubo para la pintura
Trapos de algodón

Variaciones

Cinta de carrocero

MATERIALES

Pintura en emulsión
Barniz acrílico
Colorantes

El efecto "trapeado", ya sea aleatorio o más direccional como el de la fotografía, crea un aspecto sorprendente en la superficie de las paredes.

Utilizar trapos para crear efectos pictóricos es una manera popular de dar un acabado pictórico a la superficie de las paredes. Las dos técnicas principales del trapeado consisten en aplicar el barniz con un trapo y en retirarlo después de aplicarlo, creando impresiones en la pared. Existe un tercer método, la pintura con rodillo de trapo, que consiste en aplicar el barniz sobre la pared y luego hacer rodar sobre ella tela enrollada. El uso de cinta de carrocero con la pintura con rodillo de trapo produce un efecto sinuoso rayado.

PINTAR CON TRAPO

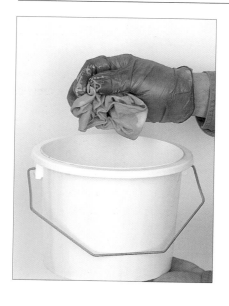

1 Es aconsejable ponerse guantes para llevar a cabo la pintura con trapo. Aplique una capa base de pintura en emulsión sobre la superficie de la pared y déjela secar. Mezcle el barniz y los colorantes. Humedezca un trapo y, arrugándolo con la mano, sumérjalo en el barniz. Escurra el trapo para eliminar el exceso de barniz.

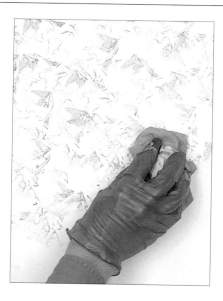

2 Aplique el trapo sobre la pared, manteniéndolo arrugado en la mano. Después de cada impresión, cambie la forma de la mano y el ángulo de la muñeca para crear un estampado aleatorio y menos uniforme. Cuando las impresiones comiencen a perder definición, recargue el trapo con más barniz.

Retirar la pintura con el trapo

1 Aplique una capa base de pintura en emulsión sobre la superficie de la pared y déjela secar. Aplique el barniz sobre la pared con una brocha grande. Procure cubrir toda la mano base, trabajando en cuadros de 1 m² o, de lo contrario, el barniz se secará antes de crear el efecto raspado.

2 Con ayuda de un trapo arrugado y húmedo, cree impresiones en la superfice barnizada, presionando el trapo. Tras cada impresión, cambie la forma de la mano y el ángulo de la muñeca. Cuando el trapo esté empapado de barniz, lávelo. Continúe el proceso por toda la superficie barnizada.

Pintura con rodillo de trapo

1 Corte varios trapos en cuadros de 25 cm y enróllelos. Doble hacia dentro los extremos de cada trapo para que los rollos tengan la misma longitud y evitar así los bordes deshilachados.

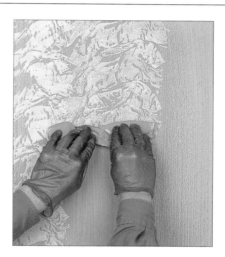

2 Aplique el barniz como en el paso 1. Humedezca los rollitos de trapo y hágalos rodar por encima de la superfice barnizada verticalmente. Superponga un poco cada pasada sobre la impresión anterior. Limpie los trapos o cámbielos cuando comiencen a empaparse de barniz.

Variaciones

1 Utilice cinta de carrocero para dividir la superficie de la pared en un diseño de rayas verticales. Aplique barniz entre las zonas protegidas. A continuación, haga rodar los trapos entre las zonas protegidas, procurando que la longitud del trapo no supere las líneas de cinta adhesiva.

2 Una vez realizada la impresión con el rodillo de trapo, retire la cinta de ambos lados para revelar una raya estampada. Continúe aplicando el efecto rayado en el resto de las zonas de la superficie de la pared.

PUNTEADO

NECESITARÁ

Brocha
Cepillos para punteado
Trapo

MATERIALES

Barniz acrílico
Colorantes
Barniz o esmalte

El punteado es un efecto pictórico sutil que disgrega el acabado de una pared para dar un aspecto de textura más rica que el producido por los colores lisos. Al igual que ocurre con la mayoría de los efectos pictóricos, se aplica barniz para lograr el acabado, por lo que la textura del punteado es ligeramente transparente. El punteado no es difícil, pero se requiere una gran dosis de paciencia al pasar el cepillo para puntear por toda la superficie: una mínima zona olvidada estropeará el efecto. En lo relativo al color, lo mejor es aplicar una mano de pintura en emulsión antes del barniz, ya que esto proporcionará un telón de fondo más que adecuado para revelar la textura. Las paredes pueden puntearse con un solo color o, como en este caso, pueden emplearse 2 colores y mezclar uno con el otro para lograr un original efecto decorativo. Esta técnica también puede utilizarse para crear rayas aleatorias sobre la superficie de la pared, o para colorear los bordes de las esquinas de una habitación en un tono ligeramente distinto al de las zonas centrales.

Un acabado de textura punteada en las paredes proporciona un cálido telón de fondo para el esquema decorativo de una habitación.

1 Aplique barniz sobre la superficie de la pared, procurando una cubierta uniforme. Las marcas de la brocha pueden ir en direcciones aleatorias o, una vez cubierta la superficie, puede dar algunos brochazos para "orientar" el barniz en sentido vertical, de manera que todas las marcas apunten en una sola dirección.

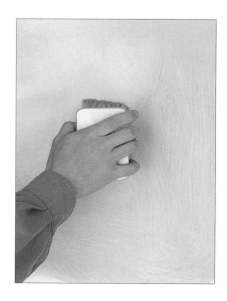

2 Utilice un cepillo para punteado por toda la superfice barnizada, dando golpecitos y permitiendo que el extremo de las cerdas penetre en el barniz fresco. Después de cada impresión, desplácese a la siguiente zona, variando ligeramente la posición de la muñeca para lograr impresiones aleatorias.

3 A medida que avanza por la superficie de la pared, utilice un trapo para eliminar el exceso de barniz de las cerdas después de varias aplicaciones. De no hacerlo, las cerdas se cargarán con demasiado barniz, que manchará y estropeará el acabado.

4 Si va a usar 2 colores, aplique el segundo color una vez que haya punteado una sección, dejando un pequeño hueco entre ellos que revele la capa base de la superficie de la pared.

5 Puntee el segundo color siguiendo la misma técnica que en el primero. Si va a utilizar el mismo cepillo, lávelo bien antes de proceder con el segundo color. De lo contrario, el primer color "contaminará" al segundo y desvirtuará el efecto.

6 Pase el cepillo por la línea divisoria entre los 2 colores para "fundir" la unión. La sutileza de esta unión depende de la cantidad de barniz que haya aplicado a la pared, y de la cantidad de espacio en blanco que dejó entre los 2 colores.

7 Trabaje las esquinas con un cepillo más pequeño, diseñado especialmente para este propósito, que facilita el acceso a los rincones. Una vez acabado el punteado, déjelo secar bien antes de aplicar 2 manos de barniz o 1 mano de esmalte protector.

TRUCOS ÚTILES

● Al realizar el punteado, aplique el barniz en cuadros de 1 m². Si pinta una zona más grande, se arriesga a que el barniz se seque antes de aplicar el efecto.

● Utilice pintura en emulsión para la capa base. El barniz tarda más en secarse sobre este tipo de superficie que sobre acabados mates, lo que da más tiempo para trabajar sobre el barniz.

● Consiga mayor profundidad de color y textura aplicando más de una mano de punteado. La aplicación de un tono un poco más oscuro encima de uno más claro logrará un acabado tridimensional.

CREAR *DÉCOUPAGE*

NECESITARÁ

Cartón fino
Lápiz
Tapete de corte
Cúter
Regla
Nivel de burbuja
Trapo

MATERIALES

Partitura fotocopiada
Adhesivo en aerosol

El *découpage*, término que literalmente significa "recortar", es una manera de producir un efecto de *collage* decorativo en paredes y muebles (o incluso en objetos domésticos) recortando imágenes de papel y pegándolas en la superficie elegida. Se puede emplear todo tipo de motivos, desde recortes de papel pintado, fotocopias de sus fotos favoritas o escritos antiguos. En este ejemplo se ha fotocopiado una partitura musical de la que se ha retirado la parte central, y de este recorte se ha sacado una enorme nota musical. La nota se ha pegado sobre una superficie blanca, rodeada por un marco extraído de la fotocopia en blanco y negro de la partitura. Si quiere, es posible pegarla directamente sobre la pared. Aunque aquí hemos utilizado un tema musical, esta idea puede adaptarse a otras temáticas: recortes de verduras y frutas enmarcados, al igual que conchas o peces para el cuarto de baño.

El tema musical de este découpage *logra un efecto de marco decorativo sobre una pared lisa.*

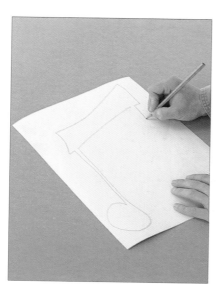

1 Dibuje una nota musical a lápiz en un cartón fino. Si no se le da demasiado bien dibujar, fotocopie la imagen de una nota y amplíela al tamaño que desee para su proyecto.

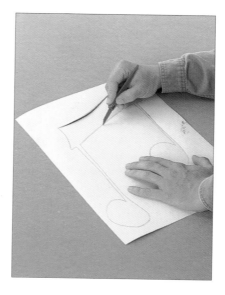

2 Recorte con un cúter alrededor del borde de la nota sobre un tapete de corte, y separe la nota del resto del cartón. Procure que la hoja del cúter esté afilada, y no ponga nunca la mano libre delante de la hoja.

3 Sitúe la nota que ha recortado en el centro de la partitura fotocopiada, procurando alinearla con el diseño. Mida una cenefa o marco alrededor del borde de la nota y márquela con un lápiz. Corte con el cúter a lo largo de esta línea, retire el centro de la partitura fotocopiada y deje únicamente el marco exterior.

4 Coloque la nota de cartón una vez más sobre la sección central recortada de la fotocopia. Con ayuda del cúter, recorte alrededor del borde hasta que pueda desprender una réplica de la silueta de la nota de la hoja fotocopiada.

5 Decida en qué lugar de la pared desea situar el *découpage*. Utilice un nivel de burbuja y un lápiz para trazar una línea-guía en la pared. Esta línea debería tener el ancho del marco de la fotocopia, y debería trazarse allí donde vaya a ir colocado el borde inferior del marco.

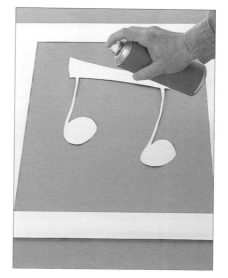

6 Rocíe el dorso del marco de la fotocopia y de la nota recortada de la fotocopia con adhesivo en aerosol. Siga las instrucciones del fabricante: la mayoría recomienda dejar que el aerosol penetre en el papel durante unos instantes antes de pegarlo en la pared.

7 En cuanto el adhesivo esté listo, pegue el marco a la pared siguiendo la línea de lápiz trazada anteriormente. Pegue la nota en el centro del marco para así completar el cuadro. Alise el papel con un trapo limpio y ligeramente húmedo, eliminando de la superficie todas las burbujas de aire.

TRUCOS ÚTILES

● En lugar de utilizar adhesivo en aerosol, puede emplear cola para empapelar o cola PVA ligeramente diluida para pegar los diseños a la pared. Para los principiantes, la cola PVA resulta más fácil porque tarda más en secar que el adhesivo en aerosol, lo que significa que puede desplazar la imagen y volverla a colocar si fuera necesario antes de que se pegue por completo a la pared.

● Una vez secas, las imágenes de *découpage* pueden protegerse con varias manos de barniz transparente.

DIRECTORIO DE EMPAPELADO

EMPAPELAR: PREPARACIÓN Y PLANIFICACIÓN

DIFICULTAD Baja
TIEMPO ½ día para una habitación de tamaño medio
HERRAMIENTAS ESPECIALES Ninguna
VER PÁGINAS 146–147

La preparación y planificación son vitales antes de empezar. Habrá que retirar las capas de papel viejo y se podrá aplicar masilla, lijar y sellar las paredes desnudas antes de colocar el papel de revestir o el papel pintado. Tómese el tiempo necesario para medir la habitación, calcular cuánto papel necesitará y decidir por dónde empezar a empapelar.

EMPAPELAR UNA HABITACIÓN

DIFICULTAD De baja a media
TIEMPO 1 día para una habitación de tamaño medio

HERRAMIENTAS ESPECIALES Brocha, mesa para encolar y cepillo de alisar
VER PÁGINAS 148–149

Compruebe si el papel es adhesivo o debe encolarse. En cualquier caso, la técnica para su colocación es similar. Al colocar el papel, debe empezar por una línea vertical y juntar las piezas de papel a ras, para después recortarlas con un cúter al nivel del techo y del rodapié. Tenga a mano suficientes cuchillas, ya que se desgastan.

EMPAPELAR PANELES

DIFICULTAD De baja a media
TIEMPO 2 horas
HERRAMIENTAS ESPECIALES Regla metálica, brocha para encolar y cepillo de alisar
VER PÁGINAS 150–151

Los paneles hechos con papel pintado crean un buen efecto decorativo en las paredes, sobre todo si se coloca una cenefa en torno al papel. Para crear un buen efecto, habrá que colocar y hacer coincidir las piezas con precisión. Tómese el tiempo necesario para planificar el tamaño del panel y así conseguir un efecto equilibrado sobre la pared. Asegúrese de utilizar papeles y cenefas con un diseño adecuado para esta técnica, ya que las cenefas precisarán juntas ingleteadas en cada esquina.

CENEFAS Y FRISOS

DIFICULTAD De baja a media
TIEMPO 2 horas para una habitación de tamaño medio
HERRAMIENTAS ESPECIALES Brocha y cepillo de alisar
VER PÁGINAS 152–153

Las cenefas y los frisos pueden colocarse a cualquier altura. Asegúrese de que los diseños coinciden en las esquinas y que las cenefas quedan bien niveladas. Algunas cenefas y frisos son autoadhesivas, pero otras deben encolarse. Si se emplea cola para papel, los bordes de la cenefa o del friso pueden despegarse de la pared al poco tiempo. El adhesivo para cenefas es mucho más fuerte y proporciona una adherencia más segura. Al colocar una cenefa, no cometa el error de olvidarse de retirar el exceso de adhesivo de la superficie de la cenefa y de la pared (durante y después de su colocación). El adhesivo seca rápidamente, por lo que conviene tener siempre a mano un cubo con agua limpia y una esponja. Cuando haya colocado una pieza, limpie el exceso de adhesivo con atención a los bordes. Una vez que el adhesivo haya secado sobre la pared, será casi imposible retirarlo, y por la superficie de la pared y de la cenefa quedarán unas manchas brillantes. Si a pesar de todo quedan zonas con brillos, se pueden arreglar limpiando la superficie con una solución de detergente suave y aclarando con agua templada. Si la cenefa está sobre una superficie pintada y no sobre papel, se puede pintar sobre las zonas con brillos, pero evitando que la pintura gotee.

Cúter

Tijeras de empapelar

Rasqueta triangular

Brocha para encolar

Rodillo para juntas

Esponja

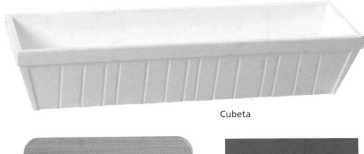

Cubeta

Cepillo para alisar

Espátula de calafatear
(para cerrar o tapar juntas)

DIRECTORIO DE ALICATADO

ALICATAR UNA PARED

DIFICULTAD De baja a media
TIEMPO De 2 a 4 horas para una pared de tamaño medio
HERRAMIENTAS ESPECIALES
Espátula de goma, cortador de azulejos y espátula para enlechar
VER PÁGINAS 154–155

El alicatado es sencillo, siempre que se empiece en un punto sólido y nivelado, y se necesitan colocar unos listones de madera que actúen como base segura. Planifique bien la tarea y haga cortes precisos en los azulejos. Con una buena lechada se conseguirá el toque final.

UTILIZACIÓN DE DISTINTAS FORMAS Y DISEÑOS

DIFICULTAD De baja a media
TIEMPO De 2 a 4 horas para una pared de tamaño medio
HERRAMIENTAS ESPECIALES
Espátula de goma, cortador de azulejos y espátula para enlechar
VER PÁGINAS 156–157

La técnica básica del alicatado puede adaptarse para trabajar con azulejos de distintos tamaños y formas y conseguir así acabados llamativos. Experimente con distintos diseños haciendo una prueba con los azulejos en seco antes de colocarlos en la pared.

ALICATAR UN SALPICADERO

DIFICULTAD De baja a media
TIEMPO 2 horas
HERRAMIENTAS ESPECIALES
Espátula de goma, cortador de azulejos y espátula para enlechar
VER PÁGINAS 158–159

Los salpicaderos casi siempre están alicatados y permiten crear elementos decorativos. Para un efecto más llamativo, al final se pueden colocar azulejos para la cenefa en los bordes. Asegúrese siempre de sellar bien con silicona las juntas entre la parte inferior azulejada y el lavabo.

INSTALAR GRESITE

DIFICULTAD De baja a media
TIEMPO ½ día para una habitación de tamaño medio
HERRAMIENTAS ESPECIALES
Espátula de goma, rodillo para juntas y espátula para enlechar
VER PÁGINAS 160–161

El gresite tiene todas las ventajas prácticas de los azulejos y, además, crea un efecto diferente. Las planchas tienen un respaldo de red y pueden recortarse o emplearse sin cortar. También pueden utilizarse en zonas pequeñas o complicadas para la colocación de azulejos grandes. Se pueden combinar planchas de distintos colores para crear un efecto llamativo. Un rodillo para juntas resulta muy práctico para fijar bien las teselas a la pared.

DECORAR UNA MESA CON MOSAICO

DIFICULTAD De baja a media
TIEMPO De ½ día a 1 día
HERRAMIENTAS ESPECIALES
Cortador de azulejos y espátula para enlechar

VER PÁGINAS 162–163

Aunque en el proyecto de las páginas 162 y 163 se ha empleado una mesa circular, los diseños pueden aplicarse en mesas de todas las formas y tamaños. Las mesas cuadradas y rectangulares resultan más adecuadas porque no se necesitará un compás para trazar líneas circulares al planificar el diseño. Podemos utilizar azulejos viejos como materia prima; basta con utilizar un cortador de azulejos para darles el tamaño preciso. Planifique el diseño antes de empezar a decorar. Al igual que para el resto de los proyectos de alicatado, hay que aplicar lechada para impermeabilizar el trabajo. El diseño acabado puede embellecerse aún más utilizando lechada de color en lugar de la típica de color blanco. La lechada de color se puede encontrar en cualquier tienda de bricolaje y permite experimentar con distintos acabados para el mosaico.

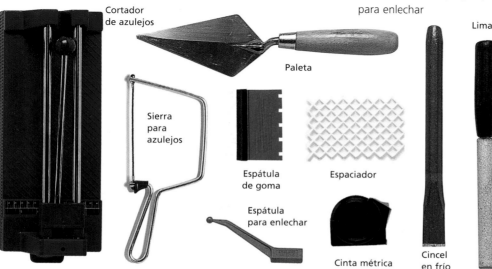

Cortador de azulejos

Paleta

Sierra para azulejos

Espátula de goma

Espaciador

Espátula para enlechar

Cinta métrica

Cincel en frío

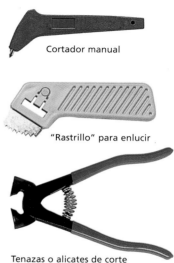

Lima

Cortador manual

"Rastrillo" para enlucir

Tenazas o alicates de corte

EMPAPELAR: PREPARACIÓN Y PLANIFICACIÓN

NECESITARÁ

Cubo con agua caliente
Raspador o espátula
Brocha grande para pintar
o encolar
Cinta métrica

MATERIALES

Cola PVA

El papel debe colocarse sobre una superficie adecuadamente preparada y estable, de lo contrario no quedará bien adherido y no se logrará el efecto deseado. La mayoría de los errores se producen al empapelar sobre superficies con papel viejo. El resultado puede ser bueno si el papel viejo está bien adherido a la pared, pero no se sabrá con seguridad hasta haber colocado el papel nuevo (un riesgo que no conviene correr). Lo mejor es retirar todo el papel viejo de las paredes; para ello se puede utilizar un producto para desencolar papel pintado, sin embargo, en muchos casos el método tradicional utilizando agua (como se muestra a continuación) es igual de rápido si en la pared sólo hay 1 ó 2 capas de papel viejo.

Los siguientes pasos consisten en medir las paredes de la habitación y decidir cuál es el mejor lugar para empezar a empapelar.

1 La capa superior de algunos tipos de papel pintado puede retirarse fácilmente. Intente levantar esta capa desde las esquinas inferiores de las piezas de papel e ir avanzando por la superficie de la pared. Se sorprenderá de la gran cantidad de papel que se irá retirando antes de tener que utilizar agua.

2 Cuando haya retirado la mayor cantidad posible de papel viejo, humedezca el papel restante con agua caliente. Se puede utilizar agua fría, pero el agua caliente hará que el papel se levante más rápidamente y facilitará su eliminación. Para esta tarea, lo ideal es utilizar un raspador o una espátula.

3 Después de haber retirado todo el papel, deje que la superficie se seque completamente. Lije las paredes para eliminar los restos de papel y las zonas rugosas de la superficie, y así evitará que resalten una vez colocado el papel nuevo.

4 Limpie la superficie con agua, espere a que seque y aplique una capa de solución de PVA (5 partes de agua por 1 de cola PVA). Con esto, la superficie quedará sellada y lisa y se favorecerá la adherencia del papel a la pared. Si el tipo de papel elegido lo precisa, forre las paredes con papel de revestir.

CÓMO MEDIR Y POR DÓNDE EMPEZAR

Antes de empezar a empapelar, tendrá que calcular cuántos rollos de papel se necesitan para la habitación. En esta ilustración se indica la mejor forma de medir y de hacer el cálculo. El papel pintado puede ser caro, por eso conviene ser lo más preciso posible. Sin embargo, es preferible tener 1 ó 2 rollos de más que quedarse cortos. Si más tarde necesitara comprar otro rollo, puede suceder que no encuentre exactamente el mismo tipo y haya ligeras variaciones en el color. Además, si se tiene papel sobrante, posteriormente se podrá hacer cualquier reparación en la superficie empapelada. Al decidir sobre el mejor lugar para empezar, hay que tener en cuenta unas pequeñas reglas básicas. En la ilustración también aparecen los puntos más importantes.

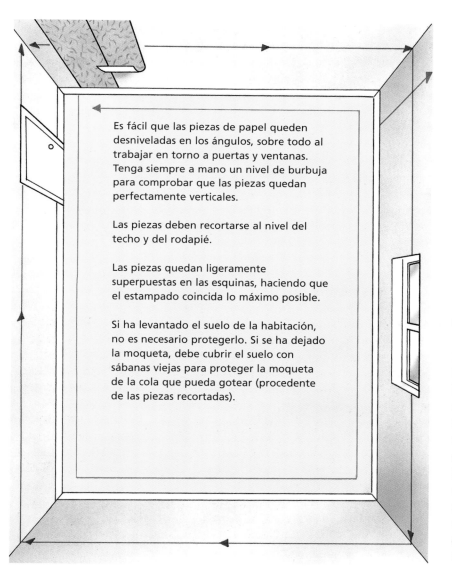

Es fácil que las piezas de papel queden desniveladas en los ángulos, sobre todo al trabajar en torno a puertas y ventanas. Tenga siempre a mano un nivel de burbuja para comprobar que las piezas quedan perfectamente verticales.

Las piezas deben recortarse al nivel del techo y del rodapié.

Las piezas quedan ligeramente superpuestas en las esquinas, haciendo que el estampado coincida lo máximo posible.

Si ha levantado el suelo de la habitación, no es necesario protegerlo. Si se ha dejado la moqueta, debe cubrir el suelo con sábanas viejas para proteger la moqueta de la cola que pueda gotear (procedente de las piezas recortadas).

TRUCOS ÚTILES

● Si va a forrar las paredes antes de empapelar, a la hora de medir utilice la misma técnica que para el papel pintado, pero sin añadir la medida de la repetición del dibujo, sólo lo necesario para recortar. Coloque el papel de revestir del mismo modo que el papel pintado, pero en horizontal.

● La calidad del acabado logrado con el papel pintado dependerá del papel de revestir utilizado. Un papel de revestir fino no dejerá la superficie tan lisa como uno más grueso.

Cómo medir

Mida el perímetro de la habitación y multiplique el resultado por la altura hasta la que va a empapelar: de este modo se obtiene la superficie de las paredes. Divida la superficie de las paredes entre la superficie de 1 rollo del papel que se va a utilizar: de este modo se obtiene el número de rollos necesarios.

Los papeles con estampados grandes suelen producir más restos que los de estampados más pequeños. Si el papel tiene una repetición de dibujos grandes, sume la medida de la figura a la altura de la pared antes de calcular la superficie total de las paredes. En los cálculos hay que incluir puertas y ventanas; al considerarlas como parte de la superficie, será más fácil recortar las piezas de papel.

Por dónde empezar

La primera pieza debe colocarse de forma perfectamente vertical y en un lugar donde no haya obstáculos que obliguen a recortar. En una habitación relativamente cuadrada y libre de obstáculos, empiece lo más cerca posible de un rincón. Vaya avanzando por la habitación hasta terminar en el rincón. Las piezas de papel pueden superponerse ligeramente en los rincones. En habitaciones con elementos que sobresalgan, como una chimenea, y cuando los estampados del papel sean grandes, conviene empezar en la mitad de ese elemento para poder centrar el estampado y conseguir un efecto equilibrado en la habitación.

EMPAPELAR UNA HABITACIÓN

NECESITARÁ

Para encolar:
Mesa para encolar
Brocha para encolar

Para el papel previamente encolado:
Cubeta y agua

Para colocar el papel:
Lápiz
Cinta métrica
Nivel de burbuja
Cepillo para alisar
Cúter o tijeras
para empapelar
Esponja

MATERIALES

Papel pintado
Cola

VER TAMBIÉN

Empapelar: preparación
y planificación
págs. 146–147
Cenefas y frisos
págs.152–153

El empapelado es una técnica decorativa muy popular porque es una forma sencilla de aplicar color y estampados a lo que, de otro modo, no sería más que una simple superficie desnuda.

El empapelado es una técnica decorativa sencilla, siempre que uno se tome el tiempo necesario para planificar bien (*véase* páginas 146-147) y tenga en cuenta unas sencillas recomendaciones. Lea siempre las indicaciones del fabricante del papel; en ellas se dice cómo debe encolarse el papel y se dan instrucciones especiales para su colocación. En las indicaciones del fabricante también se mencionará si conviene o no forrar las paredes. En caso de duda, la mejor forma de hacerlo es colocando el papel de revestir del mismo modo que el papel pintado, pero en horizontal.

CÓMO ENCOLAR

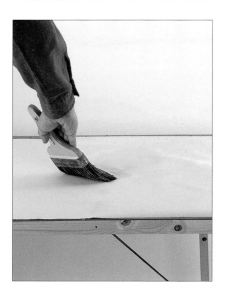

Para los papeles que tienen que encolarse, prepare la mezcla según el peso del papel que vaya a utilizar y siguiendo las indicaciones del fabricante. Aplique la cola sobre las piezas de papel cortadas con las tijeras, esparciéndola desde el centro a los extremos, procurando que la pieza quede uniformemente cubierta de cola.

PAPEL PREENCOLADO

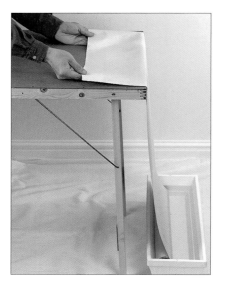

Para los papeles preencolados no se necesita hacer la mezcla, basta con disponer de una cubeta con agua fría. Enrolle las piezas cortadas y sumérjalas en el agua antes de extenderlas sobre la mesa: el agua activa la cola seca con la que se ha impregnado el reverso del papel.

CÓMO COLOCAR EL PAPEL

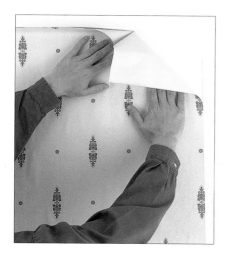

1 Independientemente del tipo de papel que utilice, el método para colocarlo sobre la pared es el mismo. Trace a lápiz una línea vertical sobre la pared en el punto de partida (*véase* páginas 146-147). Coloque la primera pieza de papel sirviéndose de la línea como guía. Deje una solapa en el techo.

2 Utilice un cepillo limpio para alisar el papel en la confluencia de la pared con el techo; de este modo quedará bien adherido a la pared. Marque una línea con las cerdas del cepillo en el papel, a lo largo de la confluencia, para que sirva de guía a la hora de recortar.

3 Una vez colocada la parte superior, pase el cepillo de alisar sobre el papel para que quede adherido y para eliminar las bolsas de aire. Desplace el cepillo desde el centro de la pieza hasta los bordes.

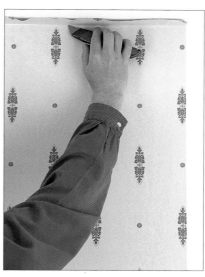

4 Cuando haya llegado a la parte inferior de la pieza, por lo general junto al rodapié, puede recortar el papel sobrante de la parte superior e inferior.

5 Siga empapelando juntando a ras las siguientes piezas según avanza por la superficie de la pared. Pase el cepillo de alisar por las juntas, procurando que el estampado coincida lo mejor posible. Retire la cola que haya sobre el papel con una esponja limpia y húmeda.

TRUCOS ÚTILES

Al cortar a medida las piezas de papel se debe tener en cuenta la medida de la repetición del estampado. La mayoría de los fabricantes la indican en una etiqueta colocada en el rollo de papel, pero siempre conviene medirla con la mayor precisión posible. Al cortar las piezas, debe sumarse la medida de la repetición del estampado a la altura de la pieza. Esto permite hacer ajustes en la pared para conseguir que el estampado coincida. Preste atención a los diseños que se prolongan de una pieza a otra; en este caso, habrá que dejar más longitud en la pieza de papel.

EMPAPELAR PANELES

NECESITARÁ

Cinta métrica
Regla y lápiz
Cúter
Tapete de corte
Nivel de burbuja
Brocha para encolar
Cepillo para alisar
Esponja

MATERIALES

Papel pintado y cenefa
Cola

Además de ser un elemento atractivo por sí mismo, un panel puede servir como fondo para complementos como cuadros o espejos.

La utilización de piezas de papel pintado para crear paneles es una forma alternativa y muy efectiva de decorar las paredes. La técnica no es difícil, pero es fundamental planificar cómo utilizar el diseño del papel para conseguir un efecto equilibrado y realizar mediciones muy precisas. También es importante seleccionar una cenefa para el marco que complemente el diseño del papel. Algunos fabricantes tienen cenefas pensadas para compaginar con determinados papeles, pero no todas son adecuadas para hacer paneles. La cenefa debe estar ingleteada en las esquinas del panel, y su estampado debe ser adecuado para esta labor. Las cenefas con diseños geométricos no suelen ser adecuadas porque al realizar cortes con un ángulo de 45° en las esquinas, el acabado puede quedar descompensado.

Es preferible utilizar cenefas con diseños fluidos y zonas que puedan ingletearse, de modo que se obtengan juntas precisas, o densos diseños florales en los que no se notará si las piezas de la cenefa han quedado descompensadas al cortar.

Si no va a realizar paneles especialmente pequeños, tendrá que unir al menos 2 piezas de papel pintado para elaborar el panel central.

Corte los paneles a medida antes de colocarlos en la pared, procurando que los estampados queden alineados.

1 Corte las piezas de papel pintado con unas dimensiones un poco mayores que la medida del panel. Colóquelas una junto a otra (sin encolar) sobre una mesa u otra superficie lisa. Utilice una pieza de cenefa como guía , y marque con un lápiz y una regla el tamaño del panel en las piezas de papel pintado.

2 Coloque una de las piezas de papel sobre el tapete de corte para no dejar marcas ni estrías en ninguna otra superficie. Utilice el cúter y la regla para cortar por las marcas a lápiz. Repita el proceso con las demás piezas de papel.

3 Utilice un nivel de burbuja, un lápiz y la cinta métrica para señalar la posición del borde inferior del panel sobre la superficie de la pared. Si en la pared va a colocar más de un panel, primero tendrá que marcar la separación entre ellos y después deberá trazar las líneas-guía.

4 Encole las piezas de papel pintado, colóquelas en su posición en la pared y alíselas con un cepillo. Asegúrese de que los bordes inferiores de las piezas de papel coinciden con las líneas-guía trazadas y que las juntas entre las piezas son perfectas, y déjelas secar.

5 Cuando el panel haya secado, coloque la primera pieza de la cenefa en la parte superior del panel. Sírvase del borde superior del panel como guía para el borde superior de la cenefa. Deje que la pieza de cenefa sobresalga ligeramente en las 2 esquinas del panel.

6 Coloque la primera pieza vertical de cenefa desde la parte superior de la pieza horizontal, haciendo que el estampado coincida lo máximo posible. Coloque una regla formando un ángulo de 45° de una esquina a la otra en la zona de confluencia de las 2 piezas. Utilice el cúter para cortar las 2 piezas de cenefa.

7 Despegue con cuidado las 2 piezas de cenefa y retire el papel sobrante. Deseche estos fragmentos y asegure la adherencia de las 2 piezas a la pared, presionando sobre ellas hasta obtener una junta ingleteada perfecta.

8 Retire los restos de cola de la superficie de la cenefa con una esponja limpia y húmeda. Repita el mismo proceso en las otras esquinas del panel, ingleteando una esquina cada vez hasta concluir el efecto del panel.

CENEFAS Y FRISOS

NECESITARÁ

Tijeras
Brocha para encolar
o brocha grande para pintar
Mesa para encolar
Esponja
Lápiz
Nivel de burbuja
Cepillo para alisar
Esponja

MATERIALES

Cenefas
Adhesivo para cenefas

VER TAMBIÉN

Empapelar: preparación
y planificación
págs. 146–147

Las cenefas sirven como línea de zócalo, sobre todo entre papeles de distinto tipo.

Las cenefas y los frisos son tiras de papel que actúan como vistosos embellecimientos en la estructura cromática de una habitación. Pueden colocarse sobre el papel pintado, o sobre las paredes pintadas. Constituyen un excelente recurso para dividir una pared y añadir vistosidad a una superficie monótona.

Algunas cenefas son autoadhesivas, otras deben encolarse como el papel pintado, y otras ya vienen encoladas y sólo necesitan humedecerse con agua para activar el adhesivo impregnado en su reverso.

Al adquirir una cenefa, asegúrese de saber de qué tipo se trata.

Las cenefas pueden colocarse a cualquier altura de la pared, cerca del techo o en la línea de cuadros o de zócalo para establecer una clara línea divisoria. Independientemente de dónde la coloque, debe asegurarse de que queda bien nivelada para evitar una sensación de desequilibrio; para ello pueden marcarse líneas-guía con un lápiz. Asegúrese de que en la cenefa no queden pliegues ni zonas curvas para no estropear el efecto.

CENEFAS AUTOADHESIVAS

Retire el protector de la cenefa autoadhesiva y péguela directamente sobre la pared. Colóquela inmediatamente, ya que el adhesivo suele actuar con bastante rapidez, y al poco tiempo será difícil hacer ajustes.

TRUCOS ÚTILES

● El adhesivo para cenefas seca rápidamente, así que coloque una pieza cada vez, en lugar de intentar colocarlas todas seguidas por toda la habitación.

● Asegúrese de que el papel recién colocado ha secado bien antes de colocar una cenefa.

● Los papeles pintados tienen estampados simétricos que pueden utilizarse como guía.

● Asegúrese de que los bordes quedan bien adheridos, sino la cenefa se desprenderá de la pared al poco tiempo.

● Añada unos cm de más a cada pieza para que después puedan recortarse consiguiendo un ajuste perfecto.

CÓMO ENCOLAR LAS CENEFAS

1 Las cenefas que deben encolarse tienen que cortarse a medida antes de su colocación (*véase* Trucos útiles). Aplique adhesivo para cenefas por el reverso de forma uniforme. Evite que el adhesivo entre en contacto con la mesa para que no se adhiera a las siguientes piezas que haya que encolar.

2 Para facilitar el transporte hasta la pared, pliegue la cenefa en forma de acordeón. A continuación, limpie con una esponja húmeda el adhesivo que pueda haber quedado sobre la mesa. Espere a que la mesa esté seca antes de encolar las siguientes piezas.

CÓMO COLOCARLAS EN LA PARED

1 Trace una línea recta por el perímetro de las paredes de la habitación. Coloque la pieza de cenefa sobre la pared, de modo que la parte sobrante cubra el rincón y llegue a la pared contigua. Alísela con un cepillo limpio eliminando las bolsas de aire.

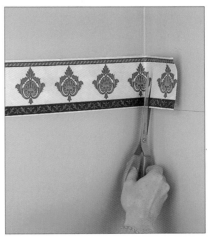

2 Recorte la parte sobrante en la pared contigua en un punto próximo al rincón. Retire el fragmento sobrante y vuelva a pasar el cepillo de alisar sobre el extremo de la cenefa asegurándose de que quede bien adherido en el rincón.

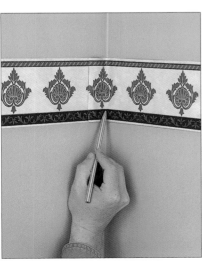

3 Coloque la siguiente pieza de cenefa superponiéndola a la anterior y haciendo coincidir el estampado. Una vez colocada, trace una línea-guía sobre la pieza en el punto coincidente con la pieza anterior. Levante esta parte de la cenefa y recorte por la línea.

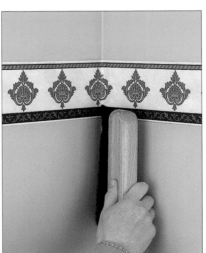

4 Pase el cepillo de alisar para que la unión quede perfecta. Prosiga colocando las siguientes piezas, limpiando los restos de adhesivo de la pared y de la superficie de la cenefa con una esponja limpia y húmeda.

ALICATAR UNA PARED

Los diseños de los azulejos son tan variados que se pueden elegir modelos para cualquier estilo.

Los azulejos se utilizan con frecuencia en cocinas y cuartos de baño porque son el elemento decorativo más práctico para este tipo de habitaciones. La superficie de los azulejos se limpia con facilidad, es lavable y repele la suciedad y la humedad mucho mejor que cualquier superficie pintada o empapelada.

El alicatado es una tarea sencilla, siempre que se prepare la superficie antes de empezar. La superficie de las paredes debe ser lisa y uniforme. Habrá que tapar todos los orificios antes de alicatar. Para que las paredes queden uniformes, aplique una capa de solución de PVA (1 parte de PVA por 5 de agua). Esto es imprescindible en las paredes recién enyesadas: el adhesivo para azulejos será difícil de extender porque el yeso absorbe la humedad del adhesivo. Lo más complicado del alicatado es cortar los azulejos, pero si se tiene un buen cortador y se mide con precisión, se logra un buen acabado. Cuando tenga que hacer cortes curvos utilice una sierra de lima. Esta herramienta está especialmente concebida para este fin y facilita la labor. Recuerde que el alicatado puede ser un trabajo engorroso, por eso conviene limpiar las herramientas de forma periódica, y evitar que el adhesivo se acumule y se seque en la superficie de los azulejos.

1 Antes de empezar, coloque los azulejos en seco con los separadores junto a un listón de madera, y marque los puntos de unión en el lateral del listón, que les servirá como calibre. Colóquelo sobre la pared y determine la mejor posición para los azulejos (evite que, en los extremos de la pared, quede una medida inferior a medio azulejo).

2 Coloque en su posición unos listones de madera que servirán de guía para los azulejos enteros. Perfore orificios-guía y atornille o clave estos listones a la pared. El listón horizontal es el más importante, ya que garantiza que la primera hilera de azulejos quedará nivelada, y el listón vertical ayudará a mantener los azulejos alineados.

3 Utilizando una llana dentada, aplique el adhesivo sobre la superficie de la pared, empezando por un rincón inferior. Los dientes de la llana permiten que el adhesivo quede extendido. Abarque cada vez una superficie de 1 m² para evitar que el adhesivo se seque antes de tener tiempo de colocar los azulejos.

4 Coloque los azulejos sirviéndose del listón horizontal como guía. Coloque los separadores para que quede un espacio uniforme entre los azulejos. Avance por la pared horizontalmente, hilera tras hilera.

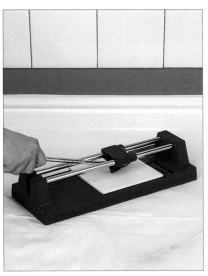

5 Cuando el adhesivo de los azulejos haya secado (generalmente pasadas 24 horas), retire los listones de madera, y corte y coloque los azulejos que faltan. Para cada azulejo, mida y trace las marcas con una pintura de cera y córtelo. Aplique adhesivo en su reverso y colóquelo en la pared.

6 Cuando todos los azulejos cortados estén colocados, espere 24 horas hasta que la superficie haya secado. Prepare la lechada y aplíquela entre los azulejos con una espátula para enlechar. Avance por la superficie de los azulejos en todas direcciones, haciendo que la lechada penetre en los huecos.

7 Retire el exceso de lechada de la superficie alicatada con una esponja húmeda. Utilice una herramienta para enlechar o una varilla pequeña para dar forma a cada junta hasta lograr un acabado perfecto, ligeramente cóncavo entre los azulejos. Cuando la lechada haya secado, limpie los azulejos con un paño limpio y seco, retirando el polvo.

EL COLOR

Se puede conseguir un excelente efecto decorativo empleando 2 colores distintos. Este cuarto de baño contemporáneo resulta interesante por la combinación de colores oscuros con claros a modo de tablero de ajedrez (*véase* página 21). En el suelo se han utilizado baldosas similares para crear un esquema cromático integrado en toda la habitación.

Utilización de distintas formas y diseños

NECESITARÁ

Papel cuadriculado
Lápiz
Listones de madera
Nivel de burbuja
Cinta métrica
Espátula de goma
Cortador de azulejos
Pintura de cera
Espátula para enlechar
Esponja
Paño
Rombos
Nivel torpedo

MATERIALES

Azulejos
Adhesivos para los azulejos
Lechada

VER TAMBIÉN

Alicatar una pared
págs. 154–155

Con la utilización de azulejos de distintos modelos y tamaños se pueden resaltar las distintas zonas y complementos de una habitación, como en esta cocina.

Aunque los azulejos pueden utilizarse en una gran variedad de diseños sencillos logrando buenos efectos, también es posible experimentar con tamaños, colores y formas de colocarlos en la pared para conseguir un acabado más "ambicioso". Se pueden conseguir infinidad de resultados diferentes, tanto en paredes enteras como formando parte de diseños más grandes. Siempre conviene hacer una prueba en seco sobre una superficie, y experimentar antes de ponerse manos a la obra.

PLANIFICACIÓN

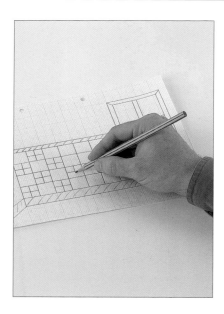

Al emplear distintos colores y tamaños, conviene hacer un dibujo a escala del diseño previsto: esto nos dará una idea más clara del aspecto del proyecto, y facilitará los cálculos sobre las cantidades y características de los azulejos.

TRUCOS ÚTILES

● Si va a utilizar azulejos diferentes en el mismo diseño, compruebe que tienen el mismo grosor. Los azulejos de diferentes fabricantes pueden tener grosores distintos y su combinación en un diseño intentando que todos queden a la misma profundidad resulta muy difícil, porque constantemente habría que modificar las cantidades de adhesivo empleado en el alicatado.

● Algunos azulejos tienen bordes lisos que forman ángulos rectos, mientras que en otros son más ondulados o con un aspecto rústico; la combinación de este tipo de material también es complicada. Si va a utilizar azulejos artesanales o que tengan ese efecto, emplee un adhesivo fuerte y prescinda de los separadores, ya que una separación un poco irregular puede resultar más interesante.

DISTINTOS TAMAÑOS

1 La combinación de azulejos grandes con pequeños da buen resultado. Seleccione los azulejos pequeños de modo que, estando agrupados (en este proyecto son 4), ocupen lo mismo que uno grande. Emplee un listón de madera como soporte y guía para la primera hilera de azulejos (*véase* página 154).

2 Avance en hileras, alternando grupos de 4 azulejos pequeños entre 2 azulejos grandes. La utilización de distintos colores con distintos tamaños resaltará el efecto que se desea crear, y resultará mucho más llamativo si se modifican los colores para un mismo tamaño.

ROMBOS

1 Para obtener rombos basta con girar los azulejos 45° respecto a su posición habitual, de modo que queden alineados por los vértices. Utilice un nivel torpedo para determinar la posición correcta de la primera hilera de azulejos.

2 Prosiga colocando los azulejos variando los colores a su gusto. Si utiliza azulejos de bordes ondulados y no emplea separadores, aléjese de la pared de vez en cuando para comprobar que el diseño queda equilibrado, y haga los ajustes necesarios.

COLORES ALEATORIOS

1 La utilización de azulejos corrientes de diversos colores es una buena forma de conseguir un diseño muy decorativo. Vaya colocando los azulejos en grupos de 4 mezclando los colores a su gusto.

2 Prosiga con el alicatado sin una secuencia cromática concreta para conseguir el efecto deseado, empleando 3 ó 4 colores diferentes. Si se desea que los colores se complementen o produzcan contrastes dependerá del gusto de cada uno.

ALICATAR UN SALPICADERO

NECESITARÁ

Cinta métrica
Lápiz
Nivel de burbuja
Espátula de goma
Cortador de azulejos
Espátula para enlechar
Esponja
Paño
Pistola de silicona
Cinta de carrocero

MATERIALES

Azulejos
Adhesivo para azulejos
Lechada
Silicona

VER TAMBIÉN

Alicatar una pared
págs. 154–155

Un salpicadero con un diseño geométrico constituye un acabado interesante para una zona práctica.

L a zona que queda directamente detrás y por encima del fregadero o del lavabo siempre necesita una protección frente a las salpicaduras de agua. La mejor forma de proteger esta zona es mediante un salpicadero alicatado que permite limpiar fácilmente el agua. Siempre que el fregadero o el lavabo esté bien nivelados, será posible utilizar su borde como soporte para la primera hilera de azulejos.

El salpicadero resultará mucho más atractivo si se puede planificar el diseño para utilizar sólo azulejos enteros, sin cortes ni interrupciones. Puede utilizar azulejos para cenefas en torno al cuerpo principal del salpicadero para así enmarcar el diseño. Para el cuerpo principal del proyecto es posible utilizar azulejos de cualquier tamaño. Sin embargo, los azulejos más grandes reducen el número de juntas enlechadas, lo cual prolongará la vida del salpicadero ya que la lechada es lo primero que se deteriora. Los salpicaderos son zonas pequeñas y no necesitan muchos azulejos, por eso es preferible gastarse un poco más de dinero. Este pequeño detalle puede suponer una importante diferencia en el acabado, que constituye un elemento muy práctico, además de decorativo.

1 Alicate el salpicadero empezando por el centro y avanzando hacia los extremos para que el diseño quede bien centrado. En primer lugar habrá que encontrar el punto medio del lavabo. Coloque un nivel de burbuja en el punto central y trace una línea con un lápiz.

2 Al trabajar en zonas relativamente pequeñas, puede resultar más práctico extender el adhesivo por el reverso de los azulejos antes de colocarlos, en lugar de utilizar la técnica habitual de aplicar el adhesivo sobre la pared.

3 Coloque el primer azulejo del salpicadero alineado con la guía trazada a lápiz. Presione sobre el azulejo para que quede bien adherido a la pared.

4 Coloque el siguiente azulejo al otro lado de la línea-guía. Una vez más, compruebe que está bien alineado y utilice separadores para dejar un espacio homogéneo entre los azulejos, y entre éstos y el lavabo. Prosiga alicatando el cuerpo principal del salpicadero.

5 En este proyecto se coloca un marco en torno a los azulejos. Coloque los azulejos para la cenefa sin olvidarse de emplear separadores, para así mantener una separación homogénea entre los azulejos grandes y los de cenefa. Aplique el adhesivo en el reverso de los azulejos.

6 Quizá haya que cortar algunos de los azulejos para que encajen con precisión en torno al salpicadero; en este caso, la forma cuadrada de los mismos facilita el corte para obtener un marco continuo. Planifique esta tarea con antelación para colocar los azulejos cortados en los lugares donde destaquen menos.

7 Cuando haya terminado de alicatar, espere 24 horas hasta que el adhesivo haya secado. Enleche todo el salpicadero (*véase* página 155). Cuando la lechada esté seca, retire el sobrante. Selle la junta entre la hilera inferior de azulejos y el lavabo con una pistola de silicona. Para un buen acabado, coloque antes varias tiras de cinta a lo largo de la junta.

8 Cuando haya aplicado la silicona, y antes de que haya secado, retire la cinta de carrocero. Espere 24 horas para que la silicona seque bien antes de utilizar el lavabo.

INSTALAR GRESITE

NECESITARÁ

Cúter
Pintura de cera
Listones de madera
Cinta métrica
Nivel de burbuja
Lápiz
Espátula de goma
Rodillo para juntas
Espátula para enlechar
Esponja
Paño

MATERIALES

Gresite
Adhesivo para azulejos
Lechada

VER TAMBIÉN

Alicatar una pared
págs. 154–155

Las teselas permiten crear diseños complejos con un aspecto muy decorativo.

Los azulejos a escala (teselas) son una buena alternativa a los típicos azulejos de tamaño más grande. Los mosaicos aportan un aspecto completamente diferente al ofrecido por los azulejos convencionales, y su tamaño crea una superficie llena de detalles que resulta muy decorativa al tiempo que resistente. Las teselas pueden colocarse en grandes bloques del mismo color, pueden tener marcos, o puede haber 2 colores diferentes integrados para crear un llamativo elemento entre los azulejos. Esto último produce un gran efecto cuando las paredes están totalmente cubiertas de azulejos, o si se desea un acabado colorista ligeramente aleatorio.

Las piezas son pequeñas, por eso están adheridas a una red formando una plancha, para que se puedan colocar muchas de una vez. De la plancha se puede separar alguna pieza o hileras enteras para crear un efecto aleatorio; incluso en este caso se necesita una cuidada planificación para lograr el efecto deseado, y conviene hacer una prueba en el suelo antes de empezar a elaborarlo en la pared. Si va a cubrir una superficie grande, utilice un calibre para azulejos (*véase* paso 1, página 154).

1 Antes de colocar el gresite en la pared, decida de qué modo quedarán divididas 2 planchas contiguas. Colóquelas sobre una superficie plana o un tapete de corte (habrá que cortar la red), de modo que una plancha se monte sobre la otra.

2 Utilice un cúter para cortar las hileras de teselas de las 2 planchas en la zona de intersección. Para obtener distintas longitudes, recorte entre 1 y 5 teselas en algunas de las hileras, y todas las que quiera en otras.

3 Retire las teselas sobrantes para que las planchas se intercalen, dejando una superficie lisa. De este modo, se obtiene un patrón inicial que puede modificarse intercambiando teselas de cada color en el cuerpo principal de las planchas. Decida dónde desea que haya teselas de otro color y marque su posición en cada una con pintura de cera.

4 Coloque la primera plancha sobre la pared utilizando un listón de madera como soporte. Un rodillo para juntas es la herramienta ideal para alisar las teselas y hacer que queden adheridas firme y homogéneamente a la pared.

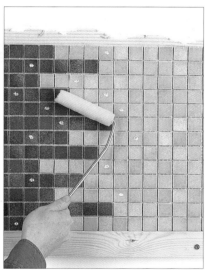

5 Coloque la plancha del otro color, intercalándola con la anterior. Vuelva a utilizar el rodillo para alisar las teselas prestando especial atención a la junta entre los 2 colores para que las hileras queden bien alineadas.

6 Antes de que el adhesivo haya secado, recorte con el cúter las teselas marcadas. Conviene realizar esta tarea en este momento, no cuando se está planificando el entrelazado de colores: si las planchas están cortadas en muchas secciones diferentes, su manipulación será más complicada.

7 Coloque las teselas sueltas en la plancha del otro color, en los lugares previstos en la planificación. Continúe colocando más planchas siguiendo el diseño aleatorio hasta concluirlo. Cuando el adhesivo haya secado, aplique la lechada como habitualmente (página 155).

COMBINACIONES

El "efecto piscina" creado por el gresite da buenos resultados en un cuarto de baño, introduciendo interesantes variaciones de color y textura que mejorarán el ambiente de ese espacio. En el pequeño cuarto de baño presentado en la página 101 se ha combinado esta técnica (del techo al suelo) con una pared de pavés.

DECORAR UNA MESA CON MOSAICO

NECESITARÁ

Destornillador
Papel abrasivo
Paño
Lápiz
Cuerda
Cinta métrica
Cortador de azulejos
Espátula de goma
Tenazas de alicatador
Espátula para enlechar

MATERIALES

Teselas
Adhesivo para azulejos
Lechada
Cera abrillantadora

Un mosaico es una forma muy efectiva y decorativa de dar una nueva imagen a una mesa vieja necesitada de algunas mejoras.

Se pueden comprar teselas especiales para elaborar mosaicos; seleccione las que tengan el mismo grosor para conseguir una superficie regular. También puede crear sus propias teselas con azulejos convencionales, rompiéndolos en piezas irregulares, o cortándolas con las mismas medidas para conseguir un diseño más uniforme.

Según nuestras habilidades artísticas, las teselas pueden emplearse para crear proyectos complicados como el mostrado al principio de esta página. Sin embargo, otros diseños más sencillos, como el proyecto de círculos concéntricos que explicamos a continuación, también resultan muy decorativos.

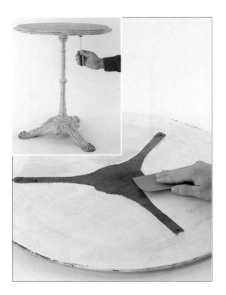

1 En este ejemplo, el borde de la mesa está mejor biselado si se le da la vuelta. Desatornille la pieza y lije el lado elegido para el mosaico, eliminando las zonas rugosas. Limpie la superficie con un paño húmedo para retirar el polvo.

2 Decida cuántos círculos o franjas va a realizar. Ate un lápiz al extremo de una cuerda y utilícelo como compás para trazar líneas-guía circulares en la superficie de la mesa: sujete la cuerda con un dedo en el centro de la mesa, y marque las líneas desplazando el lápiz con la otra mano.

3 Marque con un rotulador o una pintura de cera sobre los azulejos convencionales el tamaño que tendrán las teselas. Su tamaño dependerá del diseño; en este caso hemos elaborado teselas de aproximadamente 1 cm de lado. Trace las líneas de un lado al otro del azulejo.

4 Coloque el azulejo con las marcas sobre el cortador, de modo que las líneas trazadas queden bien centradas. Aplique la presión necesaria para que la rueda del cortador atraviese el recubrimiento del azulejo al desplazarla de un extremo a otro. Gire el azulejo y vuelva a centrar las líneas en el cortador.

5 Cuando haya realizado todos los cortes sobre las líneas, coloque el azulejo en la sección de corte sujetándolo bajo los rieles de la herramienta. Presione sobre la palanca para que el azulejo quede fragmentado en tiras.

6 Coloque cada tira del azulejo en la sección de corte y guíese por las líneas para fragmentarlas hasta obtener las teselas. Cuando haya terminado con un azulejo, repita el mismo procedimiento con todos los demás.

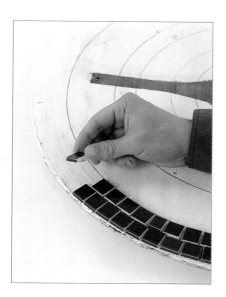

7 Empiece colocando las teselas por el borde exterior de la mesa. Aplique adhesivo en el reverso de cada pieza y colóquela en su posición sobre la superficie de la mesa. Procure colocar en el círculo exterior las piezas que tengan el borde pulido orientado hacia fuera, para que así quede visible cuando el proyecto esté terminado.

8 Prosiga elaborando el mosaico, incorporando el resto de las teselas. Quizá tenga que recortar algunas piezas con unas tenazas para que encajen bien al final de cada círculo. Cuando el mosaico esté terminado, espere a que el adhesivo haya secado antes de enlechar el conjunto, y abrillante la superficie después de aplicar la lechada.

DIRECTORIO DE TRABAJOS CON MADERA

CONSTRUIR UNA ESTANTERÍA A MEDIDA

DIFICULTAD Media
TIEMPO 1 día
HERRAMIENTAS ESPECIALES
Nivel torpedo, serrucho y sierra de ingletes
VER PÁGINAS 166–167

Una estantería a medida es una forma ideal de crear un espacio de almacenamiento. Este tipo de estantería es idóneo para huecos, y suele construirse a ambos lados de una chimenea para así aprovechar un espacio que quedaría desperdiciado. Para que tengan un aspecto integrado, en la mayoría de estas estanterías se deben colocar listones de MDF (tablero de fibras de densidad media) y sus cantos pueden cubrirse con un arquitrabe. También puede incorporarse un armario cerrado en la parte inferior. Conviene colocar los soportes de los estantes a distintas alturas para poder modificar la posición de las baldas cuando el proyecto esté terminado.

CONSTRUIR BALDAS VOLADAS

DIFICULTAD De baja a media
TIEMPO De ½ día a 1 día
HERRAMIENTAS ESPECIALES
Sierra de ingletes o serrucho
VER PÁGINAS 168–169

Las baldas voladas son un complemento de sencilla construcción que, al igual que las estanterías a medida (*véase* páginas 166-167), resultan perfectas para los huecos. Al construir baldas voladas para un hueco no hay necesidad de montar listones de MDF en el hueco. Las baldas están apoyadas sobre listones atornillados a la pared, y su construcción es rápida. Tenga presente que la altura de las baldas, una vez montadas, no puede ajustarse. El canto frontal de las baldas puede protegerse con tiras de madera blanda para darles un buen acabado. Asegúrese de que el canto de MDF también queda protegido con madera blanda para que así el conjunto tenga un acabado de aspecto profesional.

MONTAR ESTANTERÍAS PREFABRICADAS

DIFICULTAD De baja a media
TIEMPO ½ día
HERRAMIENTAS ESPECIALES
Buril
VER PÁGINAS 170–171

Los fabricantes han desarrollado sistemas de estanterías prefabricadas pensadas para montarse prácticamente en cualquier punto del hogar. La mayoría de estos sistemas de estanterías se compone de guías que se fijan a la pared, y que sirven de base para las escuadras que sustentarán las baldas. Es imprescindible alinear y nivelar las guías correctamente para que los estantes queden rectos una vez colocados en su posición. Los diseños y aspectos de los conjuntos varían de unos fabricantes a otros, aunque los componentes de madera son los más habituales. Sin embargo, en nuestro proyecto hemos utilizado estantes de cristal para conseguir un efecto diferente y muy atractivo.

INSTALAR ESTANTERÍAS CON GUÍAS OCULTAS

DIFICULTAD De baja a media
TIEMPO 2 horas
HERRAMIENTAS ESPECIALES
Ninguna
VER PÁGINAS 172–173

Los mecanismos de fijación para el montaje de baldas en las paredes pueden resultar muy llamativos y poco vistosos (e incluso pueden estropear el aspecto elegante del conjunto); por eso conviene optar por un método atractivo para ocultarlos. Algunos fabricantes diseñan conjuntos de estanterías con escuadras que quedan por detrás de las baldas y, una vez montadas sobre las fijaciones de la pared, estas escuadras quedan ocultas. También es posible elaborar un sistema de fijaciones con resina inyectada en unos orificios perforados en la pared, que albergarán con firmeza unas varillas de sujeción. Luego, se pueden insertar las baldas en las varillas sin que quede a la vista ninguna fijación ni sistema de soporte.

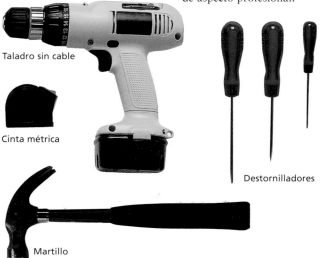

Taladro sin cable

Cinta métrica

Martillo

Destornilladores

Banco de trabajo

Fresadora integral

CONSTRUIR ESTANTERÍAS EN ESQUINA

DIFICULTAD Media
TIEMPO 3 horas
HERRAMIENTAS ESPECIALES
Sierra de vaivén, regla metálica, fresadora integral y nivel torpedo
VER PÁGINAS 174–175

Al construir nuestra propia estantería en esquina, podemos crear un sistema de almacenamiento que se adapte a nuestras necesidades y al espacio. El diseño aquí presentado aprovecha bien el espacio y es un complemento idóneo para un cuarto de baño pequeño. Con la fresadora integral se puede conseguir un toque final muy decorativo.

UTILIZAR UN ARMARIO

DIFICULTAD De baja a media
TIEMPO 2 horas por puerta
HERRAMIENTAS ESPECIALES
Sierra de ingletes
VER PÁGINAS 176–177

Los armarios y sus puertas son elementos que pueden beneficiarse de una remodelación para actualizar su estilo, o para que adquieran un nuevo acabado decorativo. Con pintura en aerosol y un panel calado empleado como estarcido, podremos cambiar el aspecto de un armario. Si colocamos una moldura en los bordes de la puerta y cambiamos los tiradores, la transformación será completa. Este sistema también puede utilizarse para remodelar los frentes de cajones cuando queramos cambiar el aspecto de los elementos de nuestra cocina.

CONSTRUIR UN MARCO BÁSICO

DIFICULTAD De baja a media
TIEMPO 1 hora
HERRAMIENTAS ESPECIALES
Cúter, grapadora mecánica, martillo para puntas, buril
VER PÁGINAS 178–179

La construcción de un marco es una tarea sencilla y gratificante, y cuesta una mínima parte de lo que costaría encargarlo a un profesional. Los materiales son fáciles de encontrar, y el encanto está en que podemos adaptar el marco a nuestras necesidades. Antes de empezar hay que pensar en el diseño del marco y en el color del paspartú, y debemos medir con precisión la imagen a enmarcar.

DORAR UN MARCO

DIFICULTAD Media
TIEMPO 2 horas
HERRAMIENTAS ESPECIALES
Pincel
VER PÁGINAS 180–181

Una forma excelente de transformar el aspecto de un marco de madera es dorándolo. Independientemente de si el marco es para un espejo, un cuadro o una fotografía, la técnica empleada es la misma y consiste en la aplicación de pan de oro en la intrincada moldura del marco empleando un adhesivo o mistión. La calidad del acabado dependerá de nuestra habilidad para aplicar el pan de oro sobre el marco con la ayuda de un pincel. Al marco dorado se le puede dar un aspecto envejecido o antiguo frotando con una pintura de color ocre.

PANELAR PAREDES CON MACHIHEMBRADOS

DIFICULTAD Media
TIEMPO 1 día para una habitación de tamaño medio
HERRAMIENTAS ESPECIALES
Botador
VER PÁGINAS 182–183

El secreto está en elaborar un marco sólido e incorporar el machihembrado, comprobando que las planchas están perfectamente verticales y que las fijaciones quedan ocultas. Se puede emplear hasta la línea de zócalo o en paredes enteras. Si se coloca hasta la línea de zócalo, habrá que incorporar un listón en la parte superior para un buen acabado.

INSTALAR PANELES

DIFICULTAD De baja a media
TIEMPO 1 día para una habitación de tamaño medio
HERRAMIENTAS ESPECIALES
Serrucho, pistola de cartucho y sierra de ingletes
VER PÁGINAS 184–185

Los conjuntos de paneles son una forma rápida de conseguir un acabado decorativo. Se montan de forma muy parecida a un puzzle.

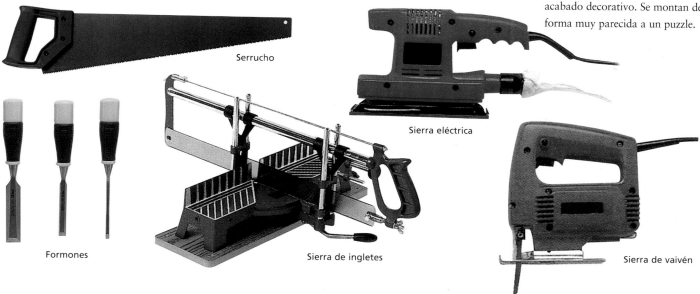

Serrucho

Sierra eléctrica

Formones

Sierra de ingletes

Sierra de vaivén

CONSTRUIR UNA ESTANTERÍA A MEDIDA

NECESITARÁ

Serrucho
Nivel torpedo
Taladro eléctrico, brocas
y destornillador
Cinta métrica
Lápiz
Nivel de burbuja
Sierra de ingletes
Martillo

MATERIALES

Listón de madera
Tornillos para madera
o pernos de anclaje
Tacos (si son necesarios)
MDF
Postes de soporte
para las baldas
Clavijas de soporte
para las baldas
Arquitrabe
Clavos

A menudo, las estanterías a medida forman parte del diseño de las casas de época.

U na estantería a medida es una buena opción de almacenamiento y puede adaptarse para que desempeñe un papel decorativo. Tanto los diseños sencillos como los más complejos pueden resultar muy efectivos. Las estanterías pueden ser muebles independientes, aunque los huecos son los lugares idóneos para colocarlas, ya que son la base sobre la que elaborar el marco. La construcción de una estantería en un hueco también permite aprovechar el espacio de una habitación ya que a menudo estos puntos son los lugares que complican la colocación de un mueble.

En la mayoría de los casos, habrá que colocar listones de MDF en el hueco para conseguir un aspecto integrado. En este proyecto hemos instalado listones de MDF en los laterales del hueco para escuadrar las paredes y obtener así una base para el montaje de la estantería y la fijación del arquitrabe. También puede realizar una estantería con un armario en la parte inferior, transformando todo el conjunto en un interesante complemento. La estantería puede pintarse del mismo color que las paredes para que quede integrada, o puede utilizarse un color que haga de contraste para convertirse en un interesante y destacado elemento decorativo.

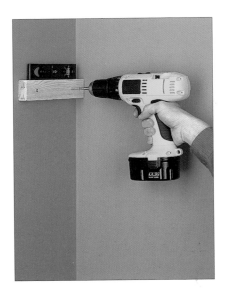

1 Corte las piezas del listón de madera con una longitud igual a la medida del fondo del hueco, restando el grosor del arquitrabe, que emplearemos para el acabado de la estantería. Perfore un orificio-guía en cada extremo de listón, colóquelo en un lateral del hueco alineándolo con un nivel torpedo y fíjándolo con los tornillos (o tacos).

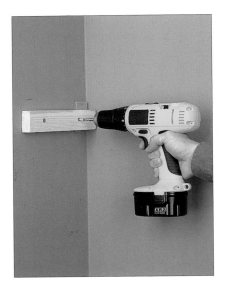

2 En algunas paredes puede necesitar pernos de anclaje, que se atornillan en la pared a través del listón. Si las paredes no son regulares, se puede utilizar un fragmento de madera para que el listón quede seguro. Siga colocando el resto de los listones, dejando entre unos y otros una separación de 30 cm en cada lateral del hueco.

3 Corte una pieza de MDF con la altura de la estantería y la longitud de los listones laterales. Coloque la pieza de MDF y un poste de soporte para las baldas (apoyado sobre los listones laterales) y marque con un lápiz la posición del poste sobre la pieza de MDF. Necesitará 2 postes en cada lado del hueco, colocados a 5 cm del borde.

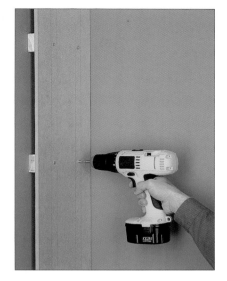

4 Retire el poste de soporte para las baldas y perfore orificios-guía en la pieza de MDF y en los listones. Estos orificios deberían perforarse por dentro de las líneas-guía de los postes para que, una vez colocados en su posición, las fijaciones de la pieza de MDF queden ocultas, consiguiéndose así un acabado perfecto.

5 Fije los postes con tornillos, utilizando un nivel de burbuja para comprobar que queden completamente verticales. Para esto sirven los tornillos para madera convencionales o los que acompañan a los postes, que deben penetrar sólo en el listón sin llegar a la pared.

6 Corte un arquitrabe que irá colocado en los bordes de la estantería, y fíjelo en su posición, de modo que los clavos penetren en los extremos de los listones laterales del hueco. Si se necesita un arquitrabe superior, habrá que colocar un listón y una pieza de MDF en la pared superior del hueco, como hizo en los laterales.

7 Los postes de soporte para las baldas suelen venir con unas clavijas que se introducen en los soportes para sujetar las baldas. Este diseño es regulable, por lo que se puede cambiar la altura de las baldas según las exigencias de los libros o de los objetos expuestos.

8 Por último, corte las baldas de MDF y colóquelas sobre las clavijas. Si el resultado le convence, puede pintar la estantería. Es más fácil pintar las baldas cuando aún están sin montar que una vez colocadas en su posición definitiva.

CONSTRUIR BALDAS VOLADAS

NECESITARÁ

Lápiz
Cinta métrica
Nivel de burbuja
Sierra de ingletes
Serrucho
Taladro, brocas
y destornillador
Martillo

MATERIALES

MDF
Listón de madera
Lámina de madera blanda
Tornillos para madera
Tacos (si fuera necesario)
Clavos

Las baldas voladas son un proyecto sencillo, y constituyen un sistema de almacenamiento efectivo al tiempo que muy decorativo. En este salón (que aparece en la página 85), hemos instalado baldas voladas en los huecos que hay a ambos lados de la chimenea.

Las baldas voladas son un sistema eficaz de almacenamiento cuya construcción es poco costosa y relativamente sencilla. Al igual que con los demás tipos de estanterías, es importante asegurarse de que tanto las baldas como los soportes quedan bien nivelados, ya que cualquier imprecisión se verá acentuada cuando el conjunto esté terminado. Las paredes laterales y del fondo de un hueco son una base sólida para las baldas y pueden soportar objetos pesados como grandes libros. En este proyecto hemos utilizado 5 listones de 5x2,5 cm como soportes, pero el tamaño puede variar según la anchura de las baldas y el peso que vayan a soportar.

1 Utilice un lápiz y un nivel de burbuja para marcar la posición de las baldas sobre la pared. Sírvase de estas líneas-guía para colocar los listones que actuarán como soportes. Posteriormente no podrá realizar ajustes, así que tómese el tiempo necesario para decidir la posición exacta de las baldas.

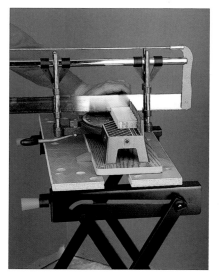

2 Corte los listones a medida con una sierra de ingletes, como se observa en esta imagen, o con un serrucho. Es más fácil cortar empleando una sierra de ingletes, que además garantiza que las juntas entre los listones serán más precisas. Perfore un orificio-guía a 25 mm de los extremos de cada listón.

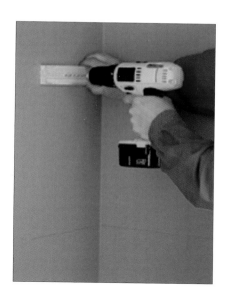

3 Coloque los listones cortos en los laterales del hueco, sirviéndose de las líneas-guía para dejarlos bien centrados. Utilice un nivel torpedo para comprobar que quedan nivelados. Marque la posición de los tacos con un buril y perfore los orificios. Inserte los tacos y fije los listones con tornillos.

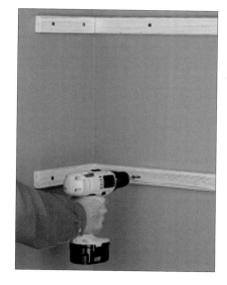

4 Compruebe que los listones del lateral contrario quedan exactamente a la misma altura. Cuando los listones laterales estén montados, corte los de la pared del fondo y colóquelos del mismo modo. Una vez más, no olvide comprobar que van a quedar bien nivelados antes de fijarlos en su posición definitiva.

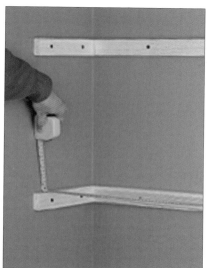

5 Tome las medidas de cada balda por separado, teniendo en cuenta que debe incluirse la anchura de los listones. Los huecos casi nunca están perfectamente escuadrados, por lo que habrá que medir con precisión para que todo encaje bien.

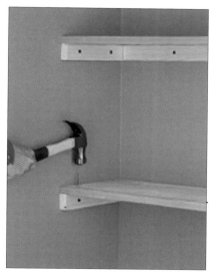

6 Una vez cortadas las baldas, pueden quedar colocadas sin fijaciones. Sin embargo, para que el conjunto quede más seguro, es preferible fijarlas en su posición sobre los listones clavando o atornillando desde su cara superior.

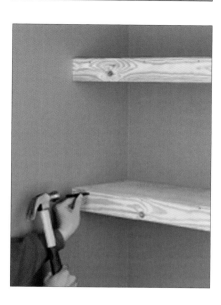

7 Para terminar, coloque las piezas de la lámina de madera blanda, cuyas medidas corresponderán a la altura de los listones más el grosor de la balda de MDF. Esta pieza cubrirá la parte frontal de los estantes dejando un excelente acabado. Inserte las cabezas de los clavos bajo la superficie de madera antes de decorar.

TRUCOS ÚTILES

Si los huecos no están bien nivelados, será difícil cortar las baldas con precisión para que encajen perfectamente. Si queda algún espacio entre la balda y la pared, puede taparse con masilla flexible o para juntas de madera. Estos materiales son más apropiados para esta tarea que la masilla convencional, porque soportan mejor la actividad de las baldas una vez pintadas y cuando se utilizan. La masilla convencional es menos resistente al movimiento y más proclive a resquebrajarse en las juntas, con lo que estropeará el efecto decorativo del conjunto.

MONTAR ESTANTERÍAS PREFABRICADAS

NECESITARÁ

Nivel de burbuja
Lápiz
Buril
Taladro eléctrico, brocas
y destornillador

MATERIALES

Conjunto de estantería
prefabricada
Tornillos para madera
Tacos (si fuera necesario)

Las estanterías prefabricadas y regulables son la solución ideal para un espacio libre bajo un techo abuhardillado, ya que los soportes de las baldas pueden colocarse siguiendo el ángulo de la pendiente.

Hay gran variedad de sistemas de estanterías prefabricadas que se montan sobre guías regulables, a las que se incorporan escuadras a la altura deseada para colocar las baldas. Al ser fáciles de regular, estos conjuntos o *kits*, resultan perfectos para zonas complicadas como el espacio existente bajo un techo abuhardillado. También pueden emplearse de forma más tradicional para elaborar grupos de estanterías convencionales o como estantes independientes montados sobre una pared.

Al igual que con todos los tipos de estanterías, es imprescindible que los soportes de las escuadras queden perfectamente nivelados.

1 Utilice un lápiz y un nivel de burbuja para trazar líneas verticales sobre la superficie de la pared. Estas líneas deberán ser de la misma longitud que los rieles empleados. Los fabricantes suelen dar indicaciones de la distancia a que pueden colocarse los rieles para las baldas que se utilizarán.

2 Coloque un riel (o guía) en posición sobre la primera línea-guía y haga una marca con el buril en la superficie de la pared a través de los orificios para tornillos. Se puede utilizar un lápiz, pero por lo general el orificio es más estrecho que el lápiz y no se podrá hacer la marca.

3 Retire el riel de la pared y perfore los orificios en las marcas realizadas a lo largo de la línea. Asegúrese de que el tamaño de la broca es igual al de los tacos que va a utilizar. Una vez perforados los orificios, inserte los tacos.

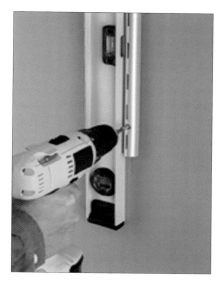

4 Vuelva a colocar el riel en su posición, alineándolo respecto a los orificios que tienen los tacos y atornille. Mientras atornilla, sujete a su lado un nivel de burbuja para comprobar que mantiene la verticalidad.

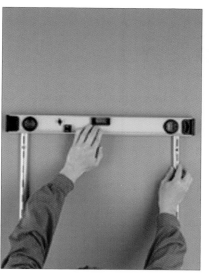

5 Coloque el siguiente riel sobre la siguiente línea-guía y compruebe su posición con un nivel de burbuja, apoyado en los extremos superiores de los 2 rieles, para verificar que están al mismo nivel. Marque y perfore los orificios necesarios e inserte los tacos para fijar a continuación el segundo riel en su posición.

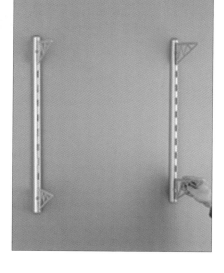

6 Inserte las escuadras en los puntos precisos de los rieles según la altura deseada para las baldas. Los diseños pueden tener ligeras variaciones según los fabricantes, pero por lo general cada escuadra tiene entre 2 y 4 salientes en su lado posterior con los que queda sujeta a los rieles.

7 Cuando las baldas estén colocadas sobre las escuadras, pueden asegurarse con tornillos de cabeza hendida. Si utiliza baldas de cristal, como en este ejemplo, coloque unas almohadillas adhesivas para que las baldas queden sujetas en su posición.

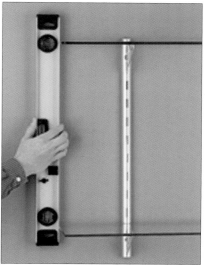

8 Coloque las baldas en posición sobre las escuadras y utilice un nivel de burbuja para comprobar que sus extremos quedan alineados verticalmente. Para modificar la altura de una balda basta con colocar las escuadras en otro punto.

INSTALAR ESTANTERÍAS CON GUÍAS OCULTAS

NECESITARÁ

Cinta métrica
Lápiz
Nivel de burbuja
Taladro eléctrico con brocas
para perforar y atornillar

**Sistema de fijación
con resina:**
Banco de trabajo

MATERIALES

Conjunto de estanterías
prefabricadas

Sistema de escuadras:
Tornillos para madera
Tacos

**Sistema de fijación
con resina:**
Resina
Varilla roscada

*Las estanterías con
guías ocultas son una
magnífica solución de
almacenamiento para
un despacho en casa,
en un lugar visible.*

Aunque las estanterías tienen una función práctica concreta, hay formas de diseñarlas y decorarlas para transformarlas en un elemento decorativo integrado en el estilo de la habitación. Una forma de mejorar el aspecto de las estanterías es intentando ocultar los puntos en que las baldas quedan unidas a la pared; en muchos casos, los componentes metálicos estropean la estética del conjunto. Aquí presentamos 2 métodos: uno con escuadras ocultas, y otro con un sistema de fijación con resina.

SISTEMA CON ESCUADRAS

1 Muchos conjuntos de estanterías prefabricadas tienen escuadras ocultas en su parte posterior, pero sigue siendo necesario marcar las medidas en la pared. Sírvase de una cinta métrica para medir la separación entre las escuadras, intentando medir con precisión desde el centro de una hasta el centro de otra.

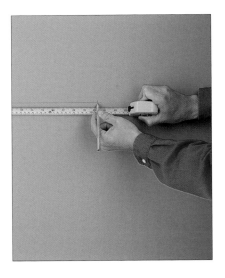

2 Traspase las medidas a la superficie de la pared con la mayor precisión posible. Marque 2 pequeñas cruces para señalar las posiciones. Compruebe con un nivel de burbuja que las marcas quedan horizontales. Si traza una línea, podrá ocultarla con pintura antes de colocar la estantería.

3 Perfore en los puntos marcados e introduzca los tacos y, a continuación, los tornillos a suficiente profundidad para tener un soporte sólido, pero de modo que sus cabezas sobresalgan lo bastante para quedar insertadas en las escuadras incorporadas en la parte posterior de la estantería.

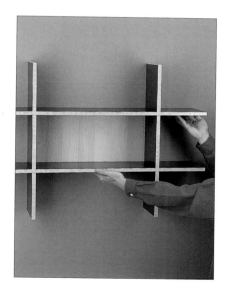

4 Monte el conjunto de la estantería en su posición, de modo que las cabezas de los tornillos queden insertados en las escuadras. En este momento se comprobará si las mediciones están bien hechas, porque el más mínimo error impedirá montar las escuadras sobre las cabezas de los tornillos.

SISTEMA CON RESINA

1 Para una única balda de madera, mida y trace una línea recta en la pared, un poco más corta que la longitud total de la balda. En cada extremo de la línea, perfore un orificio grande como para albergar una varilla roscada y a una profundidad equivalente a 2/3 de la anchura de la balda. Inyecte resina en los orificios.

2 Corte 2 fragmentos de varilla roscada con una longitud 1/3 mayor que la anchura de la balda. Inserte cada pieza de varilla en un orificio, dejando que sobresalga la mitad. Compruebe que las varillas sobresalen de forma horizontal. Espere a que la resina seque: en ese momento, las varillas quedarán seguras.

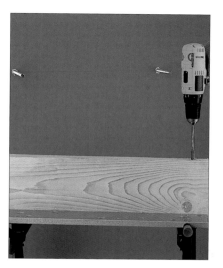

3 Inmovilice la balda en el banco de trabajo con su canto posterior hacia arriba. Perfore 2 orificios en los puntos correspondientes a las varillas insertadas en la pared. Cada orificio debe ser del mismo diámetro que las varillas, y su profundidad igual a 2/3 de la anchura de la balda.

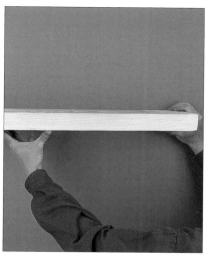

4 Para montar la balda sobre la pared, colóquela de modo que las varillas penetren en los orificios del canto posterior de la balda. Para que quede más segura, aplique resina en el canto posterior de la balda antes de colocarla en su posición definitiva. El resultado será un estante sin elementos de fijación visibles.

CONSTRUIR ESTANTERÍAS EN ESQUINA

NECESITARÁ

Chincheta
Cuerda
Lápiz
Regla metálica
Sierra de vaivén o serrucho
Máscara
Fresadora integral
Taladro eléctrico, brocas
y destornillador
Nivel torpedo

MATERIALES

MDF
Tornillos para madera
Tacos (si fuera necesario)

Las estanterías en esquina son un sistema de almacenamiento compacto, ideal para un espacio limitado.

que encaje en un espacio muy determinado, o para que destaque en el esquema decorativo de la habitación. El diseño redondeado de este proyecto puede contrarrestar la angulosidad de un rincón proporcionando una superficie de almacenamiento más amplia que las rinconeras de lados rectos.

Los 2 lados y las baldas se han obtenido a partir de un círculo, pero habrá que comprar una pieza cuadrada de MDF. Para calcular el tamaño, mida desde el rincón hasta el punto deseado. Multiplique esta medida por 2 y añada 5 cm para perfilar. El resultado será la longitud de cada lado de la pieza cuadrada de MDF. Puede utilizar una fresadora integral (una herramienta de corte) para cortar los lados curvos de la estantería. Siga las indicaciones de seguridad y, antes de empezar a cortar, practique con restos de MDF (puede llevar tiempo acostumbrarse).

A menudo los rincones están infravalorados y no son considerados espacios útiles del hogar, pero son zonas ideales para la colocación de elementos de almacenamiento. Las estanterías y armarios en esquina pueden comprarse hechos, pero hay muchas situaciones en las que será necesario construir nuestra propia rinconera para

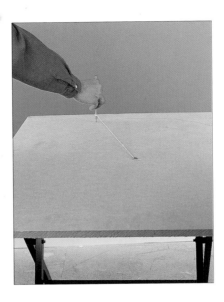

1 Ate un lápiz al extremo de una cuerda, inmovilice el otro extremo con una chincheta en la pieza de MDF y trace una línea-guía circular en su superficie. La medida exacta de la línea depende de las necesidades de cada uno, pero en este proyecto la longitud de la cuerda es de 40 cm.

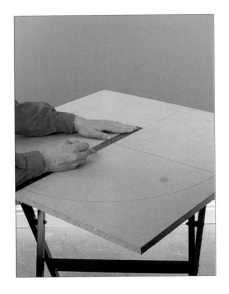

2 Con la ayuda de una regla, divida el círculo en 4 partes. Las secciones resultantes se utilizarán para los laterales y las baldas de la rinconera, por lo que es imprescindible que sean exactamente iguales; de lo contrario, el conjunto quedará desnivelado.

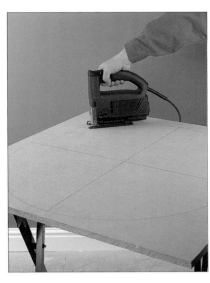

3 Corte el círculo con una sierra de vaivén. Se puede utilizar un serrucho, pero una herramienta eléctrica es más precisa. Cuando corte MDF, protéjase con una máscara para no inhalar el polvillo.

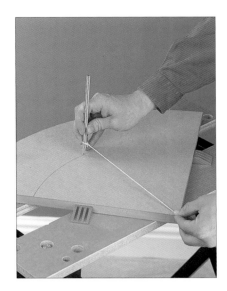

4 Corte el círculo en 4 partes. En una de las porciones, utilice el lápiz y la cuerda (con una medida de 25 cm) para trazar otra línea circular: ésta será la balda pequeña. Corte por la línea con la sierra de vaivén.

5 Protéjase con la máscara y perfile los lados curvos de las otras 3 piezas con la fresadora integral, utilizando una hoja de perfil curvo para obtener un acabado moldurado. No llegue con la herramienta hasta los extremos de cada línea curva: estos puntos deben tener aristas para que el resultado sea atractivo.

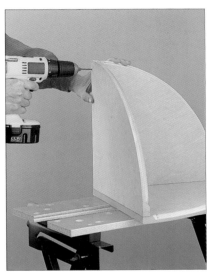

6 Monte las 3 secciones más grandes de MDF perforando orificios-guía antes de atornillar (*véase* Trucos útiles). Los tornillos atraviesan la primera pieza, de modo que 1/3 de su longitud penetra en la segunda pieza. Al hacer el montaje por la parte posterior de la estantería, los tornillos no quedarán a la vista.

7 Perfore más orificios-guía para los tornillos de la pieza más pequeña y móntela en su posición para obtener la segunda balda. Coloque un nivel torpedo sobre la balda pequeña para comprobar que su posición es correcta y que las 2 baldas quedan niveladas.

TRUCOS ÚTILES

● Para que las juntas sean perfectas cuando se montan las 3 piezas grandes, quizá tenga que ajustar su posición exacta en los extremos de los bordes perfilados. Es posible que también desee rematar el borde posterior de una de las piezas para que la unión sea segura, dependiendo de las mediciones iniciales. A la hora de montar este conjunto, hay que ser muy flexibles.

● Una vez terminada, la estantería puede pintarse. Cuando la pintura haya secado, monte el conjunto en la pared con tornillos para madera y tacos.

ACTUALIZAR UN ARMARIO

NECESITARÁ

Destornillador
Masilla universal
Paño
Papel abrasivo medio
Papel calado (con el diseño
y estampado elegidos)
Sierra de ingletes
Taladro eléctrico sin cable
y brocas

MATERIALES

Imprimación universal
Emulsión
Pintura en aerosol
Moldura
Cinta adhesiva
de doble cara

La elaboración de diseños es una forma eficaz de transformar el aspecto de las puertas de nuestros armarios. En este proyecto, hemos pintado las puertas con un color base azul oscuro, se ha colocado cinta de carrocero para cubrir los bordes de las zonas seleccionadas, y hemos pintado éstas con un tono más claro antes de retirar la cinta.

Cuando queramos modificar un diseño o un estilo, el cambio de armarios puede ser una opción muy cara: resultará mucho más económico transformar el aspecto del conjunto de armarios. Las zonas internas no suelen quedar a la vista, por lo que, desde un punto de vista estético, sólo se necesita cambiar las caras exteriores de los armarios.

Entre las opciones sencillas está la sustitución de los tiradores, la incorporación de remates o molduras y un pintado general. Para este proyecto hemos utilizado un panel calado como estarcido para elaborar un intrincado diseño pintado sobre la puerta, con lo que hemos conseguido un estilo completamente nuevo sin haber cambiado la puerta.

1 Desmonte la puerta del armario. Retire las bisagras y el tirador. La mayoría de los tiradores están sujetos con tornillos que se aprietan desde el interior del armario. Coloque la puerta tumbada sobre su cara frontal para acceder fácilmente a las cabezas de los tornillos.

2 Coloque la puerta con su cara frontal hacia arriba y tape los orificios del tirador con masilla. Cuando esté seca, lije toda la superficie de la puerta. Si ésta es de melamina, como en nuestro caso, utilice una imprimación universal para que la superficie lijada quede lista para pintarla a continuación (siga las indicaciones del fabricante).

3 Pinte la superficie de la puerta con una capa base. Puede emplear pintura en emulsión o de base oleosa. La ventaja de la emulsión es que seca rápidamente, permitiéndonos aplicar 2 manos en el mismo día.

4 Utilice el panel calado elegido como estarcido. Colóquelo en su posición sobre la superficie de la puerta, de modo que quede alineado con precisión respecto a los bordes de la puerta. Agite el envase de pintura en aerosol y aplique 2 finas capas sobre el panel calado y la puerta.

5 Retire con cuidado el panel calado, levantándolo en lugar de desplazándolo para no emborronar la pintura. Este panel calado podrá volver a utilizarse.

6 Corte varias piezas de moldura con las medidas de la puerta. Ingletee los extremos para que formen esquinas. Pinte estas piezas con la pintura en aerosol. Cuando haya secado, coloque cinta adhesiva de doble cara en el reverso de cada pieza de moldura. Retire el segundo papel protector para colocar la moldura sobre la puerta.

7 Haga presión sobre cada pieza de moldura en su posición junto al borde de la puerta, asegurándose de que los extremos ingleteados forman juntas precisas. Una vez colocadas, puede hacer ajustes en la posición de las molduras antes de que el adhesivo se endurezca por completo.

8 Marque la posición de los nuevos tiradores, perfore los orificios y colóquelos. Vuelva a montar las bisagras y atornille la puerta en el armario en su posición definitiva.

CONSTRUIR UN MARCO BÁSICO

NECESITARÁ

Cinta métrica
Tijeras o cuchilla
de manualidades
y regla metálica
Lápiz
Cúter o máquina
chaflanadora
Sierra de ingletes
Grapadora mecánica
Martillo pequeño
Buril

MATERIALES

Paspartú
Moldura para cuadros
Cola para madera
Grapas
Cristal
Cinta de carrocero
Clavos
Respaldo de cartón
Cáncamos (anillos de hierro
con 1 tornillo) roscados
Cuerda o cordón

Un marco de color claro compagina bien con una pared de color llamativo como ésta, produciendo un efecto armonioso y coordinado.

gustos personales. La mayoría están enmarcados y merece la pena saber cómo hacerlo para evitar el gasto adicional de tener que pagar a un profesional.

Aquí, hemos enmarcado un grabado empleando un paspartú y un marco exterior de moldura de madera. Estos 2 elementos permiten realizar muchas combinaciones, ya que existe paspartú de distintas calidades y colores y numerosos tipos de moldura. Por lo tanto, podremos elegir no sólo una buena base para la imagen, sino también un excelente complemento en la decoración de la habitación. Las opciones aumentan incluso si se tiene planeado colocar una serie o grupo de cuadros. Estos cuadros tendrán un gran efecto visual, por lo que es imprescindible tener presente antes el diseño del marco y el color del paspartú.

L os cuadros, fotografías y grabados son importantes elementos decorativos en la mayoría de los hogares ya que ocupan las paredes, en mayor o menor medida, dependiendo de los

1 Mida el tamaño de la imagen que quiere enmarcar. Si la imagen tiene algún borde irregular que necesita ser recortado o si desea acortar su tamaño, hágalo antes de medir, utilizando unas tijeras o una cuchilla de manualidades y una regla metálica.

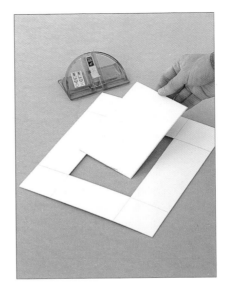

2 Marque con un lápiz bien afilado las dimensiones de la imagen en el centro del paspartú con la mayor precisión posible. Recorte este cuadrado central con un cúter o una chaflanadora, comprobando que los cortes son totalmente precisos. Levante la zona central recortada.

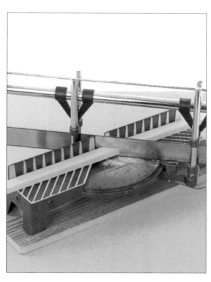

3 Mida los bordes exteriores del paspartú que corresponderán a las medidas de la parte interior del marco. Corte 4 piezas de moldura de madera con estas medidas utilizando una sierra de ingletes en cada extremo. Asegúrese de ingletear los extremos en la dirección correcta, de modo que el borde exterior quede más largo que el interior.

4 Aplique un poco de cola para madera en cada extremo ingleteado de las piezas de moldura, y júntelas para formar el marco. Para que el marco quede seguro, utilice 2 grapas en cada esquina ingleteada por el reverso del marco, para que las grapas queden ocultas y espere a que seque la cola.

5 Encargue un cristal a medida para el marco. Insértelo en el marco de modo que quede bien asentado sobre el reborde de la moldura. Coloque el paspartú en el marco procurando que quede bien encajado; si queda demasiado justo, recórtelo un poco, y si queda demasiado flojo, recorte una nueva pieza de paspartú para el marco.

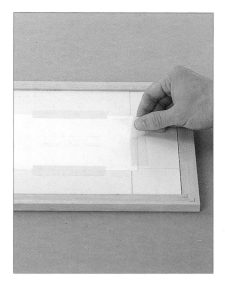

6 Fije la imagen en su posición sobre el reverso del paspartú con cinta de carrocero. Esta tarea puede resultar un poco complicada ya que hay que comprobar que la imagen está perfectamente centrada para que ocupe el hueco del paspartú al mirarla de frente.

7 Corte una pieza de respaldo de cartón a medida y colóquela por detrás del marco, tapando el paspartú y la imagen. Fíjelo en su posición con clavos por el borde interior del marco.

8 Cubra con cinta de carrocero la junta entre el marco y el respaldo de cartón, y coloque un sistema para colgar el cuadro. Utilice un buril para hacer orificios-guía en el reverso del marco, enrosque los cáncamos y coloque un fragmento de cuerda entre uno y otro. El cuadro estará terminado y ya podemos colgarlo.

DORAR UN MARCO

NECESARIO
....

Brochas
Pincel pequeño
Paño

MATERIALES
....

Emulsión
Mistión (color púrpura)
Pan de oro
Color ocre

Un marco dorado aporta una elegancia y un estilo clásicos a la decoración de cualquier habitación. Puede emplearse como parte del diseño general de la habitación, o puede destacar como un elemento decorativo independiente del resto.

Los viejos marcos de madera pueden recuperar su antiguo esplendor con una remodelación, que puede consistir en una nueva mano de pintura o en otras opciones como el efecto dorado de este proyecto.

En otros tiempos, el dorado se realizaba con láminas de oro auténtico, pero hoy podemos comprar sustitutos como el pan de oro, que se vende en hojas y produce el mismo efecto a un mínimo coste. Se aplica sobre una capa de mistión; si se desea un efecto de antigüedad, puede envejecerse un poco frotando el marco dorado con color ocre.

1 Para avivar el efecto dorado, conviene aplicar el pan de oro sobre una capa de pintura base. Tanto los colores oscuros como los claros van bien; en nuestro caso, hemos aplicado una emulsión de color rojo oscuro sobre el marco. Aplique la pintura con una brocha pequeña, procurando que llegue a todas las zonas molduradas del marco.

2 Cuando la pintura base se haya secado, aplique una mano de mistión sobre la primera zona que va a dorar. Conviene dorar todo un lado del marco de una sola vez, así que aplique el mistión sólo en la pieza que vaya a dorar en ese momento.

3 Espere a que el mistión se vuelva pegajoso al tacto, lo cual suele suceder cuando pierde su color lechoso y queda transparente. Coloque una hoja de pan de oro sobre el marco retirando a continuación el papel protector (si lo tiene, no todas las hojas vienen con papel protector).

4 Utilice un pincel pequeño y limpio para adherir la hoja a la superficie del marco. La naturaleza pegajosa del mistión hace que la hoja quede adherida a la superficie. El intrincado diseño del marco hará que algunas zonas queden sin cobertura de metal. Posteriormente, podrán taparse o dejarse así para producir un aspecto antiguo.

5 Levante la hoja sobrante y aplíquela en otras zonas que lo necesiten. El grado de cobertura sobre la moldura es una cuestión de preferencias personales y depende de la cantidad de pintura base que se desea que quede a la vista en el marco terminado.

6 Cuando todo el marco esté dorado, quizá encuentre pequeños fragmentos de hoja metálica sueltos sobre el marco. Para eliminarlos, basta con pasar una brocha limpia y seca de cerdas suaves.

7 Para concluir, humedezca un paño en un poco de color ocre y frote la superficie del marco haciendo que el producto penetre en las zonas intrincadas de la moldura: esto ayuda a conseguir un efecto antiguo y envejecido.

COORDINAR COLORES

Los cuadros crean un ambiente hogareño acogedor (*véase* página 107). Aunque los cuadros constituyen puntos focales por sí mismos, con frecuencia los marcos se emplean como elementos integrantes. Una serie de marcos de un color similar, con imágenes de distintos estilos, compone un conjunto llamativo sin restar atractivo al efecto coordinado de la decoración general.

PAREDES CON MACHIHEMBRADOS

NECESITARÁ

Cinta métrica
Lápiz
Nivel de burbuja
Taladro eléctrico, brocas
y destornillador
Martillo
Botador

MATERIALES

Listones de madera
Pernos de anclaje o tornillos
para madera y tacos
Paneles machihembrados
Clavos
Masilla adhesiva
Moldura
Rodapié

*Un panelado con machihembrados en tonos
pastel produce un efecto de calma y sosiego.*

E l machihembado es una forma
tradicional de panelar paredes que
va bien con el estilo actual. Es muy
decorativo y resistente, capaz de soportar
los golpes y arañazos de la vida moderna
mejor que las paredes pintadas y
empapeladas. El machihembrado se
emplea principalmente hasta la línea de
zócalo de una pared, pero también es

efectivo para cubrir una pared entera o
un techo. Es una forma de panelado muy
versátil que puede emplearse con
resultados excelentes en cualquier
habitación de la casa.

Las opciones decorativas del
machihembrado son numerosas: hay
personas que prefieren conservar el
aspecto natural de la madera, mientras
que otras optan por el tinte, e incluso
por efectos pictóricos especiales. Según el
estilo de la habitación, puede emplearse
cualquiera de estas técnicas.

Gran parte del exterior decorativo del
machihembrado queda inalterado gracias
a la técnica para fijarlo a la pared, ya
que todos los puntos de fijación resultan
imperceptibles a simple vista. Este
método, que se explica a continuación,
es la mejor técnica para aplicar este tipo
de acabado. El panelado con
machihembrado debe emplearse sobre
una estructura base con listones, y éste es
el primer paso que debemos dar antes de
montar los paneles.

1 Para un zócalo
machihembrado a
1 m de altura,
tendremos que colocar
en la pared al menos
3 listones de madera.
Marque con un lápiz y
una cinta métrica la
posición de un listón
central y otro superior.
El primer listón se
colocará a ras del
zócalo.

2 Coloque un nivel
de burbuja sobre
las marcas, y trace
líneas-guía para indicar
la posición de los
listones en la pared.
Asegúrese de que las
líneas son
perfectamente
horizontales para que
el panelado quede
nivelado con precisión.

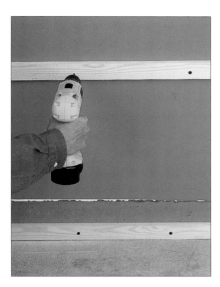

3 Perfore orificios-guía y fije los listones guiándose por las líneas de lápiz. Utilice las piezas necesarias para abarcar toda la pared. Puede emplear pernos de anclaje, como en este caso, o tacos y tornillos normales con el mismo resultado.

4 Corte los paneles con la misma longitud (medida desde el suelo hasta el borde superior del listón superior). Los paneles se montan a mano, encajando el borde de uno en el borde del precedente.

5 Cuando una pieza quede enlazada con la anterior, fíjela al listón de madera clavando una punta en la lengüeta con un ángulo de 45°. Utilice un botador para insertar bien la cabeza de la punta. Lleve a cabo este procedimiento en los 3 listones para que el conjunto quede bien seguro. Cada nueva pieza debe ocultar los puntos de fijación de la anterior.

6 Para concluir el borde superior del panelado con machihembrado, se necesita algún tipo de línea de zócalo. En este caso, hemos colocado una pieza de madera a lo largo del listón superior y sobre el machihembrado.

7 Por último, podemos colocar una pieza de moldura sobre el listón para conseguir un acabado perfecto. Utilice masilla adhesiva para pegarlo en su posición y proseguir con el sistema de fijación invisible. Termine el conjunto colocando un rodapié en la base del panelado.

UNA ALTERNATIVA AL ALICATADO

El machihembrado es una buena alternativa a los azulejos en un cuarto de baño. Los azulejos y el machihembrado pueden emplearse con un excelente resultado, como en este caso (*véase* página 14), para conseguir una peculiar combinación de acabados. Los panelados de madera deben protegerse con pintura de base oleosa, que impermeabiliza y protege.

Instalar panelados

El panelado puede emplearse en horizontal, o en ascensión junto a una escalera, con los mismos resultados. Si lo combinamos con otros elementos, como las puertas, lograremos fundir el diseño del panelado en la estructura decorativa de la habitación.

El panelado produce un efecto diferente del machihembrado, pero resulta igualmente decorativo. Tradicionalmente era elaborado por artesanos en un largo proceso. En la actualidad hay diversos sistemas patentados que permiten a los aficionados realizar mejoras en el hogar con el mismo efecto. Los componentes ya vienen preparados para ser montados sobre la superficie de la pared, lo cual supone que la mayor parte del trabajo de colocación queda suprimido, convirtiéndose en una tarea consistente poco más que en la incorporación de paneles prefabricados sobre la pared en el orden correcto. No es necesario colocar un marco base antes de empezar.

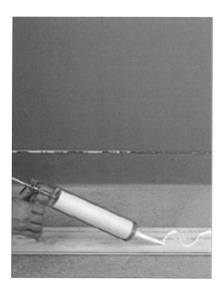

1 Para poder utilizar todo el conjunto de componentes, primero habrá que retirar el rodapié viejo. Las nuevas piezas de rodapié deben cortarse a medida antes de fijarlas en la pared con masilla adhesiva en lugar de clavos. Los paneles vienen preparados para que encajen en el rodapié.

2 Coloque el nuevo rodapié haciendo presión sobre la pared. Compruebe con un nivel de burbuja que el borde superior queda recto, ya que no siempre los suelos están completamente nivelados. Si fuese necesario, haga un pequeño ajuste en el rodapié para que su borde quede perfectamente horizontal.

3 Para montar los paneles sobre la pared, aplique masilla adhesiva en las secciones de los paneles que quedarán en contacto directo con la pared.

4 Coloque el panel sobre el borde superior del rodapié, presionando para que el adhesivo cree una buena superficie de contacto con la pared. Si el rodapié está bien nivelado, los paneles también quedarán correctamente colocados.

5 Para unir unos paneles con otros, en la mayoría de los sistemas se emplean tiras de unión. Aplique adhesivo en el reverso de la tira y colóquela junto al último panel montado sobre la pared. La tira queda unida al panel con el mismo sistema del machihembrado.

6 Prosiga colocando paneles y tiras sobre la superficie de la pared, cortando los últimos paneles de modo que encajen perfectamente en los rincones de la habitación. Ingletee los extremos de la línea de zócalo para que forme ángulos precisos en los rincones.

7 Aplique adhesivo en el reverso de la línea de zócalo y colóquelo sobre el borde superior del panelado. Cuando el adhesivo haya secado, compruebe si queda algún hueco o rendija entre las distintas secciones de panelado, y tápelos antes de decorar. A continuación, el panelado puede decorarse como se desee.

TRUCOS ÚTILES

● Decida por dónde empezar para así evitar cortes en los paneles que deslucirían el resultado final. Se puede empezar a un lado u otro de una puerta, y se conseguirá el mismo efecto equilibrado.

● Intente llegar hasta el inicio de una escalera para poder utilizar medios paneles en línea ascendente.

● Si resulta inevitable realizar algunos cortes poco vistosos, intente planificarlo de modo que estas zonas queden en las secciones menos visibles de la habitación, o donde queden ocultas por muebles.

DIRECTORIO DE SUELOS

SUELOS: MEDIR UNA HABITACIÓN

DIFICULTAD Baja
TIEMPO ½ día para una habitación de tamaño medio
HERRAMIENTAS ESPECIALES Ninguna
VER PÁGINAS 190–191

Es imprescindible medir una habitación antes de colocar cualquier tipo de recubrimiento para el suelo: así nos aseguraremos de comprar la cantidad adecuada de material. Otro requisito es que el suelo debe estar preparado. Los suelos de cemento deben quedar nivelados, mientras que sobre los de madera habrá que colocar contrachapado o aglomerado que actúe como base firme para el nuevo suelo.

En estas páginas damos las indicaciones relativas sobre dónde empezar, mostrando cómo encontrar el centro de la habitación, y cómo planificar los diseños a partir de este punto. Es importante conseguir un buen equilibrio entre las baldosas enteras y las baldosas cortadas de una habitación para obtener un buen acabado. También merece la pena recordar que, aunque algunas habitaciones tienen una forma relativamente cuadrada, otras presentan ángulos o elementos complicados, como huecos, por lo que habrá que realizar los cálculos con la mayor precisión posible. Los recubrimientos para suelos son caros. Nunca se insistirá lo suficiente en que el proceso de planificación, si se realiza correctamente, eliminará los costosos errores. Una pieza de vinilo demasiado pequeña, o el inicio de la colocación de baldosas en un punto equivocado, son acciones muy difíciles de rectificar. Merece la pena tomarse tiempo para comprobar cuantas veces sean necesarias todas las mediciones y la estrategia de planificación antes de empezar a colocar.

INSTALAR LOSETAS DE VINILO

DIFICULTAD De baja a media
TIEMPO 1 día para una habitación de tamaño medio
HERRAMIENTAS ESPECIALES Línea de tiza, espátula de goma y regla metálica
VER PÁGINAS 192–193

Las losetas de vinilo pueden instalarse sobre una losa de hormigón siempre que esté completamente seca, o sobre contrapisos más regulares como de contrachapado, aglomerado o conglomerado. Es imprescindible que la superficie sea completamente llana para conseguir una buena adherencia. Tradicionalmente, las losetas se colocan sobre el suelo con las juntas alineadas, pero también puede emplearse el sistema de ladrillos para conseguir un efecto diferente.

La planificación es imprescindible para tener la certeza de que empezamos a instalar las losetas en el punto correcto de la habitación (*véase* páginas 190-191). Una cuerda con tiza es la mejor herramienta para localizar el punto central de la habitación; todas las demás medidas pueden planificarse a partir de este punto. Las losetas de vinilo pueden cortarse bien con una cuchilla de manualidades, pero las cuchillas se gastan con rapidez, por lo que habrá que tener buenas reservas. También conviene tener una regla metálica y una base adecuada para realizar los cortes necesarios con la mayor precisión posible. Limpie el exceso de adhesivo de las losetas para que no se endurezca y estropee la superficie.

INSTALAR VINILO EN ROLLO

DIFICULTAD Elevada
TIEMPO 1 día para una habitación de tamaño medio
HERRAMIENTAS ESPECIALES Ninguna
VER PÁGINAS 194–195

Las losetas y el rollo de vinilo están elaborados con el mismo material; sin embargo, ésta es la única característica común. Las

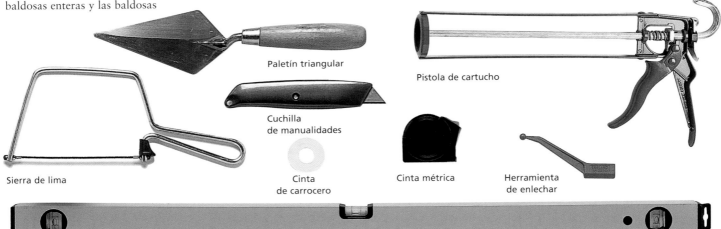

Paletín triangular

Pistola de cartucho

Cuchilla de manualidades

Sierra de lima

Cinta de carrocero

Cinta métrica

Herramienta de enlechar

Nivel de burbuja

técnicas empleadas para instalar ambos tipos de recubrimiento para el suelo son diferentes. Al igual que en el caso de las losetas de vinilo, el contrapiso debe ser una losa de hormigón, de contrachapado o de aglomerado, pero mientras las losetas se colocan una a una, con el rollo se puede cubrir todo el suelo (a menos que se trate de una superficie tan grande que necesite 2 ó 3 rollos). Esto significa que el rollo debe recortarse con cuidado para que encaje bien.

Una buena idea sería hacer una plantilla del suelo para que el proceso de instalación sea más sencillo. Tómese el tiempo necesario para elaborar una plantilla precisa en papel, y transfiérala con mucho cuidado al rollo de vinilo. Asegúrese de que se conseguirá un efecto equilibrado cuando el vinilo esté colocado, sobre todo con los rollos que tienen algún tipo de estampado. El rollo de vinilo puede pegarse en las orillas con adhesivo, aunque no suele ser necesario, excepto donde coinciden 2 piezas. Además, si

necesita unir 2 piezas de rollo de vinilo, la unión siempre quedará mejor si junta 2 bordes cortados de fábrica que los cortados por uno mismo con una cuchilla de manualidades.

INSTALAR MOQUETA CON RESPALDO DE ESPUMA

DIFICULTAD De baja a media
TIEMPO 1 día para una habitación de tamaño medio
HERRAMIENTAS ESPECIALES Línea de tiza, espátula de goma y regla metálica
VER PÁGINAS 196–197

La moqueta con respaldo de espuma es mucho más fácil de instalar que la de respaldo de arpillera. Sin embargo, los "tradicionalistas" dirían que existe una gran diferencia en la calidad de los 2 tipos. Aunque en cierto sentido esto es así, en los últimos años ha mejorado la calidad de las moquetas con respaldo de espuma sin dejar de ser una opción más económica frente a las de respaldo de arpillera. Además, con la

moqueta de respaldo de espuma no hay necesidad de utilizar un refuerzo, lo cual permite ahorrar aún más. No obstante, la moqueta con respaldo de espuma debe colocarse sobre una superficie lisa, ya que es relativamente fina y las más pequeñas imperfecciones pueden destacar y hacer que el desgaste sea mayor en estas zonas.

Para inmovilizar la moqueta por el perímetro de la habitación se utiliza cinta adhesiva de doble cara. En las habitaciones más grandes donde hay que juntar varias piezas, la cinta de doble cara puede emplearse bajo las juntas. La moqueta debe cortarse con un tamaño aproximado antes de colocarla en el suelo, y después habrá que recortar con mayor exactitud según las medidas de la habitación. Una cuchilla de manualidades es la herramienta ideal para cortar la moqueta con respaldo de espuma.

INSTALAR MOQUETA CON RESPALDO DE ARPILLERA

DIFICULTAD Media
TIEMPO ½ día para una habitación de tamaño medio
HERRAMIENTAS ESPECIALES Tensador y cincel
VER PÁGINAS 198–199

La colocación de moqueta con respaldo de arpillera requiere más tiempo y trabajo que la de respaldo de espuma, ya que hay que colocar unos ristreles y un refuerzo. Otro inconveniente es que la moqueta con respaldo de arpillera es más complicada de instalar. Sin embargo, el resultado es más "mullido".

Una vez terminada la preparación y cuando la moqueta esté colocada, habrá que utilizar un tensador para que la moqueta quede un poco tirante al colocarla por encima y por detrás de los ristreles del perímetro de la habitación.

En las entradas debe haber algo que marque la diferencia entre los suelos de las habitaciones contiguas.

Lima de azulejos

Cincel

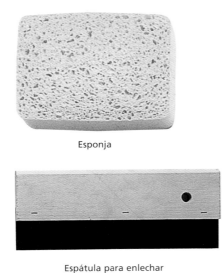

Esponja

Espátula para enlechar

Separadores y crucetas

Espátula dentada para adhesivo

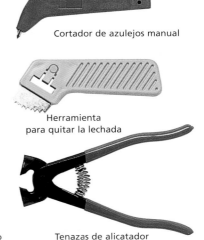

Cortador de azulejos manual

Herramienta para quitar la lechada

Tenazas de alicatador

INSTALAR BALDOSAS DE CORCHO

DIFICULTAD De baja a media
TIEMPO 1 día para habitación de tamaño medio
HERRAMIENTAS ESPECIALES Espátula de goma y rodillo de cocina
VER PÁGINAS 200–201

La planificación de la estructura es esencial antes de la instalación de estas baldosas. Esto supone tener que encontrar el centro de la habitación e ir avanzando desde este punto (*véase* páginas 190-191). Aquí hemos empleado baldosas de diversos colores, lo cual permite aportar variedad en el diseño. Hemos cortado las baldosas con una cuchilla de manualidades sobre un tapete de corte con la ayuda de una regla metálica. Un buen truco consiste en pasar un rodillo de cocina sobre las baldosas para mejorar su adherencia al contrapiso y para que queden planas. El tipo de baldosas de corcho empleado en

este proyecto no precisa un sellado después de su colocación, pero otros tipos necesitarán varias capas de barniz o de sellador cuando el suelo esté terminado y el adhesivo haya secado.

INSTALAR BALDOSAS DE CERÁMICA

DIFICULTAD Media
TIEMPO De 1 a 1 ½ día para una habitación de tamaño medio
HERRAMIENTAS ESPECIALES Espátula de goma y cortador de azulejos
VER PÁGINAS 202–203

Las baldosas de cerámica pesan más que las de vinilo o de corcho, y se colocan con una técnica diferente. Pueden instalarse sobre una losa de hormigón o sobre suelos de madera, siempre que se haya colocado contrachapado para asegurarse de que la base quede plana, y que la superficie del suelo no ceda ni se mueva.

La planificación es igual que para las de vinilo o de corcho, pero se emplea un adhesivo diferente. Conviene instalar un listón temporal en el punto de inicio como soporte sólido para la primera hilera de baldosas. Hay que emplear separadores para mantener una distancia homogénea entre las baldosas. Todos los cortes deben realizarse con el robusto cortador de azulejos; con esta herramienta no tendremos problemas con el grosor y la resistencia de las baldosas.

También habrá que enlechar el suelo después de colocar las baldosas de cerámica, ya que en la mayoría de los casos quedan huecos en las juntas, a diferencia de lo que sucede con las baldosas blandas como las de vinilo o de corcho, que tienden a juntarse a tope. El aspecto general de la superficie depende de la calidad de la lechada.

INSTALAR UN SUELO DE PIZARRRA NATURAL

DIFICULTAD De media a elevada

TIEMPO De 1 a 1 ½ día para una habitación de tamaño medio
HERRAMIENTAS ESPECIALES Espátula de goma y cortador de azulejos
VER PÁGINAS 204–205

En la colocación de suelos de pizarra natural intervienen muchos de los procesos empleados para las baldosas de cerámica, pero hay que introducir ligeras variantes. Estas baldosas pueden no tener la forma y grosor regulares de las de cerámica, en cuyo caso será necesario modificar el grosor de la capa de adhesivo para que el suelo quede lo más nivelado posible. Estas baldosas tienen un aspecto más artesanal, lo cual lleva a colocarlas sin utilizar separadores, calculando a ojo la separación entre ellas.

Las baldosas de pizarra son muy duras y habrá que alquilar una sierra de lima eléctrica para cortarlas. Estas máquinas producen cortes más limpios y precisos que las sierras manuales. Es posible que la primera tarea consista en sellar las baldosas de pizarra, para

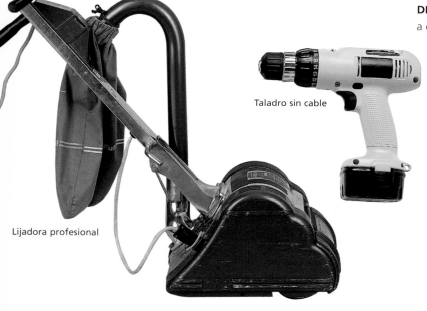

Lijadora profesional

Taladro sin cable

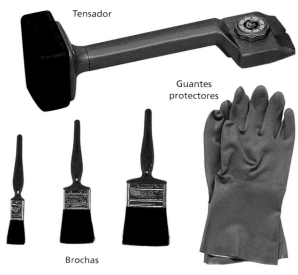

Tensador

Guantes protectores

Brochas

asegurarnos de que en su superficie no se introduce suciedad o restos de adhesivo durante el proceso de colocación.

INSTALAR UN SUELO DE TARIMAS LAMINADAS

DIFICULTAD De baja a media
TIEMPO De ½ día a 1 día para una habitación de tamaño medio
HERRAMIENTAS ESPECIALES Espátula de goma y cortador de azulejos
VER PÁGINAS 206–207

Los suelos laminados de madera son superficies atractivas, resistentes y que no necesitan mantenimiento; son parecidos a los suelos con tablones naturales que han sido pulidos. Este tipo de revestimiento suelen venir en *kits* y se colocan dejando que "floten", pero se suele colocar un refuerzo especial sobre el contrapiso antes de empezar con la instalación.

Las distintas piezas se unen con grapas o con un mecanismo de machihembrado. Hay que realizar cortes en los tableros, y se utiliza una palanqueta para unir las piezas en los extremos al ir avanzando por la superficie.

Empleamos separadores para dejar un hueco entre el recubrimiento y las paredes por todo el perímetro de la habitación. Este hueco actúa como zona de expansión una vez colocado el suelo, para que el más mínimo movimiento en el suelo no produzca una distorsión en las tarimas laminadas. Este hueco suele estar tapado con una moldura que se fija al rodapié o a la base de la pared.

PINTAR UN SUELO

DIFICULTAD Baja
TIEMPO 1 día para una habitación de tamaño medio
HERRAMIENTAS ESPECIALES Ninguna
VER PÁGINAS 208–209

Una forma rápida y sencilla de dar un acabado decorativo a un suelo es pintándolo. Los mejores efectos pictóricos se consiguen pintando los suelos de madera, aunque también puede pintarse otro tipo de superficies como cemento, conglomerado y, en algunos casos, aglomerado. Al pintar un suelo contamos con muchas opciones, igual que al pintar cualquier otra superficie del hogar, y habrá que tener en cuenta el estilo y ambiente que deseamos crear.

En el proyecto de las páginas 208-209 hemos pintado un suelo de madera, creando un efecto de colores alternos por la superficie del suelo. Hemos empleado un cincel para crear juntas falsas entre los tablones, que mejoran el efecto general y proporcionan líneas divisorias entre los distintos colores empleados. Los suelos sufren mucho desgaste, así que téngalo en cuenta al elegir entre la pintura para suelos (más duradera) y otros tipos de pintura (menos resistente).

LIJAR Y BARNIZAR UN SUELO DE MADERA

DIFICULTAD Baja
TIEMPO 2 días (1 día para lijar y 1 día para barnizar)

HERRAMIENTAS ESPECIALES Lijadora profesional, lijadora de perímetro y lijadora de esquinas
VER PÁGINAS 210–211

Si desea conservar el efecto natural del entarimado, puede lijar el suelo y aplicarle tinte o barniz. Para lijar el suelo deberá alquilar una lijadora profesional, una lijadora de perímetro y una lijadora de esquinas. Una vez lijado el suelo, puede aplicarse el acabado deseado. Se puede utilizar cualquier color tradicional, pero los fabricantes hoy en día también producen gran variedad de colores. El color natural de la madera puede ayudarle a planificar el esquema cromático y crear un efecto integrado. Recuerde siempre que los suelos sufren mucho desgaste. No importa que los materiales empleados para el suelo sean de muy buena calidad; aun así habrá que aplicar alguna capa protectora de vez en cuando, que no tiene que ser necesariamente en toda la superficie del suelo, sino sólo en las zonas más gastadas.

Gafas protectoras

Cincel

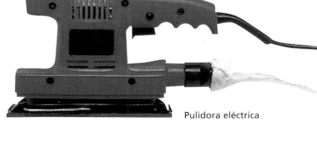
Pulidora eléctrica

Cortador de azulejos

Martillo

SUELOS: MEDIR UNA HABITACIÓN

Lo primero que hay que hacer es tomar las medidas con precisión para calcular la superficie total del suelo. Teniendo las medidas, se podrá calcular la cantidad de material que se necesita comprar. Para todos los suelos es imprescindible una buena preparación: así obtendremos un contrapiso estable bajo el nuevo recubrimiento. El tipo de contrapiso depende del tipo de suelo que vayamos a instalar, ya sea vinilo, baldosas o moqueta (*véase* páginas 192-207). Independientemente del suelo que vaya a instalar, asegúrese de hacer una correcta preparación, siguiendo las indicaciones del fabricante.

Cuanto mejor sea la preparación, más fácil será la ejecución del proyecto y mayor será su duración.

CÓMO REPARAR LOS SUELOS DE CEMENTO

Los orificios y grietas de un suelo de cemento deben taparse antes de instalar un nuevo recubrimiento. Para esto es ideal una mezcla de 5 partes de arena por 1 parte de mortero. Introduzca bien la mezcla en los orificios y grietas y alísela antes de que seque.

CÓMO INSTALAR CONTRACHAPADO

Cuando se necesite una superficie sólida para colocar baldosas rígidas, el contrachapado debe instalarse sobre el suelo de madera. Fije el contrachapado con clavos, asegurándose de que forma una base rígida. Procure escalonar las juntas entre las distintas planchas; al llegar a los extremos, corte las planchas a medida.

CÓMO INSTALAR AGLOMERADO

Los contrapisos de aglomerado se emplean como base para el vinilo o la moqueta. Pueden fijarse con grapas o con clavos al entarimado. Escalone las juntas entre las planchas y asegúrese de que el aglomerado quede liso en su cara superior. Corte las planchas con una cuchilla de manualidades.

TRUCOS ÚTILES

● Utilice un serrucho para cortar el contrachapado y una cuchilla de manualidades para el aglomerado. Trace una línea-guía a lápiz sobre el aglomerado, y pase por encima la cuchilla hasta cortarlo por esta línea.

● Al fijar cualquiera de estas bases con grapas o clavos, asegúrese de que son lo suficientemente largos como para penetrar en el suelo de madera, pero no tanto como para atravesarlo y causar daños en los cables o tuberías que pudiera haber por debajo.

POR DÓNDE EMPEZAR A EMBALDOSAR

1 Para encontrar el centro de la habitación, localice en punto medio de cada pared y clave una pequeña punta en ese lugar. Extienda una línea de tiza entre las puntas de las paredes opuestas, levante la cuerda y suéltela (**A**). Repita el mismo procedimiento con las otras 2 paredes para trazar otra línea (**B**). El lugar donde se cortan es el centro de la habitación: coloque una baldosa en seco en la intersección de las líneas **A** y **B**.

2 Mida la distancia hasta el lugar donde podrá colocarse una baldosa entera antes de tener que cortar.

3 En ese punto, trace una línea paralela a la línea **A**. Mida por esta línea hasta el lugar donde podrá colocar una baldosa entera antes de tener que cortar.

4 Extienda el adhesivo y empiece a colocar las baldosas desde las posiciones **3** y **4**. Avance en hileras de baldosas enteras. Deje para el final la colocación de las baldosas cortadas en las orillas de la habitación.

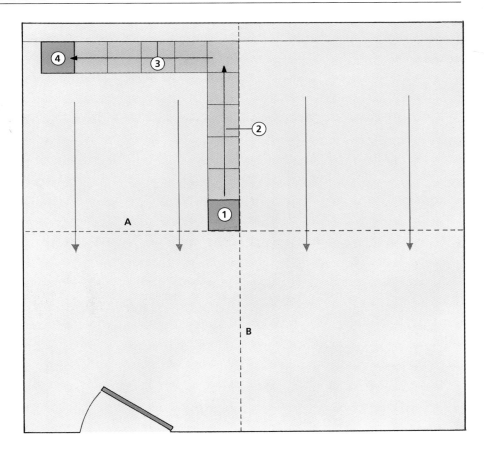

CÓMO EMBALDOSAR UNA HABITACIÓN DE PLANTA COMPLEJA

1 En caso de tratarse de una habitación con una forma complicada, las líneas de tiza se tienden en posiciones diferentes. En este ejemplo, primero la colocamos entre las 2 paredes pequeñas. Para determinar la posición correcta en las 2 paredes largas, pase la medida de las paredes pequeñas a las largas, y localice el punto medio para fijar el otro extremo de la cuerda.

2 y **3** Mida o coloque baldosas como guía y trace otra línea-guía paralela a la línea **A**, como en el ejemplo anterior.

4 Empiece desde la posición **3** o desde la posición **4**, del mismo modo que antes, y avance en hileras en dirección a la puerta, procurando no quedarse atrapado en un rincón.

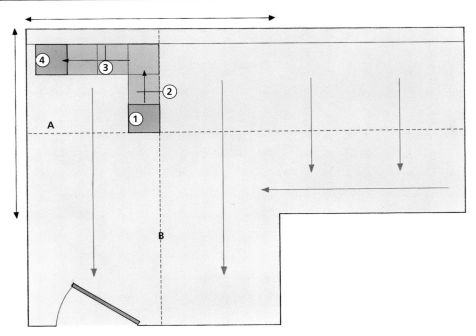

INSTALAR LOSETAS DE VINILO

NECESITARÁ

Línea de tiza
Cinta métrica
Lápiz
Llana dentada
Tapete de corte
Cuchilla de manualidades
Regla

MATERIALES

Losetas de vinilo
Adhesivo para suelos

VER TAMBIÉN

Suelos: medir una
habitación págs. 190–191

El efecto marmóreo de las losetas de vinilo da un toque muy elegante y lujoso a un cuarto de baño sin el típico aspecto de frialdad que producen las baldosas de mármol auténtico.

Las losetas de vinilo son un acabado atractivo y resistente que se limpia con facilidad, lo que las hace idóneas para la cocina o el cuarto de baño. Cada vez son más populares y hay fabricantes innovadores que las producen en gran variedad de diseños y colores. Las losetas de vinilo pueden colocarse de manera tradicional, de modo que las juntas queden alineadas. Pero un efecto escalonado puede ser muy efectivo, como el de este proyecto. Para obtener los mejores resultados, estas losetas deben instalarse sobre contrapisos de contrachapado o de aglomerado. Lea bien las indicaciones del fabricante para saber si la superficie del suelo necesita ser sellada antes de colocar las losetas.

1 Localice el centro de la habitación con la ayuda de una línea de tiza tendida entre paredes opuestas. Busque a lo largo de esta línea central el mejor lugar para empezar a colocar las losetas (*véase* diagrama página 191).

2 Debido al diseño escalonado, llegar al punto 3 del diagrama supone emplear una técnica un poco diferente a la empleada para el diseño alineado. A menudo conviene colocar las losetas en seco (sin adhesivo) empezando desde la línea central de la habitación, para así poder determinar cuál es el mejor punto de inicio.

3 Cuando esté seguro de conseguir el efecto deseado, trace una línea a lápiz a lo largo del borde de la última hilera de losetas enteras; esta línea-guía se empleará como punto de partida. Del hueco que queda hasta la pared nos encargaremos más tarde.

4 Retire todas las losetas y utilice una llana dentada para extender el adhesivo sobre la superficie del suelo. Empiece junto a la línea-guía para poder colocar la primera hilera de losetas, extendiendo suficiente adhesivo de una vez para 3 ó 4 hileras.

5 Coloque la primera loseta guiándose por la línea a lápiz. Tómese todo el tiempo necesario, ya que la colocación de la primera loseta determinará la posición de todas las demás. Avance en hileras hasta que todas las losetas enteras estén colocadas.

6 Termine el suelo con las losetas cortadas. Para medir estas losetas, coloque una sobre la loseta entera más cercana a la pared. Coloque otra encima, pero que quede a ras del rodapié, y utilice el borde de esta última loseta para trazar una línea-guía sobre la que queda en el medio.

7 Coloque la loseta con la línea sobre un tapete de corte. Pase la cuchilla de manualidades por la línea ayudándose de una regla. Las losetas de vinilo se cortan fácilmente en cuanto se dobla por esta línea. Extienda adhesivo sobre el reverso de la loseta y colóquela en su lugar. Prosiga del mismo modo por el resto de la habitación.

TRUCOS ÚTILES

Al colocar losetas de vinilo en suelos que van a estar en contacto con agua, como en las cocinas y en los cuartos de baño, conviene sellar los bordes una vez colocadas todas las losetas. Esto evitará las filtraciones de agua, que podrían afectar al rodapié o llegar hasta debajo de las losetas (con el consiguiente abombamiento o deformación, y los inevitables daños en la superficie del suelo). La silicona es ideal para esta tarea, y debe aplicarse pasando una pistola de cartucho por la junta entre las losetas y el rodapié. Para conseguir un buen acabado, coloque cinta de carrocero a lo largo del rodapié y del suelo antes de aplicar el sellador. Cuando el sellador se haya endurecido, retire con cuidado la cinta de carrocero.

INSTALAR VINILO EN ROLLO

NECESITARÁ

Papel de periódico
o de forrar
Cinta de carrocero
o de embalar
Lápiz
Tijeras
Cuchilla de manualidades

MATERIALES

Vinilo en rollo
Adhesivo para suelos

*Con un vinilo de buena
calidad se consigue un
suelo cómodo, mullido
y fácil de limpiar.*

E l vinilo en rollo es un tipo de recubrimiento para suelos similar a las losetas de vinilo y produce la misma sensación bajos los pies. Sin embargo, al tener que utilizar un rollo grande (posiblemente más de 1 en habitaciones grandes) que hay que cortar con gran precisión: la colocación de este tipo de recubrimiento no es algo que deba tomarse muy a la ligera. El trabajo debe planificarse con mucho cuidado, y la tarea se complicará si el material presenta un estampado que deba quedar alineado con las paredes de la habitación. En este caso, debemos asegurarnos de conseguir un efecto equilibrado. Por ejemplo, en este proyecto es importante que el efecto de las losetas quede alineado respecto a las paredes para que las juntas queden paralelas a las paredes.

1 La elaboración de una plantilla del suelo le ayudará a cortar e instalar el vinilo. Para esto puede emplearse papel de periódico o de forrar: extienda el papel por el suelo y pegue las hojas con cinta adhesiva.

2 Doble la plantilla junto a los extremos de la habitación y trace una línea-guía con un lápiz por cada doblez. Utilice unas tijeras para cortar con precisión por estas líneas y así obtendrá una plantilla exacta para cortar el rollo a medida.

3 Pegue la plantilla con cinta adhesiva sobre el rollo de vinilo y corte por los bordes de la plantilla, dejando un sobrante de entre 5 y 7,5 cm . Quizá resulte más sencillo realizar esta tarea en una habitación más grande para poder extender el material. Si fuese necesario, proteja el suelo de la habitación para evitar las marcas de la cuchilla.

4 Retire la plantilla y coloque la plancha de vinilo en su posición, dejando que el sobrante monte sobre las paredes. Doble el vinilo en la confluencia del rodapié con el suelo, y corte por esta línea para que el vinilo quede a ras del rodapié.

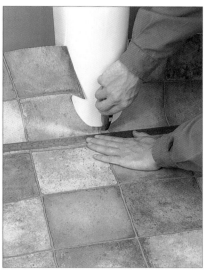

5 En los lugares donde haya obstáculos, como el pedestal de un lavabo, haga una serie de cortes perpendiculares en la parte sobrante de vinilo hasta obtener el perfil del pedestal. Esto ayudará a doblar el vinilo para obtener una línea de corte.

6 Doble las secciones de vinilo cortadas junto a la base del pedestal, y recórtelas con la cuchilla de manualidades. Cuando haya terminado de cortar en torno al pedestal, prosiga con el borde recto del rodapié.

7 Si fuese necesario unir 2 piezas de vinilo, procure que los bordes que se junten sean los de fábrica y no bordes cortados: así se conseguirá una mayor precisión en la unión. Asegúrese también de que los estampados coinciden. Una las piezas de vinilo con una tira adhesiva colocada bajo sus bordes (también puede utilizar cinta adhesiva de doble cara).

TRUCOS ÚTILES

● Aunque no es imprescindible pegar el vinilo con cola, sobre todo el de tipo más pesado, se puede emplear adhesivo por los extremos de la habitación para que quede más seguro. Utilice cinta adhesiva de doble cara del mismo modo que para unir 2 piezas (*véase* paso 7). Una vez colocado el recubrimiento, levántelo por los extremos, aplique el adhesivo y presione sobre el vinilo.

● También puede necesitar un adhesivo en las escaleras. El vinilo debe quedar firmemente adherido para evitar que se desplace.

INSTALAR MOQUETA CON RESPALDO DE ESPUMA

NECESITARÁ

Cuchilla de manualidades
Cincel

MATERIALES

Cinta adhesiva
de doble cara para moqueta
Moqueta con respaldo
de espuma

La moqueta con respaldo de espuma es una excelente opción para los dormitorios, donde es más probable que deseemos caminar descalzos y con comodidad.

Con una moqueta tendremos un suelo cómodo con una suave textura que, además, insonoriza, cualidades éstas muy apropiadas para la mayoría de los lugares de una casa. Por lo general, la moqueta determina el estilo de una habitación. La mayoría de las moquetas tienen un respaldo de espuma o de arpillera. La moqueta con respaldo de espuma, una alternativa más económica a las de respaldo de arpillera (*véase* páginas 198-199), tiene la ventaja de que es mucho más sencilla de colocar, y el suelo necesita menos preparación. La moqueta con respaldo de arpillera suele ser de mejor calidad.

Hay gran diversidad de moquetas con respaldo de espuma, con considerables variaciones en la calidad, por lo que la cantidad de dinero que uno esté dispuesto a gastarse en la moqueta determinará su calidad y tipo.

Estas moquetas tienen un respaldo mullido de espuma por lo que no será necesario colocar un refuerzo antes de instalarlas. En el pasado, la gente solía colocar papel de periódico como refuerzo, pero el diseño moderno de las moquetas hace que este procedimiento sea innecesario.

Si tiene un suelo de madera, que puede tener una superficie irregular, conviene colocar aglomerado antes que la moqueta, para que ésta tenga una vida más larga. Encontrará información sobre las técnicas para preparar el suelo en las páginas 190-191.

1 Coloque cinta adhesiva de doble cara por todo el perímetro de la habitación, pero no retire todavía el papel protector de la cara superior. La cinta adhesiva mantendrá la moqueta inmóvil en su posición una vez colocada.

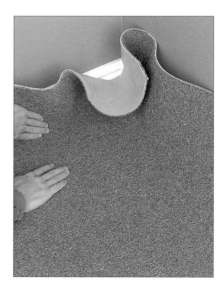

2 Desenrolle y extienda la moqueta dejando un sobrante que monte sobre las paredes. Presione sobre la moqueta por toda la superficie del suelo para dejarla bien extendida. Compruebe que todo el suelo queda cubierto antes de continuar con el siguiente paso.

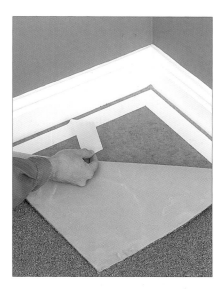

3 Alise la moqueta y recórtela con una cuchilla de manualidades dejando un margen de entre 2,5 y 5 cm desde la conjunción del rodapié con el suelo. Levante la moqueta a lo largo de la pared, retire el papel protector de la cinta adhesiva de doble cara y presione sobre la moqueta.

4 Al ir avanzando por el perímetro de la habitación, alise y estire la moqueta en dirección al ángulo que forman el rodapié y el suelo, y hacia los rincones. Presione con firmeza para que la moqueta quede bien pegada a la cinta adhesiva de doble cara.

5 Recorte con una cuchilla de manualidades el borde de la moqueta, de modo que quede a ras del rodapié. Tenga cuidado para no dañar la superficie del rodapié.

6 Compruebe por toda la orilla de la moqueta que no queden zonas sueltas ni al descubierto. Consiga un buen acabado utilizando un cincel, para introducir el borde de la moqueta en la junta que forman el rodapié y el suelo.

7 En algunos casos puede resultar necesario unir 2 piezas de moqueta. Intente unirlas por los bordes de fábrica para así conseguir una unión más precisa. Pegue cinta adhesiva de doble cara en el suelo bajo la junta, retire el papel protector de la cara superior y presione sobre la moqueta a lo largo de la junta para que quede bien adherida.

INSTALAR MOQUETA CON RESPALDO DE ARPILLERA

NECESITARÁ

Marillo
Cuchilla de manualidades
Tensador (de alquiler)
Cincel

MATERIALES

Ristreles
Refuerzo
Moqueta con respaldo
de arpillera

Se puede utilizar la misma moqueta en varias habitaciones de la casa para aunar esquemas cromáticos y conseguir una continuidad en el estilo.

La moqueta con respaldo de arpillera es de mejor calidad y más resistente que la de respaldo de espuma, unas diferencias que con frecuencia se perciben en el precio. Incluso utilizando una opción poco costosa, habrá que colocar un refuerzo y unos ristreles (que incrementan el coste).

Una vez instalada, este tipo de moqueta nos proporcionará un buen servicio durante muchos años. Al utilizar un refuerzo, se puede colocar sobre la mayoría de los contrapisos, incluida la tarima, el conglomerado, el contrachapado, el aglomerado y el cemento.

1 Clave los ristreles (listones gruesos de madera) a lo largo de las paredes de la habitación y sobre el umbral de la puerta. Deje un hueco de unos 5 mm entre los ristreles y el rodapié. Procure no dañar el rodapié con la cabeza del martillo (es fácil rozar su superficie).

2 Extienda varias piezas de refuerzo por el suelo, juntándolas a tope. Evite que el refuerzo monte sobre los ristreles; utilice una cuchilla de manualidades para recortarlo y dejarlo a ras del borde interior de los ristreles.

3 Extienda la moqueta sobre el suelo de la habitación, dejando que el sobrante monte sobre las paredes. Utilice una cuchilla de manualidades para recortar el sobrante cuando exceda de altura del rodapié.

4 Recorte con la cuchilla de manualidades la moqueta en el lugar de confluencia entre el rodapié y el suelo. La moqueta con respaldo de arpillera puede ser bastante dura y rígida, así que asegúrese de que está bien doblada antes de empezar a recortar.

5 Se necesita un tensador para estirar la moqueta con respaldo de arpillera y dejarla bien instalada. Los dientes del tensador se pueden regular según el grosor de la moqueta: hay que girar la rueda de la herramienta para que la longitud de los dientes sea mayor o menor.

6 Empiece por el centro de la moqueta y vaya avanzando hacia las paredes, empujando sobre la moqueta y estirándola hacia los ristreles y el rodapié. No estire la moqueta en exceso, basta con que se asiente bien sobre el suelo y quede lisa.

7 En la confluencia del rodapié con el suelo, utilice un cincel para que la moqueta pase por encima de los ristreles y quede segura. Los dientes de los ristreles se engancharán al respaldo de arpillera y la moqueta quedará "inmóvil".

LA INFLUENCIA DEL DISEÑO

La moqueta es un factor cromático importante. Cubre una gran superficie, por eso puede tener gran influencia en el estilo de la habitación (*véase* página 99). Tenga en cuenta el color de la moqueta desde un primer momento, para que pueda combinarla con el resto de la habitación. Por ejemplo, si el color de la moqueta es oscuro, quizá convenga que las paredes sean de tonos pálidos.

INSTALAR BALDOSAS DE CORCHO

NECESITARÁ

Línea de tiza
Cinta métrica
Lápiz
Llana dentada
Rodillo de cocina
Cuchilla de manualidades
Regla
Tapete de corte
Paño

MATERIALES

Adhesivo para suelos
Baldosas de corcho

VER TAMBIÉN

Suelos: cómo medir una
habitación págs. 190–191

El atractivo natural de las baldosas de corcho las hace idóneas para conseguir un suelo elegante. Además, resultan cómodas si se camina descalzo y su mantenimiento es sencillo.

Las baldosas de corcho proprocionan una superficie resistente y fácil de limpiar, adecuada para la mayoría de las habitaciones. Las baldosas se colocan de forma similar a las losetas de vinilo (*véase* páginas 192-193) y necesitan un contrapiso estable: dos buenas opciones son el contrachapado y el aglomerado. Las baldosas de corcho no deben colocarse directamente sobre los suelos de madera.

Pueden encontrarse en una gran variedad de estilos; algunas tienen un acabado impermeabilizado, mientras que otras necesitan este tratamiento una vez instaladas. Las más frecuentes son las de color natural, pero algunos fabricantes ofrecen gran variedad de colores, con lo que aumentan las posibilidades de los diseños y estampados que podemos crear en los suelos.

1 Localice el centro de la habitación tendiendo una línea de tiza entre 2 paredes opuestas y márquelo. Planifique la disposición de las baldosas a partir de este punto. Sírvase del diagrama de la página 191 como guía para ubicar el punto de inicio. Conviene empezar colocando las baldosas en seco (sin adhesivo).

2 Trace a lápiz una línea-guía por el borde de las baldosas más próximas a la pared (*véase* paso 3, página 193) antes de retirarlas. Empezando por un rincón, extienda el adhesivo por el suelo con una llana dentada. Extienda de una sola vez suficiente cantidad de adhesivo para colocar varias baldosas, asegurándose de no pisar el adhesivo.

3 Coloque la primera baldosa en el rincón, dejando que se asiente sobre la capa de adhesivo. Coloque esta primera baldosa con gran precisión sobre las líneas-guía, ya que de ella dependerá que el resto del proyecto quede equilibrado.

4 Construya el diseño en hileras, alineando bien las baldosas para que formen juntas perfectas. Pase un rodillo de cocina por la superficie de las baldosas para que queden bien adheridas y sin bordes levantados.

5 Para tapar los huecos, coloque la baldosa que va a cortar sobre la baldosa, entera más próxima a la orilla. Coloque encima otra baldosa pero con su borde a ras del rodapié. Utilice la baldosa superior como guía para trazar una línea a lápiz sobre la superficie de la baldosa del medio.

6 Sírvase de una cuchilla de manualidades y de una regla para cortar por la línea. Coloque las baldosas sobre un tapete de corte para no dañar la superficie del suelo. Extienda adhesivo por el reverso de la baldosa cortada y colóquela en su lugar.

7 Por último, limpie la superficie del suelo con un paño húmedo para retirar el adhesivo sobrante. Dependiendo de las baldosas que haya empleado, el suelo puede quedar terminado o quizá necesite una capa de sellador. Siga las indicaciones del fabricante para limpiar y sellar las baldosas.

TRUCOS ÚTILES

● La mayoría de los fabricantes recomiendan dejar las baldosas de corcho durante 24 horas en el lugar en que se van a colocar, para que así se aclimaten a la temperatura de la habitación.

● En el caso de las baldosas no tratadas, convendría aplicar una capa de sellador antes de colocarlas. Por mucho cuidado que se tenga, es inevitable que la superficie de las baldosas se ensucie con un poco de adhesivo y, si no están selladas, el adhesivo puede penetrar en la baldosa y dejar manchas. Una vez terminado el proyecto, se pueden aplicar más capas de sellador.

INSTALAR BALDOSAS DE CERÁMICA

Las baldosas de cerámica son resistentes y fáciles de limpiar, lo que las hace perfectas para los suelos de las cocinas.

Las baldosas de cerámica son una de las superficies más resistentes. Se pueden encontrar en gran variedad de tamaños, formas y colores; las hay lisas y pintadas a mano. La calidad difiere de forma considerable y siempre hay que emplear baldosas concebidas para suelos. También hay que tener en cuenta el grosor de las baldosas y si pueden afectar a las puertas que abren hacia la habitación donde están colocadas.

Las baldosas de cerámica para suelos no precisan ningún tratamiento posterior a su colocación, a excepción de la lechada. Es importante colocarlas sobre una base firme: una losa de hormigón es perfecta, al igual que el contrachapado, con el que se consigue una superficie homogénea sobre el entarimado. Algunos fabricantes recomiendan la colocación de una lámina flexible entre 2 capas de adhesivo antes de instalar las baldosas, pero esto no siempre es necesario. Es importante leer y seguir las indicaciones del fabricante. Tómese el tiempo necesario para planificar el trabajo; una vez terminado el suelo, no es fácil subsanar los errores. Se necesita un cortador de azulejos de buena calidad. En algunos casos, quizá haya que alquilar una sierra de lima (*véase* páginas 204-205).

1 Para localizar el punto de inicio, consulte los diagramas de la página 191. Conviene clavar temporalmente un listón de madera en ese punto; a continuación, podrá colocar la primera hilera de baldosas apoyándolas contra esta guía.

2 Extienda el adhesivo por la superficie del suelo abarcando zonas de 1 m de longitud y de una anchura un poco mayor que las baldosas. Utilice una llana dentada: extienda el adhesivo de forma uniforme y deje unas acanaladuras o estrías que favorezcan la adherencia de las baldosas al suelo.

3 Coloque la primera baldosa presionando hacia el listón de madera, y con un ligero movimiento oscilante para conseguir una buena adherencia. Procure que este movimiento no sea exagerado para no alterar la consistencia de la capa de adhesivo.

4 Prosiga colocando baldosas y separadores para mantener un alejamiento homogéneo por todo el suelo. De vez en cuando, coloque un nivel de burbuja sobre varias baldosas para comprobar que quedan correctamente niveladas.

5 Cuando todas las baldosas enteras estén colocadas, espere a que el adhesivo se seque antes de empezar a cortar las baldosas para cubrir la habitación. Mida uno a uno (y con cuidado) los cortes necesarios con ayuda de una cinta métrica, y pase estas mediciones a las baldosas enteras, trazando una línea-guía con una pintura de cera.

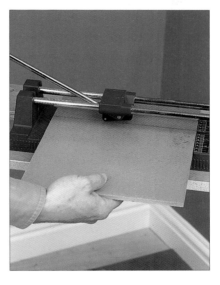

6 Coloque la baldosa en el cortador de azulejos y pase la rueda por la línea-guía. Aplique la suficiente fuerza para rayar la superficie vidriada de la baldosa y dejar a la vista la línea de corte. Coloque la baldosa bajo los rieles del cortador y presione con el brazo de la herramienta para cortar por la línea.

7 Aplique adhesivo en el reverso de la baldosa cortada y colóquela. Prosiga del mismo modo con las demás baldosas. Cuando el adhesivo haya secado, prepare la lechada y extiéndala cubriendo todos los huecos del suelo. Retire el sobrante con una esponja limpia y húmeda antes de que la lechada seque. Utilice la herramienta de enlechar (*véase* Trucos útiles).

TRUCOS ÚTILES

● Un suelo nuevo de baldosas de cerámica quedará perfecto aplicando lechada para tapar los huecos. Una vez aplicada ésta, retire el sobrante con una esponja limpia y húmeda, y utilice una herramienta de enlechar para que las juntas queden lisas.

● Si no tiene una herramienta de enlechar, puede conseguir el mismo efecto con el extremo de una varilla cilíndrica de madera. Al pasar la varilla sobre las juntas enlechadas, se consigue un efecto ligeramente cóncavo de una profundidad homogénea, y un suelo con un acabado nítido y uniforme.

INSTALAR UN SUELO DE PIZARRA NATURAL

NECESITARÁ

Brocha
Guantes protectores
Llana dentada
Listón de madera
Separadores (opcional)
Línea de tiza
Lápiz
Cinta métrica
Nivel de burbuja
Sierra de lima (de alquiler)
Gafas protectoras
Espátula para enlechar
Esponja
Herramienta de enlechar
o varilla de madera

MATERIALES

Baldosas de pizarra
Sellador
Adhesivo para baldosas
Lechada

VER TAMBIÉN

Suelos: medir una
habitación págs. 190–191

Los tonos oscuros de las baldosas de pizarra tienen una elegancia natural que contribuye a hacer resaltar los demás complementos.

La colocación de baldosas que tienen un aspecto o composición natural, como las de pizarra, precisa variaciones en la técnica empleada para las baldosas de cerámica convencionales. Aunque el tamaño suele ser homogéneo, las baldosas de pizarra pueden tener distinto grosor. Su superficie no suele estar tratada en el momento de adquirirlas, por lo que hay que aplicar un acabado para que puedan limpiarse una vez colocadas.

Las baldosas de pizarra deben instalarse sobre un contrapiso seguro; una losa de hormigón es la superficie ideal, pero también se puede utilizar contrachapado grueso (siempre que constituya una base completamente rígida y no ceda bajo su peso). Localice el punto de inicio consultando los diagramas de la página 191, y modifique la posición de las baldosas según sea necesario. Tenga cuidado al manipular las baldosas de pizarra, ya que se astillan y dañan con facilidad. Su resistencia sólo es efectiva cuando ya están adheridas y se ha terminado de enlechar.

1 Antes de empezar a colocar las baldosas, aplique en su superficie una capa de un sellador patentado: de este modo, quedarán protegidas y el adhesivo que pueda quedar en su superficie se podrá retirar con facilidad antes de que penetre en la baldosa y deje manchas. Póngase unos guantes protectores para aplicar el sellador.

2 Localice el centro de la habitación y coloque la primera hilera de baldosas (*véase* página 191), juntándolas a tope contra el listón de madera y extendiendo el adhesivo por el suelo, como se indica en los pasos 1 y 2 de la página 202. La utilización de separadores es opcional.

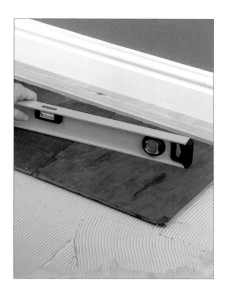

3 Después de haber instalado varias baldosas, coloque un nivel de burbuja sobre su superficie para comprobar que quedan niveladas. A veces, la misma superficie de las baldosas está ondulada, así que quizá tenga que hacer los ajustes a ojo.

4 Las baldosas pueden presentar ligeras variaciones en su grosor, por eso de vez en cuando puede ser necesario aumentar o disminuir la cantidad de adhesivo bajo la baldosa, para que quede a la misma altura que las contiguas. Retire estas baldosas antes de que el adhesivo haya secado, y modifique la cantidad según sea necesario.

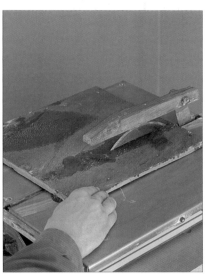

5 Una vez colocadas las baldosas enteras y cuando el adhesivo haya secado, se puede proceder a cortar. Mida y marque cada baldosa como se indica en el paso 5 de la página 203. Póngase unas gafas protectoras y corte la baldosa con la sierra de lima. Este tipo de sierra puede alquilarse y es la que se suele utilizar para baldosas de pizarra.

6 Enleche el suelo al modo tradicional, utilizando una lechada apropiada para la pizarra. Asegúrese de introducir bien la lechada en las juntas. Retire el sobrante con una esponja húmeda y, a continuación, utilice una herramienta de enlechar o una varilla de madera para conseguir un buen acabado.

7 Cuando la lechada haya secado, puede aplicarse otra capa de sellador. Una vez seco, este suelo de pizarra quedará listo para el uso diario. De vez en cuando, una nueva capa de sellador ayudará a mantener este suelo en buen estado.

TRUCOS ÚTILES

Puede haber importantes variaciones en el color de las baldosas de pizarra, lo cual puede resultar muy atractivo. Sin embargo, al comprar las baldosas conviene asegurarse de que todas proceden del mismo lote. Aun así, el color puede variar de una caja a otra, por lo que puede merecer la pena mezclar las baldosas de distintas cajas antes de empezar con la colocación. De este modo, las pequeñas diferencias en el color quedarán diluidas en el conjunto del suelo, reduciendo el riesgo de divisiones entre grupos de baldosas de tonos diferentes.

NECESITARÁ

Cinta métrica
Cuñas de madera
Martillo
Bloque de madera
Esponja
Serrucho
Palanqueta (especial para suelos)
Lápiz
Botador

MATERIALES

Lámina de refuerzo
Tarimas laminadas para suelos
Cola para madera
Moldura
Clavos

Las tarimas para suelos tienen un aspecto atractivo y se presentan en una gran variedad de tamaños y diseños.

os suelos de tarimas laminadas son una opción cada vez más popular a la hora de realizar mejoras en el hogar. Son un buen complemento en casas de estilo tanto moderno como tradicional, y son fáciles de instalar, aunque puede haber sutiles variaciones en la técnica empleada según el tipo de suelo adquirido; por eso es importante seguir las indicaciones del fabricante con la mayor precisión. La mayoría de estos suelos son "flotantes": no hay fijaciones entre el suelo de tarima y el contrapiso. Así, el suelo puede expandirse y contraerse ligeramente según las variaciones de las condiciones atmosféricas sin que se produzcan abombamientos.

Los suelos de tarima pueden instalarse sobre la mayoría de los contrapisos. Si se va a colocar sobre cemento, la losa de hormigón debe estar completamente seca, y pueden pasar varios meses hasta que la losa esté suficientemente seca para este tipo de suelo. Los tablones, el contrachapado, el conglomerado y el aglomerado deben estar firmemente adheridos. En este proyecto, hemos instalado el suelo manteniendo el rodapié original en su posición. También se puede retirar el rodapié antes de colocar la tarima y volver a instalarlo y no se necesitará emplear una moldura (*véase* paso 7).

1 La mayoría de los suelos laminados deben instalarse sobre una lámina de refuerzo, que queda colocada entre las tarimas y el contrapiso. Esta lámina se desenrolla sobre el suelo y se junta a tope en los extremos. Por lo general, no precisa que se pegue con ningún tipo de adhesivo.

2 Empezando por un extremo de la habitación, coloque una pieza de la tarima cerca del rodapié. Utilice las cuñas incluidas para mantener una separación homogénea entre el rodapié y la tarima. Este espacio permitirá que el suelo se expanda cuando se produzcan cambios atmosféricos sin que el entarimado se abombe.

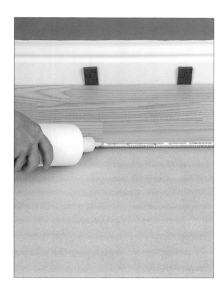

3 Los componentes de estos suelos quedan enlazados con un sistema de machihembrados. Extienda cola para madera en la unión de las tarimas, evitando que entre en contacto con la superficie de la madera.

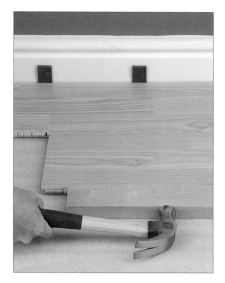

4 Coloque la siguiente pieza y utilice un martillo para que encaje bien en la anterior (no lo utilice nunca directamente sobre la madera porque podría dañar la junta). Una las siguientes piezas de forma escalonada como se observa en la fotografía.

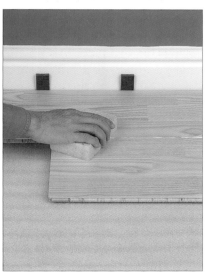

5 Inevitablemente, parte de la cola saldrá por las juntas entre las tarimas. Límpiela inmediatamente con una esponja húmeda; una vez seca, será difícil eliminarla de la superficie.

6 Al llegar al final de las hileras contiguas, será necesario cortar las tarimas a medida para poder colocarlas. Para unir los extremos machihembrados de las piezas, utilice una palanqueta (una herramienta especial para insertar las tarimas en su posición).

7 Cuando el suelo esté terminado, retire las cuñas y tape los huecos resultantes con piezas de moldura. Fije las molduras al rodapié (no a la superficie del suelo) con clavos. Inserte las cabezas de los clavos con un botador y después aplique masilla, lije y pinte o barnice.

TRUCOS ÚTILES

Los suelos de tarimas laminadas tienen ventajas sobre los de tablones, incluida su capacidad de insonorización. Aunque parezca que un suelo de madera no aisla de los ruidos, la ventaja de un suelo de tarima es que, al ser flotante, se puede instalar sobre un refuerzo aislante para reducir la llegada de ruidos a los pisos inferiores. Resultaría mucho más laborioso conseguir el mismo efecto con los tablones convencionales, ya que habría que levantarlos para colocar un aislante por debajo.

PINTAR UN SUELO

NECESITARÁ
....

Martillo
Botador
Cincel
Lijadora profesional
Paño o esponja
Brocha
Pincel pequeño

Para rellenar juntas:
Pistola de cartucho

MATERIALES
....

Imprimación
Pintura para suelos
(2 colores) o pintura en
emulsión (2 colores) y barniz
para suelos

Para rellenar juntas:
Masilla para juntas
de madera

Con un marco decorativo en un suelo pintado realzaremos su efecto y crearemos un acabado muy personalizado.

A una habitación se le puede dar una nueva imagen muy atractiva con un coste relativamente bajo, simplemente pintando el suelo. Aunque los suelos de cemento y de conglomerado pueden pintarse, los mejores efectos suelen conseguirse con el entarimado. Los tablones no deben tener ningún acabado como tinte o barniz. Si fuese necesario, se puede alquilar una lijadora profesional para eliminar estos acabados (*véase* páginas 210-211).

Sobre el entarimado se puede utilizar pintura para suelos, pero con la pintura convencional en emulsión se consiguen los mismos efectos siempre que se aplique un barniz para suelos para protegerla. En este proyecto veremos cómo emplear más de un color para pintar sobre un suelo de madera.

1 Asegúrese de que cualquier clavo que sobresalga quede insertado por debajo de la superficie del suelo; para ello, utilice un martillo y un botador. Asegure cualquier tablón que esté suelto.

2 Aumentaremos el atractivo del suelo simulando juntas en los tablones más largos. Utilice un martillo y un cincel para crear muescas en estos tablones a intervalos irregulares. Estas juntas "falsas" quedarán más realzadas cuando se aplique la pintura.

3 Pase la lijadora por el suelo para eliminar las zonas ásperas antes de pintar. Esto es especialmente importante si el suelo no ha sido pulido con una lijadora especial para suelos. Una lijadora orbital es ideal para esta tarea, pero debe asegurarse de seguir la dirección de la veta. Limpie el polvillo con un paño húmedo después de lijar.

4 Selle toda la superficie del suelo con imprimación de buena calidad. Ésta formará una buena base para la posterior aplicación de pintura. Extienda bien la imprimación por la superficie de la madera y asegúrese de que se ha secado por completo antes de dar más manos.

5 Pinte con el primer color en tablones alternos, manteniendo gran precisión en las juntas entre los tablones y las juntas falsas elaboradas con el cincel. Utilice una brocha grande y, si fuese necesario, un pincel para los detalles pequeños.

6 Aplique el segundo color en el resto de los tablones, prestando gran atención a las juntas. Al haber utilizado imprimación, una sola mano de cada color puede ser suficiente, dependiendo de la opacidad deseada. Si se emplea pintura en emulsión, una vez haya secado, aplique 3 capas de barniz para suelos.

RELLENAR JUNTAS

En el ejemplo anterior, las juntas entre tablones quedaban relativamente abiertas, pero se puede elaborar una superficie completamente sellada, aplicando en ellas masilla para juntas de madera, y alísela con una esponja o un paño húmedo antes de que seque.

HABITACIONES DE NIÑOS

Un suelo pintado es ideal para las habitaciones de los niños, donde se puede conseguir un acabado resistente (*véase* página 93). Puede ser muy divertido crear distintos diseños que hagan las delicias de los niños. De vez en cuando habrá que hacer alguna reparación en la pintura. Por un precio módico podemos modificar el estilo a medida que los niños van creciendo.

LIJAR Y BARNIZAR UN SUELO DE MADERA

NECESITARÁ

Martillo
Botador
Mascarilla protectora
Gafas protectoras
Auriculares protectores
Lijadora profesional
(de alquiler)
Lijadora de perímetro
(de alquiler)
Lijadorar de esquinas
(de alquiler)
Escoba
Paños
Aguarrás
Brocha

MATERIALES

Clavos
Cera o tinte y barniz

Los entarimados decapados y tintados producen un efecto muy natural que se funde con los muebles hechos de un material parecido.

Como alternativa a pintar los suelos de madera, se puede recuperar su aspecto natural lijando, tiñendo, barnizando o encerando. Es casi seguro que habrá que utilizar una lijadora profesional. Esta herramienta se puede alquilar por días, y también se podrá alquilar en el mismo lote una lijadora de perímetro y una lijadora de esquinas.

El lijado de los suelos es una tarea engorrosa y conviene cubrir los huecos de las puertas para evitar que el polvillo se extienda. Abra las ventanas de la habitación donde está trabajando y póngase una mascarilla, unas gafas y unos auriculares. Las pulidoras funcionan básicamente del mismo modo; antes de empezar, lea las indicaciones del fabricante.

1 Antes de empezar a lijar, asegúrese de que todos los tablones del suelo están bien clavados y que las cabezas de todos los clavos están por debajo de la superficie de madera; para ello, utilice un martillo y un botador (*véase* paso 1, página 208). Utilice los clavos que sean necesarios, sin dañar las tuberías ni los cables que pasen por debajo del suelo.

2 Pase la pulidora por el suelo, primero formando un ángulo de 45° respecto a la dirección de los tablones, y después en dirección contraria también con un ángulo de 45°. Termine pasando la pulidora en el sentido de la veta de la madera. Vaya reduciendo progresivamente el grosor del papel abrasivo.

3 La lijadora profesional es grande y no puede llegar justo hasta los bordes del suelo, por eso hay que lijar por el perímetro de la habitación con una lijadora de perímetro. Sujétela con fuerza por las asas, ya que puede ser difícil de controlar.

4 Del mismo modo que la lijadora profesional no puede llegar a los bordes de la habitación, la lijadora de perímetro no llega a los rincones. Para ello utilice una lijadora de esquinas, que tiene una cabeza especial para llegar al extremo del rincón.

5 Cuando haya terminado de lijar es necesario limpiar todo el polvillo de la superficie del suelo: retire la mayor parte con una escoba, y después utilice un paño humedecido en aguarrás para eliminar el resto (quizá tenga que repetir varias veces esta operación).

6 Si tiene previsto encerar el suelo, puede hacerlo en este momento. Si va a utilizar tinte, como en nuestro ejemplo, aplíquelo en los tablones uno a uno, procurando que el final de cada brochazo siempre esté fresco y siguiendo la dirección de la veta.

7 Cuando el tinte haya secado, el suelo podrá barnizarse para que quede protegido. Los barnices al agua son especialmente efectivos y, al secarse rápidamente, se podrá aplicar más de una mano el mismo día.

TINTES

La mayoría de los entarimados son de madera blanda, por lo que su color es claro. Sin embargo, podemos utilizar tintes para oscurecerlos y dar la sensación de que están hechos con madera dura. Esto nos da mayor flexibilidad al planificar el esquema cromático de la habitación, porque podremos combinar y fusionar los colores del suelo y de los complementos decorativos.

DIRECTORIO DE COMPLEMENTOS TEXTILES

UTILIZAR MATERIALES DE COSTURA

VER PÁGINAS 214–215

Una guía de las herramientas necesarias para proyectos textiles que incluye tanto herramientas multiuso, como las específicas.

TOMAR MEDIDAS PARA LAS CORTINAS

DIFICULTAD Baja
TIEMPO Unos 30 minutos
HERRAMIENTAS ESPECIALES Ninguna
VER PÁGINAS 216–217

Tomar medidas para las cortinas es esencial para garantizar que dispone de suficiente tela para el trabajo.

CORTINAS SIN FORRAR

DIFICULTAD De baja a media

TIEMPO ½ día
HERRAMIENTAS ESPECIALES Ninguna
VER PÁGINAS 218–219

Las cortinas ligeras y sin forrar son rápidas y fáciles de confeccionar e ideales, siempre que bloquear la luz no sea una necesidad.

UN FORRO PARA LAS CORTINAS

DIFICULTAD Media
TIEMPO De ½ día a 1 día
HERRAMIENTAS ESPECIALES Ninguna
VER PÁGINAS 220–221

El forro de las cortinas facilita el lavado de éste y la cortina por separado. Los forros pueden aprovecharse; si adquiere cortinas nuevas sin forrar, se puede reutilizar el de las viejas.

CORTINAS FORRADAS

DIFICULTAD Media
TIEMPO De ½ día a 1 día
HERRAMIENTAS ESPECIALES Ninguna
VER PÁGINAS 222–223

Cuando la tela de una cortina no se puede lavar a máquina, no tiene sentido confeccionar un forro. Los forros de cortina integrados harán que la cortina cuelgue mejor.

UN REMATE DE PLIEGUE TRIPLE

DIFICULTAD Media
TIEMPO ½ día
HERRAMIENTAS ESPECIALES Ninguna
VER PÁGINA 224

La mayoría de los remates para cortinas llevan tablas. Emplee un remate de pliegue triple si desea un acabado más decorativo.

ALZAPAÑOS

DIFICULTAD De baja a media
TIEMPO ½ día
HERRAMIENTAS ESPECIALES Ninguna
VER PÁGINA 225

Los alzapaños son un complemento decorativo de gran atractivo para las cortinas, ya que las aparta del hueco de la ventana.

COLGAR LAS CORTINAS

DIFICULTAD De baja a media
TIEMPO 2 horas
HERRAMIENTAS ESPECIALES Ninguna
VER PÁGINAS 226–227

Las cortinas suelen colgarse de rieles o barras. Ambos requieren tomar las medidas con exactitud.

Cinta métrica

Jaboncillo de sastre

Lápiz

Cortaojales

Tijeras para papel

Tijeras para tela

Sierra pequeña para metales

Almidón en aerosol

Tachuelas

Grapas

Grapadora

Rodillo de estirar

Martillo para tachuelas

UN ESTOR ENROLLABLE

DIFICULTAD De baja a media
TIEMPO ½ día
HERRAMIENTAS ESPECIALES
Ninguna
VER PÁGINAS 228–229

Son una opción sencilla que puede colocarse junto a la ventana o por fuera del hueco.

UN ESTOR ROMANO

DIFICULTAD Media
TIEMPO ½ día
HERRAMIENTAS ESPECIALES
Ninguna
VER PÁGINAS 230–231

Son una variación algo más complicada de los estores básicos. Incorporan varillas de madera cosidas en la tela, que forman el mecanismo de recogida y que describen tablas cuando el estor está subido.

UN COJÍN CUADRADO

DIFICULTAD De baja a media

TIEMPO 2 horas
HERRAMIENTAS ESPECIALES
Ninguna
VER PÁGINAS 232–233

Los cojines son uno de los complementos textiles más habituales para añadir un toque de color a una habitación. Un sencillo cojín cuadrado con cierre con cremallera es un diseño barato y efectivo.

UN COJÍN CON ABERTURA POSTERIOR

DIFICULTAD De baja a media
TIEMPO 2 horas
HERRAMIENTAS ESPECIALES
Ninguna
VER PÁGINA 234

Una forma fácil y alternativa de confeccionar una funda sin necesidad de cremallera consiste en colocar 1 abertura posterior. El mecanismo de cierre puede ser una cinta de *velcro*, corchetes, lazos, botones, o una tela solapada.

CANUTILLO DECORATIVO

DIFICULTAD De baja a media
TIEMPO 2 horas
HERRAMIENTAS ESPECIALES
Ninguna
VER PÁGINA 235

Los cojines pueden recibir un toque decorativo colocando canutillo alrededor de sus bordes.

UN COJÍN A MEDIDA

DIFICULTAD Media
TIEMPO 2 horas
HERRAMIENTAS ESPECIALES
Aguja
VER PÁGINAS 236–237

Es necesario sustituir antes el acolchado de las butacas.

TAPIZAR UNA SILLA

DIFICULTAD De baja a media
TIEMPO 2 horas
HERRAMIENTAS ESPECIALES
Martillo para tachuelas, taco de madera (o rodillo de estirar) y grapadora

VER PÁGINAS 238–239

Ésta es una excelente forma de embellecer y darle un "lavado de cara" a este tipo de silla.

UNA FUNDA PARA SILLA

DIFICULTAD De media a alta
TIEMPO ½ día
HERRAMIENTAS ESPECIALES
Ninguna
VER PÁGINAS 240–241

Es una forma rápida y fácil de cambiar su aspecto para crear un mueble que encaja con el esquema de color de la habitación.

UNA FUNDA PARA SOFÁ

DIFICULTAD Alta
TIEMPO De 1 a 2 días
HERRAMIENTAS ESPECIALES
Ninguna
VER PÁGINAS 242–245

Son una manera estupenda de renovar un sofá viejo. Además, son fáciles de limpiar.

Soportes para estor enrollable

Taco de madera

Hembrilla (anilla de metal en la que corre una espiga de metal)

Pesa para cortina

Alfileres y acerico

Dedal

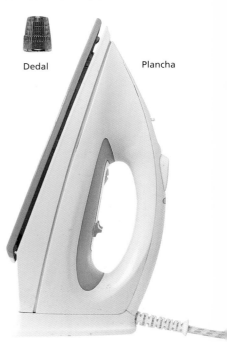
Plancha

Cordón de recogida

Tubo de enrollar con tira adhesiva

Listón de madera para estor

Varilla de madera

Listón de madera

Agujas

Agujas curvas

Enhebraagujas

UTILIZAR MATERIALES DE COSTURA

Como ocurre con todos los proyectos de mejoras del hogar, es importante saber algo acerca de las herramientas y materiales utilizados para confeccionar complementos textiles. En estas páginas aparecen algunas de las partes principales de una máquina de coser, así como una selección de materiales importantes y necesarios para los proyectos de este libro.

MÁQUINA DE COSER

La máquina de coser será el elemento más caro del equipo, así que es importante que se tome el tiempo necesario a la hora de elegirla, para garantizar que entiende los distintos elementos de la máquina y su funcionamiento. Aunque, en principio, las máquinas de coser son iguales, hay diferencias sutiles entre los distintos modelos relativas a cómo se seleccionan los puntos, e incluso a tareas tan sencillas como enhebrar la aguja. Es importante leer el manual de instrucciones que viene con la máquina; si va a comprar una de segunda mano, debería asegurarse de que incluye el manual. Los elementos más importantes de cualquier máquina de coser son las funciones para costura en recto, costura reversible y costura en zigzag. También es necesario tener un pie prensatelas normal, un pie prensatelas para zigzag, un pie prensatelas para cremalleras y algunas bobinas de repuesto. La ilustración inferior muestra los elementos principales de una típica máquina de coser.

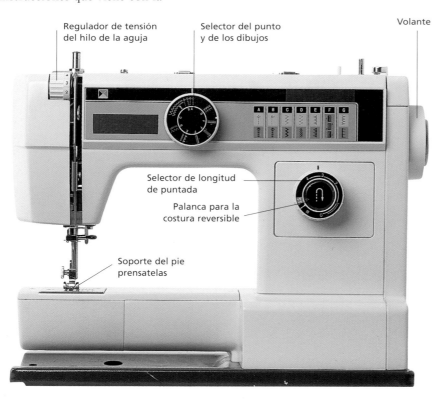

Regulador de tensión del hilo de la aguja

Selector del punto y de los dibujos

Volante

Selector de longitud de puntada

Palanca para la costura reversible

Soporte del pie prensatelas

CORTINAS Y ESTORES

Se necesitan muy pocas herramientas especiales para confeccionar cortinas y estores. Necesitará un metro, tijeras, agujas, alfileres y jaboncillo de sastre, además de artículos como cinta de remate para cortinas, garfios, *velcro*, bucarán e hilo.

◀ GANCHOS O GARFIOS
Se introducen en la parte superior de la tela a través de la tela, el bucarán y la cinta de remate, de manera que no son visibles desde la parte frontal de la cortina. Después, se cuelgan de las anillas correderas deslizantes de la barra o del riel para que la cortina cuelgue.

◀ GARFIOS DE PLÁSTICO
Se utilizan en cintas de remate con tablas; son una alternativa barata y ligera a los garfios metálicos.

◀ GARFIOS DE CINC
Los garfios metálicos son más fuertes que los de plástico y se utilizan en cintas de remate con tablas. Cuando las cortinas sean propensas a salirse de las anillas correderas deslizantes, puede apretar los garfios con unos alicates para sujetarlos más.

◀ ANILLAS DE LATÓN
Se cosen en los alzapaños, de manera que puedan engancharse a un gancho clavado en la pared.

◀ ANILLAS DE PLÁSTICO
Estas pequeñas anillas de plástico se utilizan para pasar la cuerda de los estores. Sirven de guía para la cuerda cuando los estores están subidos. Es mejor coser las anillas a mano.

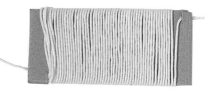

▲ CUERDA PARA ESTORES
Se puede emplear un tirador para sujetar los cordones si no se van a sujetar en una abrazadera clavada en la pared.

◄ HILO DE COSTURA

Elija el color más parecido al color de la tela en la que se va a utilizar: es mejor un tono más oscuro que uno claro si no se logra la combinación exacta, ya que los claros destacan más. Compruebe la composición de la tela y elija el tipo de hilo en consecuencia: si la tela es una mezcla sintética, utilice un hilo sintético. Emplee únicamente hilo 100% algodón en telas que sean 100% algodón; de lo contrario, corre el riesgo de que el hilo encoja en proporción distinta a la tela. Se puede usar hilo de seda en telas de seda, y pueden ser necesarios hilos gruesos y resistentes para tapicerías gruesas o que vayan a coserse a mano. Es posible coser algunos hilos gruesos y resistentes con máquina de coser, aunque tal vez haya que variar la tensión. Lea siempre el manual de instrucciones antes de realizar los ajustes.

▲ BUCARÁN

Se utiliza como entretela, y puede coserse o plancharse sobre la tela para crear remates o alzapaños firmes. El bucarán se vende en rollo en distintos grosores y es fácil de cortar a la medida y forma deseadas.

▲ CINTA DE REMATE TABLEADA

Esta cinta de remate se vende en distintos anchos. Va cosida a la parte superior de la cortina. A continuación, cuando se tensan los cordones, se forman tablas. Estas tablas son del mismo ancho que el ancho de la cinta utilizada. Al coser una de las cintas de remate más pequeñas, a 2,5-5 cm de la parte superior de la cortina, se crea un frunce más suave por encima de la tabla cuando se tensan los cordones.

▲ CINTA DE REMATE PARA FORRO

Este tipo de cinta de remate permite fruncir y unir un forro a las cortinas utilizando los mismos garfios de los que cuelgan éstas. La cortina y el forro se pueden colgar juntos.

▲ CINTA DE CIERRE CON *VELCRO*

Los 2 lados de esta cinta se unen cuando la cara áspera del *velcro* se engancha en la afelpada. Se vende para coser o de forma autoadhesiva.

ASIENTOS Y COJINES

Es posible utilizar diversos tipos de materiales para los asientos y los cojines (relleno de guata, la entretela, la espuma u otro tipo de relleno). A la hora de tapizar una silla, tal vez tenga que sustituir el relleno y las cinchas además de la funda.

▶ ESPUMA

La espuma se vende en distintas densidades y es una de las alternativas más firmes. Cuando un asiento necesite poco grosor, una espuma más firme aportará más comodidad al asiento.

▶ ENTRETELA DE POLIÉSTER

Se coloca entre la espuma y la tela para suavizar el tacto del tapizado. Esta capa extra también evita que la espuma roce el dorso de la tela, alargando la vida de ésta. Esta capa es especialmente importante cuando se utiliza terciopelo o telas parecidas ya que, sin la entretela, la espuma rozaría el dorso de la tela y sacaría el terciopelo por la trama del tejido.

▶ RELLENO PARA COJINES

El relleno para cojines puede adquirirse en distintos tamaños y densidades, o en almohadillas ya confeccionadas. A la hora de elegirlo, tendrá que decidir si desea que el cojín acabado tenga un tacto relativamente duro y firme, o menos denso y más suave. Los rellenos pueden ser de materiales variados como la pluma o la fibra de poliéster.

▶ PAPEL MARRÓN

El papel marrón, también conocido como "papel de embalar", es el material ideal para realizar patrones. Cuando vaya a realizar un trabajo a gran escala, una varias hojas con cinta adhesiva.

▲ CREMALLERAS

Las cremalleras cortas se venden en medidas estándar. Las más largas se venden en rollo.

▲ CANUTILLO

El canutillo se vende en diversos grosores para forrarse con la tela que se vaya a utilizar. Compre siempre más de lo que necesita para las costuras. Compruebe que está lavado para que, al lavarlo, no encoja en proporción distinta a la funda.

▲ CINCHA

La cincha tejida es una forma barata de crear una base para un asiento. También hay cincha de goma, pero se coloca de manera ligeramente distinta.

CÓMO TOMAR MEDIDAS PARA LAS CORTINAS

Para calcular la cantidad de tela necesaria para unas cortinas, ha de saber el ancho de la tela de cortina y el tamaño de cualquier repetición del dibujo (las dimensiones de un dibujo completo que se repite a lo largo de la tela). El tamaño de la repetición del dibujo es importante. Si elige una tela con un diseño que haya que casar a lo ancho de la cortina, tendrá que añadir la medida de caída (la medida del dibujo) a cada largo de tela necesario para la confección de las cortinas: esto le permitirá ajustar la posición de la tela para casar el estampado.

Mida las ventanas (*véase* a la derecha) y compruebe las medidas con sumo cuidado para evitar errores costosos. Decida el largo de las cortinas (la caída total) y lo fruncidas que las desea. Una vez adquirida la tela, compruebe nuevamente que tiene la cantidad adecuada antes de hacer las cortinas; cuando comience a cortar, ya no habrá solución.

TRUCOS ÚTILES

En algunos de los proyectos de esta sección tendrá que coser a mano algunas zonas, como el remate de un cojín o el dobladillo de una cortina, con punto de orillo. Esto hace que la mayoría de las puntadas queden ocultas. Introduzca la aguja en un pliegue desde abajo; empuje la aguja a través de la parte superior del doblez del otro lado, directamente frente a donde sale por primera vez. Vuelva a traer la aguja por debajo del primer doblez, unos 4 mm más adelante, tire de la hebra para unir las 2 telas y continúe de esta manera hasta completar todo el recorrido.

1 Ancho del riel: es necesario saber el ancho del riel para decidir cuántos anchos de tela se requieren. Lo ideal es que cada cortina tenga, como mínimo, el ancho del riel. De esta manera, cuando las cortinas están colgadas y fruncidas, el ancho total de la tela es el doble del ancho del riel. Por ejemplo, si el ancho del riel es de 206 cm y el ancho de la tela es de 137 cm, entonces cada cortina requiere un ancho y medio para lograr una buena caída.

2 Ancho de la ventana: la barra o el riel de la cortina debería extenderse como mínimo 15 cm a cada lado del hueco de la ventana para permitir que, cuando la cortina esté descorrida, entre la luz a raudales. Si va a colocar una barra, es la escuadra la que debe ir 15 cm por fuera de la ventana. En el caso de un riel, éste debería sobresalir 15 cm del hueco. La distancia para la ubicación de la escuadra puede variar, dependiendo del peso y el cuerpo de las cortinas. Para unas cortinas con cuerpo y mucho peso, las escuadras tendrán que ir más alejadas de la ventana. Las cortinas ligeras y sin forrar ocuparán menos una vez descorridas que las cortinas forradas. En el diagrama de la página siguiente, la parte no punteada de la línea 2 muestra el ancho de la ventana, mientras que la línea punteada (que continúa la línea anterior) denota la distancia variable en la que debería colocarse la escuadra para la barra o los soportes del riel.

3 Caída de la ventana: en ocasiones, la medida de la caída del hueco de la ventana será el largo acabado de las cortinas, sobre todo cuando deseamos que la cortina quede cerca de la ventana. Evite este efecto siempre que sea posible, ya que la cantidad de luz que penetra en la habitación se ve reducida cuando la tela no se aleja mucho del cristal. Cuando las cortinas se cuelgan por dentro del hueco junto a la ventana, es posible atornillar o colocar los rieles en el mismo marco si es de madera. Los marcos que no sean de madera, como los de las ventanas de PVC, necesitan un tipo de sujeción distinto ya que en ellos no se pueden clavar tornillos. El riel puede ir colocado con escuadras o soportes, y situado en la pared (en la parte superior del

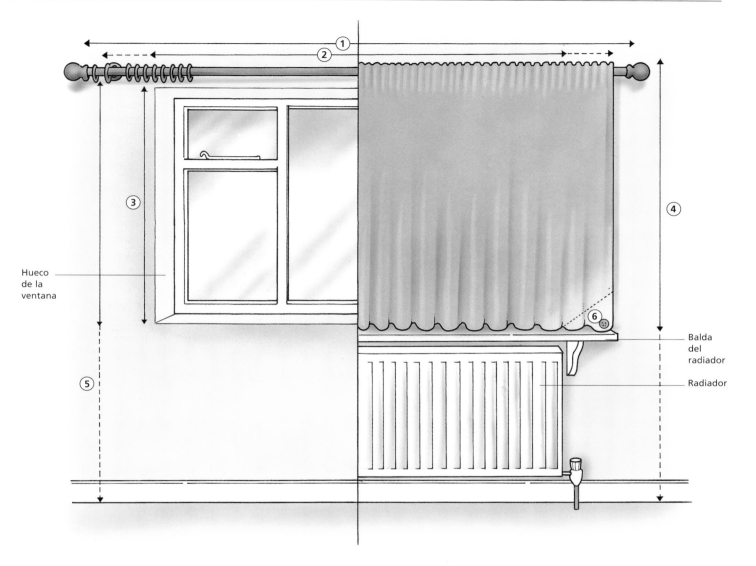

Hueco
de la
ventana

Balda
del
radiador

Radiador

hueco). También es posible colocar barras para cortinas, sin remates, con soportes especiales para el hueco de la ventana. Esta medida de la ventana también será necesaria si va a colgar un estor en el interior del hueco.

4 Caída total de la cortina: el largo (o caída total) de la cortina depende de si desea que la parte superior de la cortina cubra el riel o la barra. Las barras pueden convertirse en un elemeto decorativo si la cortina se cuelga por debajo. Si hay un radiador bajo la ventana, entonces el dobladillo inferior debería acabar entre éste y el alféizar. Las baldas pequeñas que suelen ir sobre el radiador aportan una línea muy definida para tomar medidas. Si no hay impedimentos, las cortinas hasta el suelo logran un efecto muy lujoso. La moda actual emplea aún más tela en el largo, con el exceso de tela drapeado sobre el suelo de forma suntuosa.

5 Caída de los garfios al dobladillo: para obtener una medida precisa desde el garfio hasta el dobladillo, no tiene más que medir desde la posición del garfio en la anilla de una barra (o en la corredera deslizante de un riel) hasta donde desee que acabe la cortina. Para emplear esta medida, ponga un gancho en la cinta de remate en la posición que desee utilizarlo, y mida la cantidad de tela por encima de él. Sume esta medida a la medida desde los ganchos al dobladillo para obtener el largo total (*véase* 4).

6 Posición de las pesas de la cortina: en el caso de colocar pesas en el interior de un dobladillo sin forrar, *véase* el paso 6 de la página 219. Para ser más efectivo en las cortinas con forro, las pesas no han de colocarse justamente en la esquina de la cortina; en su lugar, la pesa debería colocarse en la parte inferior de la costura que une la tela con el forro.

CONFECCIONAR CORTINAS SIN FORRAR

En una habitación clara y soleada donde desee aprovechar la luz durante el día, pero necesite proporcionar cierta intimidad al caer la noche, las cortinas sin forrar crearán un efecto sencillo y nada recargado.

Las cortinas sin forrar son la forma más fácil y menos cara de vestir una ventana, y constituyen la manera ideal de practicar la confección de cortinas antes de lanzarse a hacer unas forradas. Las cortinas de tela lavable son perfectas para los cuartos de baño y cocinas, donde se verán expuestas al vapor del baño o la cocina. Si las cortinas van a ir colgadas por dentro del hueco, entonces lo mejor son las que no van forradas: se utiliza menos tela que en las forradas, y es posible descorrerlas para dejar que entre la luz. Calcule la cantidad de tela que necesita, utilizando las medidas de las páginas 216-217, y deje 15 cm más en la caída total para el dobladillo y el margen de las costuras.

1 Corte la tela. Si va a cortar un tela de tejido suelto, extraiga un hilo y corte a lo largo de esta línea. Para ello, practique un pequeño corte en el orillo y tire de un solo hilo, cortando después a lo largo del hueco dejado por dicho hilo. Una los anchos que necesite con punto recto. Recorte los bordes y planche la costura abierta.

2 Haga un dobladillo de 1,25-2 cm hacia el revés en los bordes laterales y planche. A continuación, haga de nuevo un dobladillo doble de 2,5 cm. Planche el dobladillo y sujételo con alfileres.

3 Para coser los dobladillos, utilice un prensatelas estándar con una aguja adecuada a la tela; la número 16 vale para la mayoría de las telas. Seleccione un punto de tamaño medio y cosa los 2 dobladillos laterales.

4 En el revés de la tela, marque con un jaboncillo de sastre 2,5 cm hacia abajo, desde la parte superior de la tela. Doble el borde superior hasta la marca y sujételo. Coloque la parte superior de la cinta de remate a 5 mm del borde doblado y sujételo con alfileres. Cosa a lo largo de los 2 bordes de la cinta, ingleteando la esquina.

5 Extienda la cortina con el derecho hacia arriba. Mida desde la parte superior y marque la caída total de la cortina con un alfiler. Señale los dobleces para el dobladillo. El segundo doblez debería estar a unos 9 cm de la marca de la caída total, y deberían dejarse unos 5 cm para el primer doblez del dobladillo.

6 Las pesas se colocan en los dobladillos inferiores, o en las costuras para que las cortinas cuelguen bien. Cosa las pesas en el dobladillo inferior, debajo de la línea de alfileres para el primer doblez del dobladillo. Las puntadas quedarán ocultas cuando las cortinas se vean desde el frente: ahora ya están listas para hacer el dobladillo inferior.

7 Doble el dobladillo siguiendo los alfileres (*véase* paso 5). Fije primero los 2 lados para que los dobladillos queden alineados, y case las costuras centrales de los anchos de tela que hubiera unido. Sujete las costuras laterales y estire la tela para crear un poco de tensión, que facilitará la tarea de doblar y sujetar el resto del dobladillo.

8 Si su máquina de coser tiene una posición para los pespuntes, utilícela para coser los dobladillos, o cósalos a mano. En las telas lisas se logra un acabado más limpio cosiéndolas a mano. Cosa a punto de orillo (*véase* página 216) a lo largo del lateral del dobladillo y, por último, a lo largo de los lados de la parte superior de la cortina.

CONFECCIONAR UN FORRO PARA CORTINAS

Las cortinas con forro "dan vida" a la tela. Aun cuando las cortinas no reciban la luz directa del sol, se irán decolorando y deteriorando con el paso del tiempo. Por lo general, forrar las cortinas mejora el modo en que éstas cuelgan. Además, proporciona una capa de tela adicional en la ventana lo que, a su vez, mejora el aislamiento.

Los forrros desmontables son sencillos de hacer y montar. Van unidos al revés de la cortina con garfios, por lo que es muy fácil quitarlos. Además, son transferibles: si cambia el esquema de color de la habitación y desea unas cortinas nuevas, puede usar el forro viejo en ellas.

Algunas telas de forro bloquean la luz, por lo que son muy útiles en habitaciones en las que entra la luz del sol a primera hora de la mañana. Suelen utilizarse en los dormitorios infantiles donde la luz natural puede provocar problemas de sueño. Para calcular la cantidad de tela de forro que necesita, consulte las páginas 216-217.

Un forro desmontable garantizará que las cortinas cuelguen bien. También significa que podrán lavarse o quitarse con gran facilidad.

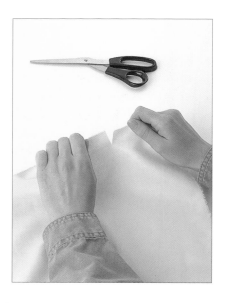

1 Corte el forro, dejando margen para los dobladillos, de manera que el tamaño final sea más pequeño que el tamaño de la cortina sin fruncir. Los forros de algodón pueden desgarrarse a lo largo de la trama del tejido: córtelo en ángulo recto al orillo, agarrando con firmeza cada lado del corte, y desgarre a lo largo de la trama. Planche el borde.

2 Doble y sujete el dobladillo lateral (*véase* paso 2, página 218). Como el forro no tiene estampado, mida y marque con jaboncillo de sastre o alfileres antes de sujetarlo en posición, para así lograr un dobladillo recto. Cosa a máquina a lo largo del dobladillo, utilizando un pie prensatelas estándar y seleccionando una costura en recto.

3 Coloque la cinta de remate sobre el borde superior del forro sin rematar, de manera que dicho borde quede contra el interior del doblez de la cinta de remate. Doble los extremos de la cinta hacia abajo antes de coser. Cosa entre las cuerdas (en los extremos de la cinta) donde las 2 cortinas se juntarán una vez colgadas.

4 Mida el largo de los garfios al dobladillo de la cortina en el que irá colocado el forro. El forro debe ser 2,5 cm más corto para que no cuelgue por debajo de la cortina. Deje un dobladillo de 5 cm con un doblez de 4,5 cm en la parte interior.

5 El dobladillo inferior puede coserse a máquina, ya que no será visible cuando esté colgado por detrás de la cortina. Cosa el lateral del dobladillo, en la parte superior, y en la inferior en el extremo opuesto, utilizando un punto recto de tamaño medio. Dé unos cuantos puntos reversibles al comenzar y al acabar la línea de costura.

6 Planche el forro. Tire de las cuerdas de la cinta de remate en el extremo que no se cosió en el paso 3. Deje el ancho del forro 5 cm más pequeño que el ancho de la cortina, de manera que el forro permanezca por detrás de la cortina sin que se vea. Ate un nudo en las cuerdas para sujetarlas.

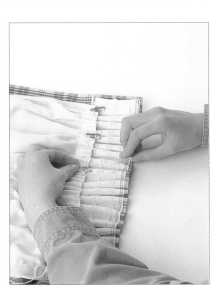

7 El forro utiliza los mismos garfios que las cortinas. Introduzca cada gancho en el agujero de la cinta del forro, y luego en la cinta de la cortina. Cuando todos los ganchos estén colocados, la cortina y el forro podrán colgarse de las mismas anillas (o correderas deslizantes).

FORROS PRÁCTICOS

Las cortinas con forro son muy prácticas en la cocina, donde suelen necesitar un lavado más frecuente que en otras partes de la casa. Las cortinas y los forros pueden lavarse por separado sin preocuparse de la diferencia del encogido de la tela. En esta cocina rústica tradicional (*véase* página 10), unas cortinas forradas hasta el suelo proporcionan un aislamiento térmico realmente efectivo.

CONFECCIONAR CORTINAS FORRADAS

El forro reduce la cantidad de luz que penetra en una habitación, lo cual puede ser muy útil en un dormitorio que reciba los primeros rayos de sol. Las cortinas suelen colgarse mejor si tienen un forro.

Si la tela de su cortina no se puede lavar a máquina, no hay ninguna ventaja en colocar un forro. En estos casos, lo mejor es unir el forro a las cortinas durante la confección. La tela de la cortina y el forro van simplemente cosidos en las costuras laterales. El forro se corta más estrecho que la tela de la cortina, para que las costuras laterales queden ocultas en la parte posterior de la cortina acabada. Tanto la tela de la cortina como el forro se cosen a la vez a la cinta de remate. A continuación, deberían sujetarse y coserse dobladillos dobles, tanto en la tela de la cortina como en el forro. Calcule la cantidad de tela que va a necesitar siguiendo las instrucciones de las páginas 216-217.

1 Corte el forro 10 cm más estrecho y 2,5 cm más corto que la tela de la cortina. Con el derecho hacia dentro, prenda el forro a la cortina a lo largo de un lado a 1,25 cm del borde, procurando que las esquinas superiores casen bien. Cosa la costura lateral desde arriba, deteniéndose a 30 cm de la parte inferior para dejar margen al dobladillo.

2 Repita en el lado contrario de la cortina, planche las costuras laterales, y vuelva del derecho. Sujetando la parte superior de la cortina, doble las costuras laterales donde va cosido el forro y la tela. Sujete juntas las costuras laterales y doble la cortina a la mitad, para que las esquinas superiores de las costuras laterales casen.

3 La tela y el forro tendrán un doblez en el centro de la cortina, donde el doblez del forro es unos 5 cm más corto que el doblez de la cortina. Marque los 2 dobleces con jaboncillo de sastre en la parte superior de la cortina.

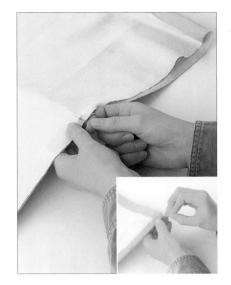

4 Extienda la cortina y sujete juntas las 2 marcas con alfileres (éste es el centro de la cortina). Mida y marque a 2,5 cm de la parte superior del forro; doble la tela y el forro hacia las marcas y sujételo con alfileres, manteniendo alineadas las marcas del centro. Doble 1,25 cm de tela en la diagonal de las 2 esquinas superiores.

5 Cosa la cinta de remate (*véase* paso 4, página 219). Marque el largo total y el largo del dobladillo en el derecho de la tela (*véase* paso 5, página 219) y cosa las pesas (*véase* paso 6, página 219). Doble los bordes del dobladillo inferior para hacer una esquina ingleteada. La esquina superior del dobladillo debería casar con la costura.

6 Mida el largo del dobladillo y márquelo en la parte inferior de manera que sea 2,5 cm más corto que la cortina. Marque 5 cm para el primer doblez del dobladillo y 6 cm para el segundo doblez (*véase* paso 2, página 218). Cosa el dobladillo del forro tal y como se muestra en el paso 5 de la página 221.

7 Cosa a punto de orillo las esquinas de la cortina donde van sujetas, y cosa el dobladillo tal y como se muestra en el paso 8 de la página 219. Haga casar las esquinas de la cortina y el forro, y sujételas con alfileres. Cosa a punto de orillo y continúe unos 2,5 cm alrededor de la esquina (en la parte inferior) para asegurarlas.

8 Anote la mitad de la longitud del riel de la cortina. Tire de las cuerdas de la cinta de remate desde el extremo abierto, apretando los frunces al máximo. Mida la cuerda y átela en el punto equivalente al medio riel. Suelte los frunces, de manera que se distribuyan equitativamente al ancho de la cortina, y las cortinas ya están listas para colgarse.

CONFECCIONAR UN REMATE DE PLIEGUE TRIPLE

NECESITARÁ

Cinta métrica
Tijeras para tela
Jaboncillo de sastre
y alfileres
Plancha

MATERIALES

Tela
Bucarán
Hilo

VER TAMBIÉN

Utilizar materiales
de costura págs. 214–215

Hay diversos tipos de remates que pueden aplicarse a las cortinas. Mientras que el remate tableado es uno de los más fáciles, los pliegues triples crean más impacto, especialmente en las telas lisas. Puede comprar cinta de remate de pliegue triple (también llamado pliegue francés). Sin embargo, la ventaja de fabricarla uno mismo es que se consiguen pliegues más definidos. En lugar de utilizar cinta de remate, se cose a la tela una tira de bucarán (lo ideal es de 10 cm de ancho) y luego se forman pliegues con el bucarán y la tela. A la hora de calcular la cantidad de tela, deje un mínimo de 2 veces el ancho de la cortina acabada (*véase* páginas 216-217), ya que cada pliegue emplea 12,5 cm de tela (el espacio entre los pliegues debería ser de unos 12,5 cm). Cada cortina debería acabar con un pliegue en el borde exterior, y con un espacio sin pliegue en el borde interior para permitir que las cortinas se cierren sin problemas.

1 Haga las cortinas hasta el punto donde deba coser la cinta de remate (*véase* pasos 1 a 3, páginas 218-219). No vuelva la parte superior. Alinee el borde superior de la cortina por el revés con el borde del bucarán. Utilizando un punto de zigzag, cosa a lo largo del borde superior para unir así el bucarán y la tela.

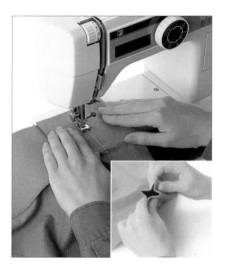

2 Doble el bucarán y la tela, y sujétela. Cosa un punto recto por encima de la línea de zigzag. En el lado derecho de la cortina, marque con jaboncillo, (en perpendicular a la parte superior), las líneas donde irán cosidos los pliegues (*véase* Trucos útiles). Sujétela y cosa a lo largo de las líneas. Doble hacia dentro para hacer los pliegues.

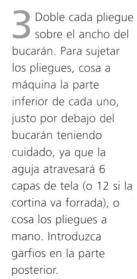

3 Doble cada pliegue sobre el ancho del bucarán. Para sujetar los pliegues, cosa a máquina la parte inferior de cada uno, justo por debajo del bucarán teniendo cuidado, ya que la aguja atravesará 6 capas de tela (o 12 si la cortina va forrada), o cosa los pliegues a mano. Introduzca garfios en la parte posterior.

TRUCOS ÚTILES

Para marcar los pliegues o tablas, comience en el borde exterior de la cortina y señale la primera línea a 12,5 cm. Deje un espacio y marque el siguiente pliegue (los espacios entre los pliegues deben ser equitativos a lo largo del ancho, por lo que deberían ajustarse). Continúe marcando las líneas en el largo de la cortina. Sujete con alfileres las líneas de cada pliegue, de manera que casen en el derecho y en el revés, manteniendo la tela perpendicular en la parte superior. El espacio de los bordes del centro de la cortina deben ser la mitad que los otros, de forma que los pliegues queden a igual distancia cuando las cortinas estén descorridas.

CONFECCIONAR ALZAPAÑOS

NECESITARÁ

Jaboncillo de sastre
Tijeras para tela
Alfileres
Máquina de coser
Plancha
Agujas

MATERIALES

Bucarán de 10 cm de ancho
Tela
Hilo
Anillas de latón

Los alzapaños proporcionan un acabado sencillo y bello a las cortinas. Además de ser decorativos, son una excelente manera de apartar las cortinas de la ventana para permitir la entrada de luz. Mida alrededor de la cortina donde desee la posición del alzapaño. Corte el bucarán de esta medida y, después, corte un borde largo y curvo como plantilla.

Los alzapaños pueden confeccionarse con la tela de la cortina o con una tela lisa que combine con ellas y con el esquema de color.

1 Utilizando el patrón de bucarán, marque y corte 2 trozos de tela, añadiendo un margen para costuras de 1,25 cm en la parte inferior y en los laterales, y de 4 cm en la parte superior. Sujétela con alfileres y cosa los bordes curvos con el derecho hacia dentro, comenzando y acabando a 1 cm del extremo. Planche la costura.

2 Introduzca el bucarán para que todo el margen de las costuras quede en la parte posterior. Doble la parte superior de la tela frontal sobre la parte superior del bucarán, y doble hacia dentro el exceso para lograr un borde impecable. Sujete y doble los lados hacia dentro, procurando que la tela quede por detrás del bucarán.

3 Cosa el alzapaños a mano a punto de orillo (*véase* Trucos útiles, página 216), procurando que la aguja no atraviese el bucarán.

4 Cosa a mano una anilla en cada extremo del bucarán, poniendo doble hebra: ahora ya puede colgar las anillas de un gancho clavado en la pared al nivel deseado para el alzapaño.

Colgar las cortinas

NECESITARÁ

Lápiz
Cinta métrica
Nivel de burbuja
Taladro eléctrico sin cable
con brocas
Destornillador

MATERIALES

Kit de barra o riel de cortina

Las cortinas suelen colgarse de barras o rieles. Aunque desarrollan una función similar, hay una ligera diferencia en la instalación de ambos sistemas. Las barras de cortina se venden en muchas formas y están hechas de todo tipo de materiales, como hierro o diversos tipos de madera. En la mayoría de los casos, las barras van sujetas a la pared con escuadras o soportes especiales. En general bastan 2 escuadras, pero cuando las ventanas sean grandes o la tela sea pesada, se necesitarán 3 o más soportes.

Los rieles suelen ser de plástico y son más ligeros de manejar. Van sujetos con varios soportes pequeños que los anclan a la pared, y se diferencian de las barras en que la cortina se puede descorrer a un lado del riel sin interrupción (en el caso de las barras, las escuadras o los soportes interrupen el paso de la cortina, por lo que deben ubicarse en la posición adecuada para permitir que las cortinas se descorran sin trabas).

La parte inicial de la instalación es parecida para barras y rieles: hay que trazar una línea-guía nivelada sobre la superficie de la pared para asegurar la altura correcta de la barra o el riel. Después de este paso, la instalación varía sensiblemente para cada mecanismo. Las escuadras de las barras van situadas fuera del hueco de la ventana, pero todavía en la línea-guía de lápiz: esto garantiza que las cortinas puedan alejarse del hueco de la ventana cuando estén descorridas.

En la mayoría de los casos, lo único que se necesita para fijar los rieles o las barras son los sencillos mecanismos de rosca mostrados aquí. Sin embargo, si las cortinas son muy pesadas o la pared no es demasiado estable, tal vez tenga que reforzar los puntos de sujeción. Para ello, es posible inyectar resina en los agujeros taladrados para las escuadras o soportes, introducir los elementos de sujeción y dejar que la resina se seque antes de colocar la barra o el riel.

Trazar las líneas-guía

1 Al colocar un riel fuera del hueco de la ventana, la altura adecuada por encima del borde superior del hueco suele ser de 5 a 7,5 cm. Utilice un metro para marcar esta medida directamente sobre una esquina del hueco.

2 Utilice un nivel de burbuja alineado con esta marca para dibujar a lápiz una línea-guía a lo largo de la parte superior del hueco. Deje que la línea sobresalga por los lados del hueco, ya que el riel o la barra siempre han de ser más largos que el ancho del hueco (*véase* páginas 216-217).

INSTALAR UN RIEL

1 Para instalar un riel, mida la distancia requerida más allá del extremo de los huecos a ambos lados, y haga marcas equidistantes a lo largo de la línea de lápiz para obtener la posición de los soportes. Estas distancias varían según la longitud de la línea, pero los soportes deberían colocarse cada 25 cm.

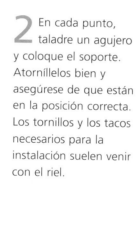

2 En cada punto, taladre un agujero y coloque el soporte. Atorníllelos bien y asegúrese de que están en la posición correcta. Los tornillos y los tacos necesarios para la instalación suelen venir con el riel.

3 El riel va enganchado a la parte frotal de los soportes. Tal vez sea necesario apretar los tornillos ajustables de los soportes una vez colocado el riel. También se pueden colocar topes en los extremos para que las cortinas no se salgan una vez colgadas.

INSTALAR UNA BARRA

1 Las barras van instaladas más lejos del hueco de la ventana, pero también sobre la línea-guía (*véase* paso 1, izquierda). Atornille primero una placa con rosca metálica en la pared, y luego atornille la base del soporte en la rosca de la placa metálica hasta que la cara posterior del soporte quede a ras de la superficie de la pared.

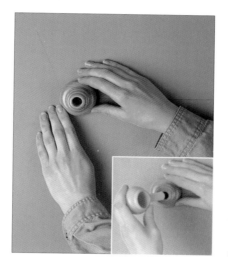

2 Compruebe que el soporte está sujeto a la placa, pero no lo apriete en exceso. Introduzca la segunda parte del soporte en la primera para que sirva de cilindro donde encajar la barra. Una vez colocada, fíjela introduciendo un tornillo a través de la parte de arriba del primer elemento del soporte hasta el cuello de la anilla.

3 Cuando el otro soporte esté instalado, pase la barra por los cilindros. Coloque las anillas para las cortinas, dejando una en la parte exterior de cada soporte. Éstas sujetarán el extremo de cada cortina cuando estén descorridas. Coloque un remate en cada extremo que servirá de elemento decorativo y de tope para evitar que se salga la cortina.

CONFECCIONAR UN ESTOR ENROLLABLE

NECESITARÁ

Cinta métrica
Sierra pequeña para metales
Tijeras para tela
Papel abrasivo medio
Máquina de coser
Masilla adhesiva removible

MATERIALES

Kit para estor enrollable
Tela
Almidón en aerosol
Hilo

Los estores enrollables pueden instalarse en el interior del hueco, cerca de la ventana, como muestra la fotografía, o por fuera del hueco, de manera que cubran tanto la ventana como el hueco.

Los estores enrollables son los más sencillos. Pueden adquirirse ya hechos o confeccionarse a medida, y también puede hacer uno con ayuda de un *kit*. Para calcular la cantidad de tela necesaria, mida el ancho del hueco de la ventana y la caída (*véase* páginas 216-217), y añada un 10% para "el encogido", lo cual puede ocurrir al rociar la tela con almidón, más otros 30 cm extra al largo para ajustar el estor alrededor del tubo de enrolle y el listón.

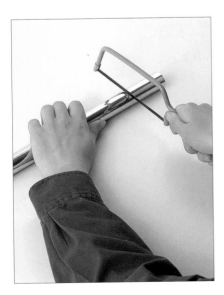

1 Instale los soportes siguiendo las instrucciones del fabricante. Es poco probable que el tubo de enrolle del estor encaje con exactitud en su ventana; por lo tanto, mida el ancho entre los soportes y corte el tubo a medida con ayuda de una sierra para metales pequeña.

2 Corte la tela para el estor según las medidas de trabajo (deje el 10% de margen para el encogido, y los 30 cm de más en el largo). En un lugar bien ventilado, rocíe la tela con almidón siguiendo las instrucciones del fabricante. Deje secar bien la tela.

3 Cuando la tela esté seca, mida el tamaño exacto que va a necesitar y márquela con jaboncillo de sastre, procurando que las marcas sean perpendiculares. Corte el estor según dichas medidas, teniendo cuidado de no doblarlo ni arrugarlo; aunque esté almidonada, la tela no estará rígida. Si necesita trasladar el estor, enrolle la tela.

4 Mida alrededor de la circunferencia del listón. Utilice esta medida para sujetar con alfileres un dobladillo en el revés de la tela, donde irá el listón. Antes de coser el dobladillo, introduzca en él el listón para comprobar su ajuste y longitud. Marque el punto en que ha de cortarse el listón y córtelo con una sierra de arco. Lije los bordes ásperos.

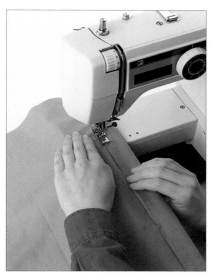

5 Cosa el dobladillo con punto recto (sin el listón). Utilice hilo del mismo color que la tela, ya que las puntadas serán visibles en la parte frontal del estor. Procure no doblar ni arrugar la tela almidonada mientras cosa el dobladillo.

6 Desprenda el papel protector de la tira adhesiva del tubo de enrolle. Procurando que la tela quede en perpendicular al tubo, pegue la tela a la tira adhesiva. Frote la tela para mejorar la adherencia. Enrolle la tela en el tubo; al hacerlo, sujételo con un poco de masilla adhesiva removible.

7 Introduzca el listón en el dobladillo inferior y coloque los tapones de los extremos. Cuelgue el estor de los soportes. Una vez colocado, suba y baje con cuidado el estor unas cuantas veces para comprobar que ha quedado perpendicular.

KITS PARA ESTORES ENROLLABLES

● Algunos kits para estores enrollables contienen un tubo de enrolle de madera en lugar de uno de metal. Si va a utilizar un tubo de madera, la tela puede sujetarse con una tira adhesiva, pero habrá que asegurarla con unas cuantas grapas.

● Al confeccionar estores, utilice siempre tubos de enrolle de metal o de madera en lugar de los de cartón. Los tubos de cartón no son tan resistentes y tienden a combarse con el tiempo, sobre todo si el estor está situado en una cocina o en un cuarto de baño, donde la condensación puede humedecer el cartón.

CONFECCIONAR UN ESTOR ROMANO

NECESITARÁ

Cinta métrica
Jaboncillo de sastre
Alfileres
Máquina de coser
Aguja
Sierra
Papel abrasivo

MATERIALES

Tela
Hilo
Velcro de coser y pegar (un trozo del ancho del estor)
Varillas de madera
Listón de madera
Anillas de plástico
Cuerda de *nailon*
Hembrillas metálicas

Los estores romanos, o plegables, son una versión sofisticada de los estores enrollables. Quedan planos sobre la ventana, pero presentan pliegues anchos y horizontales cuando están subidos. Van unidos a un listón fijado a la ventana. Un sistema de cuerdas enhebradas a través de anillas en el dorso del estor crea los pliegues, que van formados por varillas de madera introducidas en unas jaretas cosidas en la parte posterior del estor.

Los estores romanos emplean más tela que los enrollables, debido a las jaretas para las varillas y los dobladillos laterales. Calcule la tela necesaria midiendo la superficie total que va a cubrir y añadiendo un margen para el dobladillo en la parte superior, inferior y en los lados, más un margen para las varillas, multiplicado por el número requerido. Si fuera necesario, una anchos de tela con punto en zigzag a lo largo de cada borde, y luego repase con punto recto. Planche las costuras abiertas.

Un estor romano puede aportar una sencilla elegancia a cualquier habitación, combinando con las paredes, muebles o cubiertas del suelo.

1 Mida y marque las costuras laterales. Sujete con alfileres y cosa (*véase* paso 2 y 3, páginas 218-219). Vuelva la parte superior igual que hizo para la cinta de remate de las cortinas (*véase* paso 4, página 219). Cosa el lado afelpado (hembra) del *velcro* en el dorso del estor, en la parte superior prendida con alfileres, recorriendo todos los bordes de la cinta.

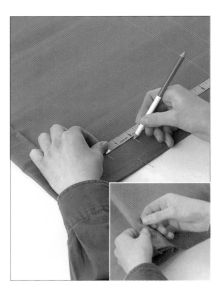

2 Mida y marque con un alfiler la posición de cada varilla. Mida la circunferencia de una varilla para calcular el tamaño de la jareta. Para cada jareta, marque la mitad de la circunferencia de la varilla, más un poco más a cada lado del alfiler. Haga coincidir las líneas marcadas y sujételas con alfileres, de manera que las jaretas queden por el revés de la tela.

3 Cosa a lo largo de las líneas de alfileres, con punto recto, para formar las jaretas para las varillas. En el revés del estor, cosa un dobladillo en la parte inferior que sea lo bastante ancho para alojar el listón de madera.

4 Cosa a mano anillas para cada una de las jaretas a la misma distancia de los bordes. Los estores más anchos tal vez requieran más hileras de anillas en el centro. Si duda acerca de cuántas necesita, añada una hilera más de anillas y una cuerda más. Si las anillas comienzan a combarse instalado el estor, es posible añadir más anillas y cuerdas.

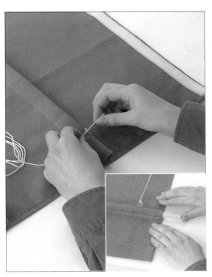

5 Pase la cuerda por cada línea de anillas, asegurándola con un nudo en la anilla inferior. Deje suficiente cuerda para que llegue hasta el lado donde se sitúa el mecanismo de control. Corte las varillas y el listón del largo requerido para el dobladillo: un poco más cortas que el ancho final del estor. Lije los bordes ásperos e introdúzcalas en la tela.

6 Atornille las hembrillas en la parte inferior del listón que va fijado encima de la ventana, colocándolas a la misma distancia del borde que las anillas del estor. Pegue la cara adhesiva (macho) del *velcro* en el listón, despegando la lámina protectora a medida que avanza. Si el estor es pesado, grape la cinta para mayor seguridad.

7 Pegue el estor al listón con el *velcro*. Pase las cuerdas del estor a través de las hembrillas situadas por debajo del listón y pase la cuerda por la parte superior hacia el lateral del estor donde va situado el mecanismo de control. Recoja las cuerdas en una abrazadera clavada en la pared.

TOQUE DECORATIVO

Los estores romanos permiten la entrada de una gran cantidad de luz a través de la ventana del dormitorio de una antigua escuela reformada (*véase* página 15) durante el día, y se convierten en un punto de atención atractivo al caer la noche, cuando se bajan. Antes de instalarlo, compruebe que la ventana es grande para aceptar el grueso de tela creado por los pliegues cuando el estor está subido.

CONFECCIONAR UN COJÍN CUADRADO

NECESITARÁ

Cinta métrica
Jaboncillo de sastre
Tijeras para tela
Alfileres

MATERIALES

Tela
Cremallera (del ancho
del cojín)
Máquina de coser
Hilo
Almohadilla de espuma
u otro relleno

Los cojines realizados en telas con texturas originales e interesantes en colores y diseños atrevidos crean un punto de atención en cualquier habitación.

Confeccionar sus propios cojines es una forma sencilla de añadir un toque estiloso y colorido. Se pueden hacer en una gran variedad de formas y tamaños (lo más fácil es un cuadrado) y con casi cualquier tela. Si desea un cojín resistente y duradero, elija la tela en consecuencia. El relleno del cojín puede ser de pluma, kapoc (fibras de un tipo de árbol), espuma, fibras sintéticas o poliestireno. Existen almodadillas de relleno en varias formas y tamaños, forradas de telas como el cutí (tela de lienzo rayado o con otros dibujos) o el percal (tela de algodón blanca o pintada, más o menos fina). Para cada cojín necesitará 2 cuadrados de tela 3 cm más grandes que el tamaño de la almohadilla.

1 Mida y marque sobre la tela los cuadrados para la parte frontal y posterior del cojín, añadiendo 2 cm al ancho para las costuras y 3 cm al largo para las costuras y la cremallera. Si va a hacer varios cojines de tela estampada, realice las marcas de forma que el estampado case en cada uno. Corte las 2 piezas de tela.

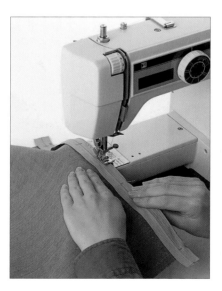

2 Coloque una pieza de tela con el derecho hacia arriba y sujete con alfileres la cremallera, con los dientes hacia la tela. Cosa la cremallera a la tela con punto de zigzag (esto evitará que la tela se deshilache y que los hilos sueltos se enganchen en la cremallera cuando el cojín esté usándose).

3 Vuelva la tela y, en paralelo al largo de la cremallera, marque una línea 3 cm más hacia dentro que la cremallera. Doble la cremallera hacia atrás sobre esta marca y sujete con alfileres. Esto forma un pliegue de tela que oculta la cremallera cuando el cojín esté acabado. Compruebe que el pliegue de tela queda sujeto y plano contra la cremallera por el derecho.

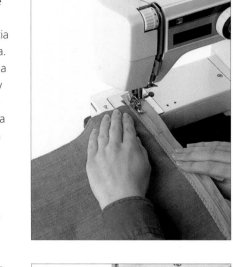

4 Utilizando un prensatelas para cremalleras, cosa una línea junto a los dientes de la cremallera. Repita los pasos 2 y 3, cosiendo la cremallera a la otra pieza de tela al otro lado de la cremallera. Si la cremallera tiene un tope, deténgase con la aguja clavada en la tela y la cremallera, levante el prensatelas, pase el tope detrás de la aguja, baje el prensatelas y continúe.

5 Si va a utilizar una cremallera en rollo, añada el tope antes de sujetar con alfileres los bordes de la tela y las costuras, asegurándose de que las esquinas superiores quedan perpendiculares, y que los pliegues de la tela que cubren la cremallera llegan hasta los dientes de la misma.

6 Cosa las costuras con un punto recto y un prensatelas estándar. Cuando haya cosido las costuras, cosa alrededor de los bordes de éstas, con punto de zigzag, para evitar que se deshilachen. Cambie el prensatelas de la máquina si fuera necesario.

7 Vuelva la tela del derecho. Introduzca una almohadilla de relleno y cierre la cremallera. Si la tela de la funda no es lavable, tal vez desee rociarla con un protector para telas que contribuirá a mantenerla limpia.

MARCADA INFLUENCIA

Los cojines pueden tener un gran impacto en el esquema decorativo. Un simple cojín bien elegido, confeccionado con una tela con textura, puede aportar calidez a un interior frío y minimalista. En una versión alternativa, los cojines pueden suavizar las líneas angulares de un mueble. Estos llamativos cojines de *ikat* aportan un toque étnico a un salón.

CONFECCIONAR UN COJÍN CON ABERTURA POSTERIOR

NECESITARÁ
....

Tijeras para tela
Jaboncillo de sastre
Cinta métrica
Alfileres
Máquina de coser

MATERIALES
....

Tela
Velcro (del ancho del cojín)
Hilo

La abertura de los cojines no tiene que estar obligatoriamente en un lateral. Es posible poner un cierre de *velcro* en la parte posterior de un cojín. Este tipo de cierre es especialmente apropiado si su máquina de coser no tiene un pie prensatelas. Si desea confeccionar un cojín con una abertura central, necesitará un poco más de tela que para una abertura lateral, porque la parte posterior del cojín estará formada por 2 piezas de tela, en lugar de la única pieza mostrada en el cojín cuadrado de las páginas 232-233.

páginas 232-233

CIERRES ALTERNATIVOS

● Si prefiere utilizar un cierre alternativo al *velcro*, plantéese los corchetes, automáticos (éstos se pueden comprar por unidades o en tiras), lazos, botones y ojales.

● Es posible emplear una abertura con solapa cuando no se necesiten cierres. Para ello, deje un mínimo de 2,5 cm de más en el largo de cada pieza de tela posterior a la hora de cortar. Hilvane la solapa antes de coser las costuras laterales. Una vez hecho esto, corte las puntadas del hilván y vuelva el cojín del derecho.

1 Mida y marque sobre la tela las medidas del frente del cojín, más un margen para costuras de 1 cm en cada borde. Mida y marque las 2 piezas posteriores con el mismo ancho que el frente, pero la mitad del largo más 2 veces el ancho del *velcro* y 2 cm para la solapa y el dobladillo.

2 En cada pieza posterior, en el borde del cierre, marque el margen para el dobladillo en el revés de la tela. Sujete con alfileres los dobladillos y cósalos con punto recto. Coloque las 2 piezas, una junto a la otra, con los dobladillos solapados y compruebe que su largo total es igual al de la pieza frontal.

3 Corte el *velcro* un poco más corto que el ancho del cojín. En una pieza posterior, cosa el *velcro* a lo largo del dobladillo por el revés. En la segunda pieza, cosa el otro lado del *velcro* a lo largo del dobladillo por el derecho de la tela.

4 Cierre el *velcro*. Con el derecho hacia dentro, sujete con alfileres la parte frontal y posterior del cojín, y luego cosa con punto recto. Cosa los bordes en zigzag para que no se deshilachen. Abra el cierre de *velcro* y vuelva la funda del derecho.

CONFECCIONAR CANUTILLO

NECESITARÁ

Plancha
Jaboncillo de sastre
Cinta métrica
Tijeras para tela
Alfileres
Máquina de coser

MATERIALS

Tela
Hilo
Cordón para canutillo (elija
el ancho que se adecúe al
tamaño del cojín que vaya a
realizar)

Un remate de canutillo realza la forma de un cojín, dándole un acabado elegante. Cuando haya que girar el canutillo alrededor de curvas y esquinas, la tela debería cortarse al biés. Para marcar las tiras de tela al biés, trace una diagonal en la tela, de esquina a esquina: ésta será la línea de biés. Con ayuda de un jaboncillo de sastre, marque tiras del mismo ancho (lo suficiente para cubrir el cordón, más un margen para la costura) en paralelo a la línea de biés.

El canutillo puede confeccionarse con la misma tela que el cojín o en un color de contraste.

1 Corte las tiras. Para unirlas, sujete 2 tiras con alfileres, con el derecho hacia dentro y casando la línea de costura, de manera que formen una V. Cósalas. Continúe cosiendo tiras hasta que la tira de tela sea lo bastante larga para rodear todo el cojín, más un margen para la unión.

2 Doble las tiras al biés alrededor del cordón, de manera que se unan los bordes. Cosa a lo largo del cordón con un pie prensatelas para cremalleras o uno para canutillo (los 2 valen).

3 Para unir el canutillo al cojín, cósalo primero a un lado. Coloque el canutillo en la parte derecha de la tela para alinear los bordes y cosa a lo largo de la línea trazada en el paso 2. Comience en la parte posterior del cojín, para que así la unión entre los 2 extremos quede oculta.

4 En las esquinas, haga pequeños cortes en el margen para costuras. Para unir el canutillo, remate el cordón, y luego corte y doble hacia abajo el exceso. Coloque la segunda pieza de tela con la primera, con el derecho hacia dentro. Cosa la misma línea, acabando como en los pasos 6 y 7 (página 233).

CONFECCIONAR UN COJÍN A MEDIDA

NECESITARÁ

Papel marrón
Lápiz
Tijeras para papel
Tijeras para tela
Cinta métrica
Jaboncillo de sastre
Alfileres
Máquina de coser
Aguja curva
Dedal

MATERIALES

Espuma (del grosor
deseado)
Entretela
Tela
Hilo

Un cojín o almohadilla a medida con relleno de espuma puede transformar una butaca vieja en una completamente nueva.

Un alféizar profundo puede convertirse en un banco añadiendo una almohadilla a medida, de igual modo que un baúl puede transformarse en un otomán confeccionando un cojín a medida para la tapa. No importa cómo se utilicen los cojines y almohadillas, los principios de toma de medidas y confección son siempre los mismos. Procure elegir una tela que sea lo bastante resistente para tensarse sobre un relleno de espuma para tapicería.

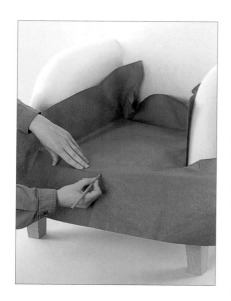

1 Coloque una lámina de papel sobre la butaca. Con ayuda de un lápiz, marque los bordes hasta donde llegará el cojín. Cuando el papel no quede plano alrededor de las esquinas, márquelo desde el borde. Recorte una plantilla a lo largo de la línea de lápiz y utilícela para cortar la espuma y la entretela. Si la butaca tuviera cojín, utilícelo como plantilla.

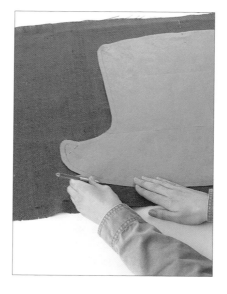

2 Haga una segunda plantilla de papel dibujando alrededor de la primera, y añadiendo un margen para costuras de 1 cm. Coloque esta plantilla sobre la tela y marque alrededor con jaboncillo de sastre. Repita para la segunda pieza de tela. Marque los centros y las esquinas de la plantilla y la tela (*véase* Trucos útiles), y recorte las 2 piezas.

3 Mida el frente, el dorso y los laterales alrededor de la línea de costura de la segunda plantilla. Utilice estas medidas para marcar las piezas laterales del cojín en la tela (*véase* Trucos útiles). El ancho, o profundidad, dependerá de la espuma que va a utilizar. Añada un margen para costuras de 1 cm alrededor de cada pieza lateral.

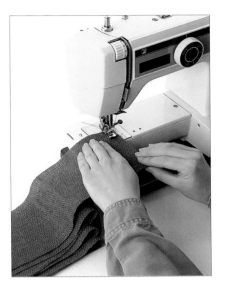

4 Sujete con alfileres las piezas de tela, con el derecho hacia dentro, para formar una banda continua. Cosa las piezas, comenzando a 1 cm del borde (*véase* Trucos útiles). Cuando haya cosido la banda, doble la pieza frontal a la mitad, casando las costuras. Marque el doblez central con jaboncillo de sastre. Repita en la pieza posterior.

5 Sujete con alfileres el derecho de la banda al derecho de la pieza superior del cojín, alineando las esquinas y los centros, y sujetando en las marcas. Coloque alfileres donde haga falta y haga una costura alrededor. Repita en la pieza inferior, pero no atraviese la pieza posterior. Repase las costuras con punto de zigzag (*véase* Trucos útiles).

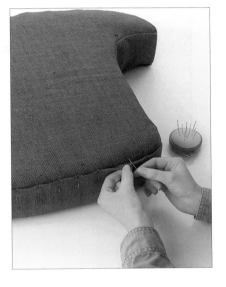

6 Vuelva la tela del derecho por la costura abierta. Cubra la espuma con la entretela e introdúzcala en la funda, ajustándola bien en las esquinas. Sujete con alfileres la costura abierta, manteniendo el margen para costuras de 1 cm. Siga la trama o el estampado siempre que sea posible.

7 Con ayuda de una aguja curva, cosa a punto de orillo la costura prendida con alfileres (*véase* Trucos útiles, página 216). La aguja curva permitirá que la puntada entre y salga de la tela con un solo movimiento cuando no haya acceso al dorso de la tela. En las telas más pesadas, tal vez necesite un dedal.

TRUCOS ÚTILES

● Marque los centros y las esquinas de la plantilla y la tela, procurando que los centros queden alineados con el estampado de la tela del cojín.

● Si la tela tiene estampado, alinee el centro de la pieza frontal en el mismo motivo del estampado que el centro de la parte superior del cojín.

● Al confeccionar la banda para las piezas laterales, comience cada unión a 1 cm del borde. Esto facilita la costura de la pieza superior en las esquinas.

TAPIZAR UNA SILLA

NECESITARÁ

Marillo para tachuelas
Bloque de madera pequeño
Tijeras para tela
Cinta métrica
Jaboncillo de sastre
Grapadora

MATERIALES

Cincha (si fuera necesario)
Tachuelas
Espuma firme
Relleno de poliéster
Tela
Tela para tapizado

Un tapizado nuevo puede transformar una silla de comedor vieja, y supone un primer proyecto excelente para practicar la técnica del tapizado.

V olver a tapizar una silla no requiere mucha tela, así que resulta bastante fácil cambiar las fundas de las sillas como parte de la decoración general. Incluso es posible crear un segundo marco a medida de las sillas para así poder crear asientos tapizados que combinen con la decoración (tanto de la cocina como del comedor) si la silla se va a mover entre las 2 habitaciones.

Calcule la cantidad de tela que va a necesitar midiendo el ancho del asiento más la caída de cada lado, y 2,5 cm a cada lado para doblar hacia adentro; repita el proceso para la profundidad del asiento. La base del asiento se cubre con tela para tapizado y así lograr un acabado perfecto que oculte la cincha y el relleno del asiento. La espuma se vende en diversas densidades; elija una que sea firme. Al fijar la cincha al marco, es buena idea clavar 3 tachuelas en fila a poca distancia entre sí; después, cuando la cincha se doble para conseguir un buen acabado, clave 2 tachuelas más en los espacios existentes entre las primeras.

1 El asiento de las sillas tapizadas suele extraerse sin problemas (si no, dé un golpe seco en la base del asiento). Retire la tela. Si la cincha está gastada, retire todo: funda, relleno y cincha. Calcule los largos de cincha que va a necesitar, previendo dejar un pequeño espacio entre cada largo.

2 Marque en el marco el centro de cada pieza de cincha. Clave con tachuelas el final del rollo de cincha al marco sobre una de las marcas. En el lado opuesto del marco, envuelva la cincha alrededor de un bloque de madera para aportar tensión y sujete este extremo. Corte la cincha, dejando tela de más para doblar sobre la madera.

3 Fije los largos de cincha en una dirección sobre el marco, y luego coloque los largos correspondientes en la otra dirección, entretejiéndolos con los primeros. Doble la cincha que sobra en los extremos y sujétela con 2 tachuelas, clavándolas entre las 3 tachuelas existentes por debajo del doblez. Esto logra un acabado bonito y seguro.

4 Utilizando el marco como plantilla, corte una pieza de espuma. Coloque la espuma sobre la cincha. Corte un trozo de relleno lo bastante grande para cubrir la espuma incluso por los lados, pero sin tapar el marco.

5 Corte la tela nueva de manera que encaje sobre la espuma, los laterales de la espuma y el marco, y le permita meter 2,5 cm por debajo del marco en la parte frontal y posterior, así como en el punto más ancho del ancho. Trace una línea a 2,5 cm del borde, en la parte posterior inferior del marco. Grape la tela a lo largo de la línea, desde el centro a los extremos.

6 Tense la tela en el centro de la parte frontal y grápela. Avanzando desde el centro, mantenga la misma tensión de atrás hacia delante mientras tira ligeramente hacia los lados, grapando cada lado del centro por turnos, hasta 2,5 cm de la esquina. Fije los lados de la misma manera, procurando que la trama o el estampado queden rectos.

7 En las esquinas, tense la tela hacia el centro y fíjela con grapas desde los lados hacia las esquinas. Doble y grape el exceso de tela procurando dejarla lo más lisa posible. El número de pliegues variará según el grosor de la tela. Cuando la tela esté sujeta, recorte el exceso de tela en las esquinas sin acercarse demasiado a las grapas.

8 Corte un trozo de tela para tapizado negra del tamaño del marco. Doble los bordes hacia dentro y grápelos a la cara inferior del marco. No es necesario que las grapas estén tan juntas como en la parte superior, ya que la tela para tapizado no va tensada: su finalidad es únicamente proporcionar un buen acabado.

CONFECCIONAR UNA FUNDA PARA UNA SILLA

NECESITARÁ

Cinta métrica
Papel
Jaboncillo de sastre
Tijeras para tela
Alfileres
Máquina de coser
Plancha

MATERIALES

Tela
Hilo

VER TAMBIÉN

Utilizar materiales
de costura págs. 214–215

Es posible transformar un escritorio o una silla de comedor con una funda. Confeccionar este tipo de fundas es bastante sencillo: no hay brazos ni cojines. Las fundas son tremendamente prácticas, ya que se pueden retirar con facilidad para lavarlas o limpiarlas.

Esta funda está formada por 5 piezas: posterior, respaldo, asiento, falda y 2 piezas de la falda. La parte posterior y el respaldo de la silla son una pieza de tela que va doblada sobre la parte superior del respaldo de la silla. La cantidad de tela necesaria se calcula tomando todas las medidas de la silla y dibujando un patrón de corte (*véase* página 243). La tela para las tablas de las esquinas de la falda deben incluirse en los cálculos (*véase* paso 1).

1 Mida el alto y el ancho del respaldo y de la parte posterior; la profundidad y el ancho del asiento; y el alto y el largo de la falda y añada 32 cm para cada una de las tablas. Añada también 1 cm de margen para costuras. Si la falda no se va a cortar de un único ancho de tela, deje tela de más para unir las piezas. Recorte los paneles de tela.

2 Coloque la pieza para la parte posterior y el respaldo sobre la silla, con el revés hacia fuera, y sujétela por los lados con alfileres. Deje un margen para costuras en la unión del respaldo con el asiento, y un margen para el dobladillo en la caída de la pieza posterior sobre el suelo. Doble cada esquina superior y marque una línea en la parte superior.

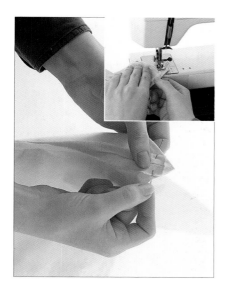

3 Retire el panel posterior de la silla, cosa las costuras laterales que ha sujetado y planche las costuras abiertas. Doble la esquina superior (el centro del doblez y la costura lateral alineadas). Sujete con alfileres a lo largo de la línea de costura, procurando que ésta quede abierta. Vuelva y cosa a lo largo de la línea de costura marcada en el paso 2.

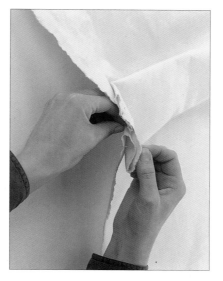

4 Marque el centro de la tela para la falda. Midiendo desde el centro, marque también el punto donde irá la esquina. Para hacer las tablas de las esquinas, mida y marque 4 distancias iguales de 4 cm. Doble en cada marca (las 2 marcas exteriores casan en el derecho de la tela). Sujete la tabla con alfileres y repita en la segunda esquina delantera.

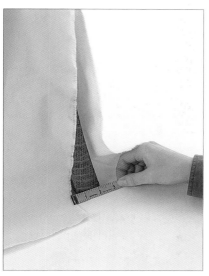

5 Sujete la falda a la pieza del asiento con alfileres. Cósala, dejando margen para las costuras de los extremos. Coloque la funda sobre la silla. Tome medidas para una pieza que irá a cada lado, donde la falda coincide con el panel posterior. Si las patas de la silla son angulosas, estos 2 paneles deberán ser más anchos, a la altura del suelo.

6 Coloque las piezas posterior y del asiento sobre la silla, con el revés hacia fuera, para comprobar que encajan bien. Préndalas con alfileres a lo largo de la confluencia del respaldo y el asiento. Retírelas de la silla y cósalas.

7 Ponga la funda sobre la silla con el derecho hacia fuera. Sujete con alfileres en la confluencia de la falda y la pieza posterior. Sujete también los dobladillos. Retire la funda y cosa las costuras. Cosa tiras (*véase* Trucos útiles) a lo largo de las costuras laterales de la falda y en el panel posterior.

TRUCOS ÚTILES

● Las tiras para sujetar la funda pueden ser de algodón o pueden hacerse con la misma tela que utilicemos para la funda. Para hacerlas, cosa "tubitos" de tela con el derecho hacia dentro, y luego vuélvalos del derecho, remate los extremos y ciérrelos a punto de orillo (*véase* página 216).

● También puede utilizar corchetes o *velcro* para cerrar la funda. Si emplea *velcro*, necesitará dejar más tela en los dobladillos para crear una solapa que lo oculte.

CONFECCIONAR UNA FUNDA PARA SOFÁ

NECESITARÁ

Lápiz
Papel milimetrado
Cinta métrica
Tijeras para tela
Alfileres
Jaboncillo de sastre
Máquina de coser
Velcro

MATERIALES

Tela
Hilo

VER TAMBIÉN

Utilizar materiales
de costura págs. 214–215

Una funda puede dar un nuevo aire a un sofá cómodo pero muy usado.

Para calcular la cantidad de tela necesaria, tendrá que dibujar las dimensiones de cada pieza de tela a escala sobre papel para confeccionar un patrón de corte (*véase* página siguiente). Las piezas de tela para la funda se colocan sobre el sofá y se sujetan con alfileres con el revés hacia fuera antes de marcar las líneas de costura. Utilice las costuras de la funda vieja del sofá como guía para marcar las costuras de la funda.

CONFECCIONAR UNA FUNDA PARA SOFÁ

1 Corte todas las piezas de tela. Haga una marca en el revés de cada una si la trama es parecida en ambos lados. Mida el ancho de la parte posterior del sofá con un metro. Calcule el punto central y márquelo con un alfiler en la parte superior del sofá.

2 Coja la pieza de tela correspondiente a la parte posterior del sofá y mida y marque su punto central. Sujete con un alfiler el centro de la tela al centro de la parte posterior del sofá con el revés hacia arriba. Coloque y sujete la tela sobre la parte posterior del sofá.

Continúa en la página 244

MEDIDAS

Las medidas para una funda nueva deben tomarse de forma muy precisa. Tome todas las medidas del sofá tal y como se muestra en las 2 ilustraciones inferiores. Estas medidas forman las dimensiones de las piezas de tela necesarias

para confeccionar la funda. Añada un margen para costuras de 4 cm. Las piezas pueden dibujarse en un patrón de corte (*véase* abajo). Si la tela tiene un estampado grande, deje más tela para casar los dibujos.

1 Alto de la pieza posterior

2 Ancho de la pieza posterior

3 Alto de la pieza exterior del brazo

4 Ancho de la pieza exterior del brazo

5 Alto del respaldo, más un exceso para meter por dentro (como mínimo, de la profundidad del cojín)

6 Ancho del respaldo hasta donde se une a la pieza posterior

7 Fondo del asiento y distancia hasta el suelo, más un sobrante para meter por dentro

8 Ancho del asiento hasta donde se une a a la pieza exterior del brazo

9 Alto y parte superior de la pieza interior del brazo hasta donde se une con la pieza exterior del brazo

10 Largo, de atrás a delante, de la pieza interior del brazo hasta donde se une a la pieza exterior del brazo

11 Alto de la falda

12 Largo de la falda

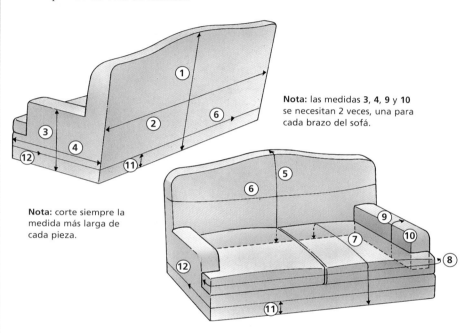

Nota: las medidas **3**, **4**, **9** y **10** se necesitan 2 veces, una para cada brazo del sofá.

Nota: corte siempre la medida más larga de cada pieza.

PATRÓN DE CORTE

Antes de cortar la tela, dibuje las dimensiones de cada pieza de tela que ha medido (incluidos los márgenes para costuras) a escala

sobre papel milimetrado para crear un patrón de corte. Cuando una pieza sea más ancha que el ancho de la tela, tendrá que añadir piezas de

igual tamaño a cada lado de la pieza, o sacar la pieza de 2 trozos de tela uniéndolas a lo largo de la línea central del sofá.

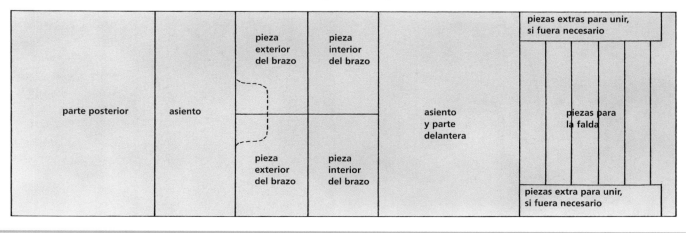

CONFECCIONAR UNA FUNDA PARA SOFÁ

3 Retire los cojines. Marque el centro de la pieza del respaldo y cáselo con el centro de la pieza posterior ya colocada sobre el sofá. Sujete las 2 piezas y, asiendo el exceso de tela, marque la línea de costura en la tela con jaboncillo de sastre.

4 En cualquier punto donde el sofá no sea perpendicular, sobrará tela al sujetar las piezas. Corte la tela sobrante, dejando un margen para costuras de, al menos, 1 cm.

5 Una las piezas interior y exterior de los brazos de la misma manera que las piezas del respaldo. Marque la línea de costura en el respaldo y en el interior de las piezas de los brazos en el punto de confluencia con la base del asiento. Sujete con alfileres y cosa la línea de unión entre el respaldo y el brazo interior.

6 Vuelva a colocar los cojines y coloque la pieza del asiento, con el revés hacia fuera, dejando un margen para meter en la parte posterior y lateral de los cojines. Sujete con alfileres y cosa la pieza del asiento a la posterior y a la interior del brazo donde marcó las líneas de costura.

7 Cosa los bordes exteriores de la parte delantera de la pieza del asiento al lateral de la pieza del brazo. Hágalo a cada lado del sofá. Vuelva la funda del derecho y colóquela sobre el sofá, procurando que quede bien metida en la parte trasera, y en los laterales de los cojines para que no se mueva.

8 Doble y sujete con alfileres los dobladillos a 1,25 cm y 2,5 cm en la pieza posterior y en las piezas exteriores del brazo, de manera que no sean visibles desde el frente del sofá. Los dobladillos deberían ser lo bastante anchos para poder coser en ellos la cinta de *velcro*.

9 Sujete el *velcro* en el derecho del dobladillo de la pieza exterior del brazo, y en el interior del dobladillo de la pieza posterior. Case y pegue las 2 caras del *velcro* mientras esté sujeto para lograr el mejor ajuste de la funda.

10 Retire la funda y cosa el *velcro*. Tenga cuidado, ya que la aguja tendrá que atravesar el *velcro* y 3 capas de tela.

11 Con la funda de nuevo sobre el sofá, compruebe la posición de la falda para asegurarse de que esté proporcionada con el tamaño total del sofá. La falda debería tener un margen para costura de 1 cm en la parte superior, y un margen para dobladillo en la inferior.

12 Una las piezas de la falda y añada 3 veces la distancia alrededor del sofá, más los dobladillos de cada una de las aberturas posteriores. Sujete los frunces con alfileres tal y como muestra la fotografía, de manera que cada frunce de 2,5 cm emplee 7,5 cm de tela.

13 En el derecho de la tela, marque una línea con jaboncillo de sastre o alfileres a 1 cm de donde irá unida la falda. Coloque la falda del derecho sobre la funda, situando la parte superior de la misma sobre la línea marcada (y el resto de la falda por encima de la línea). Cosa la falda, dejando un margen de 1 cm.

14 Vuelva la falda del derecho y planche la voluminosa costura. Vuelva, sujete con alfileres y cosa el dobladillo de la falda. Cuando la funda esté acabada, vuélvala del revés. Cosa en zigzag con la máquina de coser a lo largo de las costuras para evitar así que se deshilachen y lograr un acabado perfecto.

GLOSARIO

A

ACABADO MATE: acabado sin brillo sobre un material como pintura o gres.

ACABADO SATINADO: a medio camino entre el acabado mate y el de brillo.

ADOBE: ladrillo grande secado al sol. Es muy utilizado para construir casas en México.

ALZAPAÑOS: lazo, cuerda o gancho de metal, utilizado para sujetar las cortinas a los lados de la ventana.

ARQUITRABE: moldura que enmarca la abertura de una puerta o ventana.

B

BALAUSTRADA: barandilla completa instalada a lo largo de escaleras y rellanos abiertos. Consta de balaustres, postes y pasamanos.

BARNIZ: líquido que se aplica a la madera. Cuando se endurece forma una capa protectora. Puede ser transparente o con color.

BROCADO: tela de seda pesada con un estampado en relieve que suele ir realzado con hilo dorado o plateado.

BUCARÁN: tela similar a la arpillera gruesa y almidonada, utilizada como forro en guardamalletas y alzapaños.

C

CAÍDA DE LA CORTINA: el largo de una cortina, desde el sistema de colgadura hasta el borde inferior.

CALADO: adorno geométrico perforado con líneas verticales y horizontales que se entrecruzan.

CALICÓ: tela delgada de algodón, blanca y resistente.

CAPA BASE: una o varias manos de pintura o barniz, que cubren una imprimación u ocultan otro color antes de aplicar la capa superior.

CAPA SUPERIOR: mano final de un acabado que se aplica sobre una superficie. Puede llevar varias manos por debajo.

CHAPA DE MADERA: lámina fina de madera que cubre una madera base nada atractiva.

CINTA DE CARROCERO: cinta adhesiva utilizada para proteger superficies durante el proceso de pintura.

CINTA DE REMATE: tira que se cose en la parte superior de una cortina y se engancha al sistema de colgadura. Se utiliza para fruncir la cortina.

CORNISA: moldura decorativa que se coloca en la unión entre las paredes y el techo, frecuentemente utilizada para tapar grietas.

CORNISA CÓNCAVA: moldura cóncava prefabricada, normalmente utilizada como cornisa.

CRAQUELADO: el fino entramado de grietas que puede aparecer con el tiempo en la superficie de pinturas y barnices. Se trata de un efecto que puede recrearse en objetos modernos para lograr un aspecto envejecido.

CRETONA: tela de algodón estampado, normalmente con brillo.

D

DHURRIE: alfombra india de trama lisa, generalmente con estampado geométrico.

DINTEL: viga horizontal de soporte que cierra la parte superior de una abertura (como una puerta o ventana).

DOSELERA: falda corta utilizada para tapar la barra de una cortina o alrededor de una cama para ocultar así la base y el espacio inferior.

E

ENCALAR (ENCALADURA): blanquear con cal paredes de yeso y piedra.

ESTUCO: enlucido que imita al mármol y que se compone generalmente de yeso fino, agua y cola, polvo de mármol y creta.

G

GUARDAMALLETA: madera decorativa o entelada, empleada para ocultar el borde superior de las cortinas, o una estructura como la guía de una puerta corredera.

I

IMPRIMACIÓN: sustancia líquida utilizada para sellar un material, como el yeso, el cartón-yeso, la madera o el metal, antes de aplicar la capa base.

INGLETE: junta entre 2 piezas biseladas que forma un ángulo de unos 45°.

J

JUNQUILLO: tipo de moldura que posee un perfil redondeado o triangular. Se usa para sujetar los cristales a los marcos de las ventanas y como motivo decorativo.

JUNTAR A TOPE: ensamblar 2 piezas, uniéndolas por los lados o por los extremos.

K

KILIM: alfombra de lana tejida con diseños geométricos originaria de Oriente Próximo o Asia Central.

L

LECHADA: pasta resistente al agua, utilizada para sellar los huecos o juntas entre las baldosas (de cerámica o de otro tipo) fijadas a las paredes y suelos.

LÍNEA DE ZÓCALO: moldura decorativa instalada en las paredes a la altura de la cintura, originariamente concebida para evitar que los muebles golpearan las paredes.

LISTÓN: tira fina de madera, normalmente de madera blanda de 5x2,5 cm.

M

MACHIHEMBRADO: junta entre 2 piezas (tarimas o laminados) en la que una pieza posee un borde saliente o lengüeta, que encaja en la ranura del borde de la otra pieza.

MADERA BLANCA: madera procedente de coníferas, como el cedro o el pino.

MADERA DURA: madera procedente de árboles de hoja ancha, normalmente caduca, como el fresno, la haya y el roble. Este tipo de madera es especialmente dura. Sin embargo, la madera de balsa está clasificada como madera dura y, en cambio, se trata de una madera blanda y ligera.

MASILLA: compuesto pastoso utilizado para sellar juntas entre 2 superficies como una pared alicatada y una encimera, una bañera o un plato de ducha.

MDF: tablero de fibras de densidad media. Es un tipo de tablero formado por fibras de madera comprimidas.

MOLDURA: tira estrecha, normalmente decorativa, de madera u otro material. Se comercializa en distintos perfiles. Los rodapiés, líneas de zócalo y de cuadros son distintos tipos de molduras.

MONTANTE: ventana situada encima de una puerta, normalmente de forma semicircular y con baquetillos abriéndose desde el centro como un abanico.

P

PAN DE ORO: lámina u hoja de oro empleada para revestimientos decorativos.

PAPEL DE REVESTIR: papel liso utilizado para cubrir las paredes por debajo de la pintura o el papel pintado.
También se llama papel forro.

PELO: superficie velluda del terciopelo.

PINTURA AL ESMALTE: pintura de base solvente con un acabado duro y brillante. Es adecuada para pintar madera y metal en interiores y exteriores. Este tipo de pintura tarda más en secar que las pinturas al agua, y resulta más difícil de eliminar de las herramientas.

PINTURA EN EMULSIÓN: a Pintura al agua con un acabado mate o satinado, utilizada en paredes y techos interiores. Seca deprisa y resulta fácil de eliminar de las herramientas.

PINTURA SEMIMATE: pintura con acabado mate utilizada para interiores.

PLANTILLA: patrón de papel, cartón, metal u otro material de una silueta o motivo concreto, que se usa como guía para transferir el contorno a la pieza de trabajo.

POSTES: balaustres más anchos, situados en la parte superior e inferior de la escalera, que sujetan el pasamanos.

PVA (COLA VINÍLICA): cola blanca e inodora de acabado transparente una vez seca. Puede mezclarse con pintura para sellar la superficie de objetos.

R

RAKU: cerámica japonesa cuya tradición se remonta al siglo XV.

REBAJO: parte del canto de un madero u otro objeto, donde se ha disminuido el espesor con un corte a modo de hueco o ranura.

REMATE: adorno tallado o moldurado situado en los extremos de una barra de cortina.

REPITICIÓN DE ESTAMPADO: distancia entre el centro de un motivo y el centro del inmediatamente inferior.

RODAPIÉ: moldura de madera colocada en horizontal a lo largo del contorno de las paredes, a la altura del suelo.

S

SOMBRA: pigmento de color entre gris y pardo, que se utiliza en pintura artística y decorativa. Se puede calentar para obtener una versión marrón oscura, llamada sombra tostada.

SUPERFICIE DE AGARRE: superficie lijada para aumentar la adhesión de la pintura o la cola.

T

TEMPLE: pintura opaca y primitiva realizada con cal o tiza disueltas en agua y mezcladas con pigmento animal.

TERRACOTA: cerámica dura y sin esmalte realizada con una arcilla rojiza que recibe el mismo nombre. El término también sirve para referirse al color típico de este tipo de cerámica, que varía de un marrón rojizo a un marrón anaranjado.

TERRAZO: pavimento o material de revestimiento con aspecto de granito, de mosaico o de mármol.

TINTE: líquido que cambia el color de la madera, pero no la protege. Se comercializa en versiones al agua, al aceite y al disolvente.

TOILE DE JOUY: tela de algodón impresa con escenas figurativas de un solo color.

TRAMPANTOJO: ilusión pictórica que engaña a alguien, haciéndole ver lo que no es.

V

VARILLA: listoncillo redondo de madera, en ocasiones con estrías que la recorren a lo largo. Utilizada para tapar agujeros o formar una junta, se introduce en los agujeros de 2 trozos de madera.

VERDIGRÍS: pigmento verde azulado que se obtiene al rascar la superficie del cobre expuesto a gases de vinagre.

VETA: dirección en la que discurren las fibras de la madera.

ÍNDICE

AGRADECIMIENTOS

Créditos fotográficos:

Los editores desean expresar su agradecimiento por su amable permiso para reproducir sus fotografías en este libro.

Cubierta: IPC Syndications, 2 Tim Street-Porter; 4-5 Peter Cook/View; 6 inferior izquierda Ed Reeve/Living etc/IPC Syndication; 6 inferior derecha Chris Gascoigne/View; 7 inferior izquierda Richard Glover; 7 inferior derecha Crowson Fabrics; 8-9 IPC Syndications; 10 superior derecha e inferior izquierda Elizabeth Whiting & Associates; 13 superior Camera Press; 13 inferior Gary Hamish/Arcaid; 14 superior Simon Upton/The Interior Archive; 14 inferior Elizabeth Whiting & Associates; 15 superior Camera Press; 15 inferior Tim Beddow/The Interior Archive; 16 superior Lucinda Symons/Robet Harding Picture Library; 16 inferior Edina van der Wyck/The Interior Archive; 16-17 Colin Poole; 17 superior Henry Wilson/The Interior Archive; 17 inferior Camera Press; 18 superior Elizabeth Whiting & Associates; 18 centro IPC Syndications; 18 inferior Andrew Wood/The Interior Archive; 19 superior Colin Poole; 19 inferior Chris Gascoigne/View; 20 superior Henry Wilson/The Interior Archive; 20 inferior Tim Beddow/The Interior Archive; 21 superior Colin Poole, 21 inferior Peter Cook/View; 221 Tim Clinch; 22 derecha John Miller/Robert Harding Picture Library; 22-23 Paul Ryan/International Interiors; 23 superior Axel Springer/Camera Press; 23 inferior John Miller/Robert Harding Picture Library; 24 izquierda Camera Press; 24-25 Simon Upton/The Interior Archive; 25 derecha Nedra Westwater/Robert Harding Picture Library; 251 Henry Wilson/The Interior Archive; 26 superior Simon Upton/The Interior Archive; 26 inferior Clive Corless; 27 superior Colin Poole; 27 inferior Tim Clinch; 28 izquierda Tim Beddow/The Interior Achive; 28-29 Camera Press; 29 superior derecha Colin Poole; 29 inferior Camera Press; 30 superior Wayne Vincent/The Interior Archive; 30 inferior Simon Upton/The Interior Archive; 31 superior Denis Gilbert/View; 31 inferior izquierda Tim Beddow/The Interior Archve; 31 centro derecha Camera Press; 32-33 Chris Gascoigne/View; 37 inferior derecha Paul 38 centro & inferior centro IPC Syndications; 42 inferior izquierda Camera Press; 43 inferior izquierda Abode; 43 inferior derecha Abode; 47 inferior izquierda Camera Press; 47 inferior derecha Tim Street-Porter/Abode; 48 inferior izquierda Houses and Interiors; 49 inferior izquierda Abode; 49 inferior derecha Abode; 50 superior izquierda Paul Ryan/International Interiors; 50 inferior Elizabeth Whiting & Associates; 51 centro izquierda Camera Press; 51 superior derecha Robert Harding Picture Library; 51 inferior centro Amtico Image Library; 51 centro derecha inferior Fired Earth; 52 derecha Camera Press; 52 inferior izquierda Robert Harris; 53 superior izquierda Elizabeth Whiting & Associates; 53 inferior izquierda Paul Ryan/International Interiors; 53 centro derecha & centro derecha inferior Anna French; 54 centro izquierda Camera Press; 54 superior derecha Houses and Interiors; 54 inferior derecha Journal Fur Die Frau; 55 centro izquierda Elizabeth Whiting & Associates; 55 inferior izquierda Elizabeth Whiting & Associates; 55 centro derecha Fired Earth; 55 inferior derecha Camera Press; 56 centro izquierda Elizabeth Whiting & Associates; 56 inferior centro Andrew Wood/The Interior Archive; 56-57 Camera Press; 57 superior centro Elizabeth Whiting & Associates; 57 superior derecha Camera Press; 57 inferior centro Peter Cook/View; 58 superior derecha Houses and Interiors; 58-59 Circus Architects 1999; 59 superior derecha Camera Press; 59 inferior centro Camera Press; 60 superior izquierda GE Magazines Ltd/Robert Harding Syndication; 60-61 inferior Camera Press; 60-61 superior Peter Cook/View; 61 infeior Chris Gascoigne/View; 62 superior Simon Brown/The Interior Archive; 62 inferior Camera Press; 63 superior Elizabeth Whiting & Associates; 63 inferior Peter Cook/View; 64 inferior izquierda The Interior Archive; 64-65 The Interior Archive; 65 superior derecha Simon Upton/The Interior Archive; 66 superior izquierda Elizabeth Whiting & Associates; 66 inferior izquierda Elizabeth Whiting & Associates; 66-67 Camera Press; 67 superior derecha Henry Wilson/The Interior Archive; 67 inferior derecha Elizabeth Whiting & Associates; 68 centro izquierda IPC Syndications; 68 centro Robert Harding Picture Library; 68 inferior derecha Mosaic Workshop; 69 superior izquierda Elizabeth Whiting & Associates; 69 inferior centro Elizabeth Whiting & Associates; 70 superior derecha Camera Press; 70 inferior izquierda Elizabeth Whiting & Associates, 77 centro derecha Elizabeth Whiting & Associates; 78 centro Tim Street-Porter; 78-79 Robert Harding Picture Library; 79 superior derecha Richard Glover; 79 centro derecha Paul Ryan/International Interiors; 80 izquierda Camera Press; 80 superior derecha Camera Press; 81 superior derecha Camargue PLC; 81 inferior Paul Ryan/International Interiors; 82 inferior Elizabeth Whiting & Associates; 82-83 IPC Syndications; 83 centro Camera Press; 83 inferior Elizabeth Whiting & Associates; 84 centro Elizabeth Whiting & Associates; 84 izquierda i, iii, iv, v Andrew Sydenham; 84 izquierda ii Cucina Direct; 84 izquierda vi HOUSE; 84 izquierda vii, viii, ix, x Royal Doulton Plc; 85 inferior izquierda Colin Poole; 85 superior izquierda Elizabeth Whiting & Associates; 85 superior derecha Elizabeth Whiting & Associates; 86 Tim Street-Porter; 87 superior derecha Elizabeth Whiting & Associates, 87 centro izquierda Elizabeth Whiting & Associates; 87 inferior derecha Camera Press; 88 centro Tim Beddow/The Interior Archive; 88 inferior Camera Press; 88 izquierda Artisan Curtain Rails excepto (g) Clayton Munroe Ltd; 89 superior izquierda Tim Street-Porter; 89 inferior derecha Peter Cook/View; 90 inferior izquierda Camera Press; 90-91 Camera Press, 91 infeior izquierda Elizabeth Whiting & Associates; 91 superior derecha Simon Upton/The Interior Archive; 92 Camera Press; 93 superior izquierda Paul Ryan/International Interiors; 93 superior derecha Paul Ryan/International Interiors; 93 centro inferior Elizabeth Whiting & Associates; 93 inferior derecha Elizabeth Whiting & Associates; 94 izquierda a, c, f, g Christopher Wray Lighting; b HOUSE; d, e, Andrew Sydenham; 94 derecha Elizabeth Whiting & Associates; 95 superior izquierda Elizabeth Whiting & Associates; 95 superior derecha IPC Syndications; 95 inferior Camera Press; 96 superior IPC Syndications; 96 inferior izquierda Camera Press; 96 inferior derecha Elizabeth Whiting & Associtaes; 97 superior IPC Syndications; 97 inferior IPC Syndications; 98 inferior izquierda Paul Ryan/International Interiors; 98-99 superior Camera Press; 98-99 inferior Elizabeth Whiting & Associates; 99 superior centro Elizabeth Whiting & Associates; 99 centro derecha Henry Wilson/The Interior Archive; 100 Camera Press; 101 superior izquierda Paul Ryan/International Interiors; 102 centro Elizabeth Whiting & Associates; 102 inferior derecha Tim Street-Porter; 103 superior izquierda Tim Street-Porter; 103 inferior centro Richard Glover; 103 centro derecha GE Magazines Ltd/Robert Harding Syndication; 104 superior derecha Camera Press; 104 inferior Camera Press; 105 superior Colin Poole; 105 centro derecha Camera Press; 106 izquierda a-d, f, h, k, l, n Tim Ridley; 106 izquierda e, g, i, j, m Turnstyle Desings; 106 inferior centro Elizabeth Whiting & Associates; 107 superior izquierda Stephen Ward/The Amtico Co. Ltd; 107 infeior izquierda Elizabeth Whiting & Associates; 107 superior derecha Simon Brown/The Interior Archive; 108 Abode; 108 superior derecha Tokm Leighton/Living etc/IPC Syndication; 109 inferior centro Morgan River; 110 inferior centro Colin Poole; 111 superior izquierda Russell Sadur/Robert Harding Picture Library; 111 inferior centro Russell Sadur/Robert Harding Picture Library; 111 superior derecha Elizabeth Whiting & Associates; 112 izquierda todo Cotswold Company; 112 Elizabeth Whiting & Associates; 112 inferior derecha Steel-Lok; 113 superior Elizabeth Whiting & Associates; 113 inferior derecha Elizabeth Whiting & Associates.

Todas las fotografías del capítulo 4 fueron tomadas por Tim Ridley, excepto: 114-115 Crowosn Fabrics; 130 superior centro Lyn le Grice/International Interiors; 132 superior centro The Stencil Store; 138 superior centro 148 superior centro Crowson Fabrics; 150 superior centro Crowson Fabrics; 152 Graham & Brown Wallpaper; 154 superior centro Fired Earth; 155 inferior derecha Coiln Poole; 156 superior centro Steve Sparrow/Houses and Interiors; 158 superior centro Arcaid; 160 superior centro Mosaic Workshop; 162 superior centro Mosaic Workshop; 166 superior centro Nick Pope/Rosalind Burdett; 168 sueprior centro Elizabeth Whiting & Associates; 166-185 Tim Ridley; 170 superior centro Steel Lok; 172 superior centro IPC Syndications; 176 superior centro Key Communications; 183 inferior derecha Elizabeth Whiting & Associates; 192 superior centro Amtico Image Library; 194 superior centro International Stransky Thompson PR; 196 centro Victoria Carpets Ltd; 198 superior centro Victoria Carpets Ltd; 199 inferior derecha Elizabeth Whiting & Associates; 200 superior centro Amorim UK

Ltd; 202 superior centro Fired Earth; 204 superior centro Stonell Ltd; 206 superior centro Kahrs Ash Stockholm, 208 superior centro Ducal of Somerset; 209 inferior derecha Paul Ryan/International Interiors; 211 inferior derecha Colin Poole; 218 superior Next Plc; 220 superior derecha Fired Earth; 221 inferior derecha Elizabeth Whiting & Associates; 222 superior Harlequin Fabrics & Wallcovering Ltd; 225 superior derecha Crowson Fabrics; 228 superior Eclectics; 230 superior derecha Eclectics, 231 inferior derecha Tim Beddow/The Interior Archive; 232 superior Next Plc; 233 inferior derecha Camera Press; 235 superior derecha Andrew Martin/Halpern Associates; 236 superior Kährs Birch, Glasgow; 240 superior centro Paul Ryan/International Interiors; 242 superior centro Elizabeth Whiting & Associates.

Ilustraciones de las páginas 34-35, 36-37, 41, 74-75, 77, 101 y 109 de Patrick Mulrey; 122-123, 147, 191, 217 y 243 de Chris Forsey; 40, 42-43, 44-45, 46-47 y 48-49 de Hytex. Tablero de la página 39 diseñado por Nicholas Springman.

Agradecimientos de los autores:
Agradecemos sinceramente la ayuda prestada por las siguientes empresas y personas:
Miles Hardware 57 Glenthorne Ave, Yeovil Somerset, BA21 4PN (01935 421281); **B.J. White** 4 Vale Road, Pen Mill Trading Estate, Yeovil, Somerset BA21 5HL (01935 382400); **Magnet Limited** Royd Ings Ave, Keighley, West Yorkshire BD21 4BY (0800 9171696); **Hewden Plant Hire** Station Road, Bruton, Somerset BA10 0EH (01749 812267); **Travis Perkins Trading Company Limited** Mill Street , Wincanton, Somerset BA9 9AP (01963 33881); **The Stencil Store** 20-21 Heronsgate Road, Chorleywood, Herts WD3 5BN (01923 285577/88); **The English Stamp Company** Worth Matravers; Dorset BH19 3JP (10929 439117); **Amorim Ltd** Amorim House, Star Road, Partridge Green, Horsham, West Sussex RH13 8RA (01403 710970); **Dovecote Gallery** 16 High Street, Bruton, Somerset BA10 0AA; **B J Haigh-Lumby** 1 High Street, Castle Cary, Somerset BA7 7AN (01963 351259); **Bruton Classic Furniture Co. Limited** Unit 1 Riverside, Station Road Industrial Estate, Bruton, Somerset BA10 0EH (01749 813266); **MGR Exports** Station Road, Bruton, Somerset BA10 0EH (01749 812460); **Polyvine Limited** Vine House, Rockhampton, Berkeley GL13 9DT (01454 261276); **The Fabric Barn** Clock House, Yeovil, Somerset BA22 7NB (01935 851025); **Aristocast Originals** 14 A Ongreave House; Dore House, Industrial Estate, Sheffield, S13 9NP (0114 2690900); The Wise Limited 12-14 Enterprise Mews, Sea King Road, Lynx Trading Estate, Yeovil, Somerset BA20 2NZ (01935 412220); The Amtico Company Limited (0800 667766); **Dulux Decorator Centres** Altrincham, Cheshire, WA 14 5PG (0161 968300); **Kahrs** (UK) Limited; Unit 2 West, 68 Bognor Road, Chichester, West Sussex PO19 2NS (01243 778747); **Claire Minter-Kemp** Tom Dickins Fine Art, The Pump Room, Lower Mill Street, Ludlow, Shropshire (01584 879000); Mr S. Weatherhead, London House, 12 High Street, Wincanton, Somerset.

Gracias también a:
Ann Argent, Tom y Hennie Buckley, Susan Clothier, Bill Dove, John Fives, Steve Green, George Hearn, David House, Richard Lane, June Parham, Michael y Sue Read, Ann Squires.

Nuestro especial agradecimiento por su ayuda en la realización del libro:
Peter Adams, Antonia Cunningham, Susie Behar, Alison Bolus, Dorothy Frame, Thomas Keenes, Theresa Lane, Maggie McCormick, Katrina Moore, Tim Ridley.